D1536543

LA PREMIÈRE ENTREVUE EN PSYCHOTHÉRAPIE

Marcelle Thibaudeau

LA PREMIÈRE ENTREVUE EN PSYCHOTHÉRAPIE

Méridien
ÉDITIONS DU MÉRIDIEN

Le Fonds F.C.A.R. pour l'aide et le soutien à la recherche a accordé une aide financière pour l'édition de cet ouvrage.

Données de catalogage avant publication (Canada)

Thibaudeau, Marcelle
    La première entrevue en psychothérapie
    Comprend un index.
    Bibliogr.: p. 287
    2-920417-09-6
    1. Entretiens (Psychiatrie). 2. Psychothérapie.
I. Titre.
RC480.7.T54 1986   616.89'14   C87-096004-0

ISBN 2-920417-09-6
Composition et montage:
    Rive-Sud Typo Service, Inc.,
    St-Lambert
Couverture: laque acrylique par Jesso
            photographie Peter Pusztai
            Conception graphique: Jean-Marc Poirier

© Les Éditions du Méridien — Ottawa — 1986

Tous droits de reproduction, d'édition, d'impression, de traduction, d'adaptation et de représentation, en totalité ou en partie, réservés en exclusivité pour tous les pays. La reproduction d'un extrait quelconque de cet ouvrage, par quelque procédé que ce soit, tant électronique que mécanique, en particulier par photocopie ou par microfilm, est interdite sans l'autorisation écrite des Éditions du Méridien, Place Sherbrooke, bureau 2400, 1010 ouest, rue Sherbrooke, Montréal, Qué. H3A 2T2.

Dépôt légal 4e trimestre 1986 — Bibliothèque nationale du Québec

Imprimé au Canada

*«En pareil cas, c'est au malade
à se traiter lui-même»*

Macbeth, acte V, scène III
William Shakespeare

À
Roger
et à
André, Jérôme et Nicole

Remerciements

Ce livre porte la marque des professeurs qui m'ont enseigné la psychologie et de ceux qui m'ont initiée à la pratique de la psychothérapie, celle des théoriciens que j'ai lus, certains cités dans l'ouvrage, tout particulièrement Freud, le maître duquel toutes les écoles de psychothérapie sont tributaires, et Rogers, l'un des chefs de file de la psychothérapie américaine.

Il est aussi marqué par les consultants(es) qui depuis quelques décennies m'ont accordé leur confiance, et par ceux et celles qui continuent de le faire.

Les questions stimulantes des étudiants(es) avec lesquels j'ai eu le plaisir de travailler, ont également influencé l'orientation et la teneur de l'ouvrage.

Je remercie tout particulièrement André Renaud, professeur agrégé de psychologie clinique à l'Université Laval, Pauline Tremblay, professeur à l'Institut de psychothérapie de Québec, Thérèse C. Dubé, psychothérapeute, attachée au Service de psychiatrie infantile et juvénile du Centre Hospitalier Régional de Rimouski, qui ont commenté le matériel des différents chapitres en cours de rédaction, fourni de la documentation, apporté des suggestions et relu les textes dans leur version définitive. Je remercie aussi Louise Drolet, la secrétaire très attentive et efficace qui a dactylographié le manuscrit.

Avant-propos

L'exercice de la psychothérapie exige une double compétence : l'une d'ordre intellectuel, l'autre d'ordre affectif. Une maîtrise en Sciences humaines et des études post-graduées spécialisées constituent la base de la première ; une psychothérapie personnelle et des supervisions individuelles et de groupes assurent la seconde. Celles-ci s'imposent plus rigoureusement pour la pratique des psychothérapies qui tiennent compte du rôle de l'inconscient dans les comportements humains.

C'est dans le but de venir en aide aux étudiants désireux de s'initier à la pratique de la psychothérapie que j'ai résolu de poser quelques jalons sur le chemin dans lequel ils s'engagent. À cette fin, j'ai écrit ce livre qui pourra leur servir de manuel de base. Comme l'indique son titre, il est consacré particulièrement à la première entrevue. Toutefois, les concepts théoriques et les techniques dont il traite peuvent aussi s'appliquer à l'ensemble de tout processus psychothérapeutique.

Sachant que les mêmes attitudes fondamentales doivent se retrouver chez les psychothérapeutes, à quelque école qu'ils appartiennent, qu'un même répertoire d'interventions leur est commun, tous les débutants dans la profession devraient y trouver, il me semble, bien des réponses aux questions qui se posent immanquablement en début de pratique.

Par ailleurs, en dépouillant volontairement ce livre de tout vocabulaire trop spécialisé, j'ai pensé rejoindre au-delà des jeunes professionnels auxquels il est destiné, des lecteurs profanes, simplement curieux, ou encore en quête d'un recours psychologique ponctuel, et que le préfixe «psy» inquiète et même rebute.

Quelques précisions terminologiques s'imposent. On sait que Freud a proposé successivement les termes «analyse», «analyse psychologique», «psychoanalyse» et enfin «psychanalyse» pour désigner sa nouvelle méthode d'investigation et de résolution des désordres névrotiques. Puis est apparu le mot «psychanalyste» pour le praticien, sans doute sous l'influence des disciples non-médecins.

Avec l'avènement d'autres méthodes, on emploiera par la suite les termes «psychothérapie» et «psychothérapeute», alors que l'appellation «patient», étrangement, devait perdurer dans tous les milieux jusqu'à ces dernières années sans remise en question.

Carl Rogers a été le premier à manifester une certaine insatisfaction au sujet du mot «patient» qu'il suggère de remplacer par celui de «client», plus conforme d'après lui, au rôle actif que doit assumer la personne qui réclame de l'aide. des thérapeutes de sa propre école reprochent cependant à ce terme sa référence trop commerciale.

En France, des psychothérapeutes et des psychanalystes dont Françoise Dolto, emploient pour leur part le terme «consultant» pour désigner la personne qui les consulte, bien que cette expression présente l'inconvénient de les désigner eux aussi. Toutefois, en prenant soin de réserver exclusivement le mot *consultant* à la personne qui réclame de l'aide et qu'on nomme explicitement *«psychothérapeute»* le praticien qui la lui accorde, on fait disparaître toute ambiguïté. J'ai retenu ces deux appellations.

Les exemples cités dans cet ouvrage sont tirés d'entrevues effectuées par des stagiaires et des psychothérapeutes d'expérience. J'ai pris soin, il va sans dire, de préserver intégralement l'anonymat des personnes concernées.

Marcelle Thibaudeau

PREMIÈRE PARTIE

APERÇU THÉORIQUE

CHAPITRE 1

Notions préliminaires

La première entrevue en psychothérapie est celle qu'accorde un psychothérapeute à un consultant qui requiert ses services personnels, ou ceux d'une clinique ou de toute autre institution dans laquelle ce thérapeute exerce sa profession. Ce consultant demande généralement lui-même ce rendez-vous, par téléphone ou par écrit, après avoir pris sa décision de recourir à la psychothérapie, suivant l'information acquise par des lectures, des causeries entendues ou des renseignements transmis par un parent peut-être, ou par un ami, par un compagnon de travail, ou un conseiller d'orientation professionnelle, ou par un médecin.

Parfois, de tierces personnes sollicitent cette entrevue pour quelqu'un de leur famille incapable d'envisager pour lui-même une telle démarche, parce qu'il est entravé par de trop graves difficultés. Il peut s'agir aussi d'une demande au sujet d'un enfant, d'un adolescent, de la part d'un parent ou de toute autre personne dont dépend le futur consultant.

1.1 Définition

Cette première entrevue est, dans notre conception, une présentation réciproque: d'un côté, le consultant se présente au psychothérapeute et lui fait part des motifs de sa démarche ; de l'autre, celui-ci se présente au consultant et, à travers sa personne, lui présente la psychothérapie par la qualité spécifique de son accueil, de son écoute, de ses attitudes et par la façon dont il interviendra.

1.2 Les buts de la première entrevue

La première entrevue comporte deux buts principaux, selon la définition que nous avons proposée pour cet entretien.

1.2.1 Le premier but

Le premier but de cette entrevue, et de loin le plus important, est d'offrir au consultant l'occasion de faire, sur le plan émotionnel, connaissance avec la psychothérapie, qui représente souvent pour lui le recours ultime, et de nouer avec le thérapeute une relation de confiance mutuelle sur laquelle s'élaborera le dialogue réparateur.

Bien des gens font appel à la psychothérapie sans savoir vraiment ce qu'elle est et sans savoir exactement ce qu'ils peuvent attendre d'un psychothérapeute.

Un grand nombre d'ouvrages, des articles de vulgarisation disséminés dans des revues ou des journaux, la radio, la télévision, le cinéma ont contribué à faire connaître l'existence de la psychothérapie, mais ces média l'ont présentée sous des éclairages insuffisants et parfois trompeurs. Ces représentations plus ou moins exactes ou fantaisistes renforcent les préjugés personnels et les sentiments déplorables — peur, honte, voire dépit — et les attentes irréalistes avec lesquelles un consultant se présente parfois chez un psychothérapeute.

La première entrevue est le moment privilégié pour le consultant de se départir, s'il y a lieu, de ses préjugés, de désamorcer les sentiments qui en découlent, de rectifier l'idée qu'il se faisait du rôle du psychothérapeute et de la psychothérapie et de ramener à des proportions raisonnables l'espoir qu'il y investit.

Cette clarification raffermit sa motivation ou la modifie, quand elle est inadéquate.

Le premier entretien devrait être, pour le consultant, un bref apprentissage de la psychothérapie, un « échantillon » de celle-ci, pour reprendre le terme de Gill et al.[1]. Cet « échantillon », c'est souvent, pour le consultant, la découverte inattendue d'un interlocuteur capable de l'écouter « sans angoisse et sans complicité », selon les termes de Françoise Dolto[2]. Sans « angoisse », parce que le praticien possède un degré raisonnable de sécurité, et sans « complicité », c'est-à-dire sans paroles faussement rassurantes ou sans faux encouragements qui empêchent d'aller au bout de la confidence. Cet interlocuteur, le consultant l'a parfois cherché désespérément.

... Une jeune femme suicidaire à qui une thérapeute demandait, à la fin de l'entrevue, ce qu'elle attendait de la psychothérapie, répondit : *Pouvoir parler, parler comme je l'ai fait aujourd'hui et être écoutée comme vous m'avez écoutée... J'ai voulu parler avec mon médecin... avec le neurologue auquel il m'a envoyée, peine perdue... J'ai essayé avec ma sœur aînée avec qui je demeure... Je lui fais peur, je me rends compte que mon angoisse l'angoisse à son tour... Petite, j'ai souhaité que ma mère devine que je voulais lui parler... À l'école, j'ai essayé d'attirer l'attention d'une institutrice que j'aimais beaucoup... Je me sentais si seule...*

... Après plusieurs mois de travail avec un psychothérapeute, une consultante, quasi muette lors de son premier rendez-vous, lui confiait : *Au lendemain de ma première rencontre avec vous, je me suis éveillée en larmes... C'était de bonnes larmes, des larmes de détente... Vous aviez écouté avec*

---

1 Merton GILL, M.D., et al., *The Initial Interview In Psychiatric Practice*, New York, International Universities Press Inc., 1954, p. 104.
2 Maud MANNONI, *Le Premier rendez-vous avec la psychanalyste*, Genève, Denoël Gonthier, 1965, Préface, p. 47.

attention le peu de paroles que j'avais réussi à prononcer et vous aviez compris que beaucoup d'autres étaient restées coincées dans ma gorge, puisque vous m'avez dit, sans plus d'insistance : «Vous avez des choses à dire et vous y parviendrez peu à peu...» J'ai compris avec soulagement que vous auriez la patience d'attendre toutes mes paroles et de m'attendre moi aussi... J'ai eu l'impression qu'un rai de lumière transperçait la profondeur de ma nuit...

Ces deux situations montrent bien que le thérapeute, par sa manière d'écouter, ne répond pas à la demande immédiate de son interlocuteur, soit le soulagement ou la disparition d'un symptôme, mais à la supplique cristallisée dans ce symptôme et dont le sens a été perdu.

C'est dans l'espoir conscient et avoué chez certains initiés, ou inconscient chez d'autres, mais néanmoins présent en eux à un certain niveau, de retrouver ce sens, que l'on recourt à la psychothérapie.

1.2.2 Le second but

Le second but de la première entrevue, c'est, pour le psychothérapeute, de faire suffisamment connaissance avec le consultant pour pouvoir décider si une psychothérapie est à recommander ou non dans son cas.

Le praticien trouve généralement, dans la libre communication de son interlocuteur et dans les réponses aux questions qu'il pourrait avoir à lui poser, les informations nécessaires à cette fin. Si certaines faisaient défaut, il prévoit un second rendez-vous pour les compléter plutôt que de compromettre le premier but auquel le second est subordonné.

C'est à la fin de la première entrevue que, dans la majorité des cas, on établit les arrangements pratiques en vue de la poursuite de la psychothérapie.

1.3 Importance de la première entrevue

La délimitation des buts de la première entrevue en fait pressentir l'importance pour le consultant et pour le psychothérapeute qui l'accueille ou, selon le cas, pour l'équipe des praticiens qu'il représente.

1.3.1 Importance pour le consultant

L'importance de cette rencontre, pour le consultant, est en rapport avec l'effet décisif qu'aura la première entrevue sur son désir d'une psychothérapie. Si le praticien parvient à lui présenter convenablement le secours qu'il peut en attendre, et à lui faire ressentir en quoi ce secours diffère des autres qu'il a pu solliciter ou recevoir jusqu'ici, le consultant éprouve le sentiment d'avoir frappé à la bonne porte.

Par contre, si le thérapeute ne réussit pas cette présentation, il ébranle le projet souvent mal affermi du consultant. Frustré dans son espoir de trouver une aide qui réponde à ses attentes, celui-ci y renonce. Mais s'il consentait quand même à s'engager dans une thérapie, parce que c'est sa dernière planche de salut, il l'entreprendrait avec des inquiétudes, des doutes ou même avec le courage du désespoir. Des augures aussi défavorables intensifient les résistances; les effets salutaires s'en trouveront retardés, sinon annihilés.

Selon Gill et al., la décision ultime d'entreprendre une psychothérapie repose sur la réaction du consultant à la première entrevue. Accueilli par un praticien sensible et compréhensif, il voudra poursuivre la relation secourable qui lui est offerte. Par contre, si ses sentiments n'ont pas été reconnus et acceptés, il sera peu enclin à se présenter à un second rendez-vous[3].

---

3 Merton GILL, M.D., et al., op. cit., p. 104.

Les auteurs qui, dans les quatre dernières décennies, ont écrit sur la première entrevue en signalent tous l'importance, parce qu'ils estiment que la psychothérapie débute dès ce premier contact.

Dans un livre sur la psychothérapie intensive, Frieda Fromm-Reichmann commence le chapitre consacré à l'entretien initial en affirmant que cette entreprise mutuelle, sinon cette aventure entre le praticien et le consultant éventuel, débute dès leur première rencontre[4].

René Laforgue, l'un des premiers psychanalystes français, mentionnait dans un volume paru dans les années trente, l'importance de la première entrevue pour la personne qui sollicite une aide psychothérapeutique. «C'est souvent la prise de contact qui lui permet d'admettre l'utilité de ce traitement et l'incite à faire l'effort nécessaire pour le suivre[5].»

Quelque dix ans plus tard, Fisher, un psychologue américain, écrit, à propos de l'entretien initial, qu'une attitude maladroite à ce moment compromet la chance de secourir une personne en difficultés émotionnelles[6].

Pour Wolberg, auteur d'un ouvrage considérable sur la technique de la psychothérapie analytique, la première entrevue est la séance la plus décisive. Il y a, concède-t-il, d'autres moments vitaux au cours de la psychothérapie, quand surgissent des manifestations de résistance et de transfert; mais, insiste-t-il, les impairs commis quand le processus est bien engagé sont loin d'être aussi fatals que ceux qui se produisent au cours du premier entretien[7].

4 Frieda FROMM-REICHMANN, *Principles of Intensive Psychotherapy*, Chicago, The University of Chicago, Press, 1950, p. 45.
5 René LAFORGUE, M.D., *Clinique psychanalytique*, Genève, Les Éditions du Mont-Blanc, rééd. 1963, p. 9.
6 V.E. FISHER, Ph.D., *The Meaning and Practice of Psychotherapy*, New York, The McMillan Company, 1950, p. 5.
7 Lewis R. WOLBERG, *The Technique of Psychotherapy*, New York, Grune & Stratton, 1954, chap. 19, p. 198, 1re éd.

Plus récemment, Langs signale que la première heure est une situation unique, comportant des problèmes et des pièges particuliers. En conséquence, le thérapeute qui veut en assurer le succès doit être éminemment sensible aux besoins du consultant[8].

Dans un texte publié dans les actes d'un colloque sur la psychiatrie et la psychanalyse, Evelyne Kestemberg souligne elle aussi «le caractère unique et éminemment transitoire de ce premier entretien, nouveau pour les deux parties par définition même, et qui a une utilité thérapeutique incontestable[9]».

Antérieurement aux auteurs précités, Bartemeier, dans une communication sur les premières entrevues présentée à la Société psychanalytique de Detroit, faisait observer que le thème avait rarement été traité, sans doute, expliquait-il, parce que sa véritable signification pour la thérapie avait été sous-estimée. Dans des termes semblables à ceux de Wolberg, il affirmait que des maladresses de la part du thérapeute, à ce moment, ont des effets plus dévastateurs que celles qui sont faites dans les entretiens subséquents. Des personnes qui semblent sincères dans leur désir d'être aidées, abandonnent leur projet, parce que le praticien qui les a accueillies n'a pas su saisir en elles des émotions importantes. C'est à partir de telles perceptions, insiste-t-il, que le consultant franchit ou non, ce qu'il appelait une étape hasardeuse[10]. En outre, il faisait observer que, pour bien des gens, la première consultation marque souvent la fin d'un long combat intérieur. On hésite longtemps avant de s'en remettre totalement à quelqu'un d'autre[11].

---

8 Robert LANGS, M.D., *The Technique of Psychoanalytic Psychotherapy*, New York, Jason Aronson Inc., Vol. 1, pp. 64, 88.

9 Evelyne KESTEMBERG, *Psychiatrie-Psychanalyse.* Chicoutimi, P.Q. Gaétan Morin, 1985, p. 11.

10 Léo H. BARTEMEIER, M.D., *Introduction to Psychotherapy*, The Psychoanalytic Review, Vol. 30, no. 3, octobre 1943, p. 387.

11 *Ibid.*, p. 387.

Il arrive souvent que des consultants fassent part au thérapeute de leurs atermoiements.

... Je pense à vous consulter depuis six mois, confiait au thérapeute une personne dans la quarantaine pourtant convaincue, prétendait-elle, que seule la psychothérapie pouvait la tirer de sa détresse...

... Ça fait longtemps, explique une autre, que je pense à une thérapie, mais je n'arrivais pas à me décider... Je n'ai pas dormi de la nuit, me demandant encore si je ne devais pas annuler ce rendez-vous...

... Ça fait plus d'un an que j'ai promis à ma femme de vous consulter... Je ne parvenais pas à m'y décider...

Cette hésitation «à s'en remettre à quelqu'un d'autre» est imputable en partie à l'appréhension de la confrontation avec soi-même qu'implique toute psychothérapie.

Les personnes averties souhaitent cette confrontation et le disent parfois explicitement, mais en même temps elles la redoutent.

... Si je suis devant vous aujourd'hui, c'est parce que je veux me trouver. Je me cherche en fait depuis longtemps et ne me trouve pas... J'ai peur, je pense, d'y arriver... C'est ainsi que s'explique, au sujet de sa démarche, un jeune professionnel qui se plaint d'instabilité dans sa vie affective et dans son travail.

... Un étudiant prévient le thérapeute: Je ne veux pas «guérir» trop vite... Il devait commenter cette réticence initiale dans le cours de sa thérapie: *J'avais très peur d'avoir à faire face, avant de m'en sentir capable, à des réalités que j'avais toujours fuies, à ma réalité, à mon véritable moi.*

Par contre, des personnes moins au fait de ce que la psychothérapie peut offrir et dont les attentes sont axées sur la disparition de symptômes, ressentent plus ou moins confusément cette appréhension, d'autres en sont tout à fait inconscientes. Cependant, elle se manifeste parfois par le retard à ce premier rendez-vous, par la confusion sur l'heure qui avait été convenue ou par de l'inhibition qui, dès le début de l'entrevue, s'oppose au désir de communiquer.

C'est dans l'ambivalence que la plupart des consultants prennent la décision de recourir à la psychothérapie. Une crise aiguë d'anxiété causée par quelque facteur précipitant, les a poussés à se décider. Cette ambivalence est due au désir et à la peur d'un changement. Quand elle n'est pas exprimée par l'interlocuteur, le thérapeute, alerte à la repérer, doit la mettre à jour ; autrement, elle risque de compromettre le succès de la première entrevue et la poursuite de la thérapie.

1.3.2 Importance pour le psychothérapeute

Inestimable et souvent décisive pour le consultant, cette entrevue l'est aussi pour le praticien. Elle lui offre une occasion unique de connaître cette personne dans sa totalité, et de l'observer dans son fonctionnement optimal.

Dans la plupart des cas, les personnes requérant un secours psychologique ont réfléchi, avant de se présenter, à la meilleure manière de le faire, de décrire leurs symptômes, d'exposer leurs problèmes ou de confier leur désarroi. Elles ont décidé, avec plus ou moins de précision, de ce qu'elles diront ou ne diront pas dans cette première rencontre. Cette orientation préalable est influencée par plusieurs facteurs, entre autres, par l'acuité de leur souffrance, par leur angoisse, souvent intensifiée par le facteur précipitant la demande d'aide, par la qualité de leur motivation et l'impression que plus ou moins confusément elles désirent faire sur le thérapeute.

Ainsi, les unes auront résolu de se confier aussi complètement que possible dès ce premier rendez-vous :

... Soulagée d'avoir appris par un professeur qu'elle pouvait être secourue, une étudiante, aux prises avec de graves pulsions masochistes et assiégée de pensées suicidaires, dit au thérapeute qui l'accueille : *J'ai résolu de «mettre le paquet...»*

D'autres, peut-être moins atteintes, ou qui acceptent mal d'avoir besoin d'aide, ne voudront laisser apercevoir que certains aspects d'elles-mêmes ou telle difficulté à vivre à l'exclusion des autres. Parfois, certaines exposeront d'abord un problème en apparence anodin, par exemple, une décision plus ou moins importante à prendre, et elles ne confieront leur problème principal ou un symptôme incommodant dont elles auraient honte, que secondairement.

Il arrive aussi que des consultants se présentent sans avoir fait de retour sur eux-mêmes et sans avoir rien arrêté quant à ce qu'ils auraient à dire pour motiver leur demande d'aide. Il peut s'agir, soit de personnes dépendantes habituées à se fier aux autres et qui comptent s'en remettre au thérapeute, soit de personnes déprimées qui, se sentant impuissantes à tirer d'elles-mêmes des éléments descriptifs suffisamment explicites à leur point de vue, y ont renoncé.

Par ailleurs, incitées à consulter par des proches inquiets à leur sujet, d'autres font avant tout montre de leur désespoir et de leur passivité. À quoi bon, protestent-elles, verbalement ou par leur apathie.

... C'est mon ami qui m'a dit de venir... je me demande ce que je fais ici...

... Ma sœur voulait absolument que je vous voie... à quoi ça va servir... mes efforts ne donnent jamais rien... je n'ai jamais rien réussi dans ma vie...

Quant à ceux qui auraient été contraints de se présenter, ils pourraient avoir résolu de se réfugier dans le mutisme.

Quelles que soient les décisions prises par la personne consultante à l'égard de cette première rencontre avec le thérapeute, comment la vivra-t-elle avec lui ? Confiera-t-elle tout ce qu'elle avait décidé de confier ? Restera-t-elle en deçà de ses intentions ? Pressée d'une part par sa souffrance, d'autre part plus ou moins inhibée par cette situation pénible et génératrice d'angoisse, devant les restrictions qu'impose la présence du thérapeute, ne reprendra-t-elle pas inconsciemment devant lui des attitudes adoptées depuis longtemps devant une figure parentale ou un substitut de celle-ci ?

Ainsi, une personne, habituée depuis son enfance à se défendre seule, pourra affecter à son insu devant le praticien une apparence de suffisance personnelle et être incapable de laisser apercevoir, malgré un désir désespéré de le faire, la détresse profonde qui l'habite.

Une autre oubliera de mentionner les céphalées périodiques dont elle est affligée, parce que dans sa famille les malaises somatiques étaient considérés comme des maux imaginaires, des refuges ou des faux-fuyants.

Par contre, des consultants habituellement circonspects, méfiants, outrepasseront leurs intentions et confieront beaucoup plus qu'ils avaient prévu de le faire, soit parce que l'accueil du thérapeute aura raison de leurs réserves, soit encore parce qu'ils auront reconnu chez lui des traits de quelques personnages qui, dans leur passé, auraient attiré leur confiance.

Ces phénomènes dit transférentiels, parce qu'ils sont des répliques d'attitudes envers l'une ou l'autre personne de la vie actuelle ou passée du consultant, s'ajoutent à ceux qui se sont mis en place en lui, dès le moment où, ayant résolu d'entreprendre une psychothérapie, il a décidé de s'adresser à tel praticien en particulier.

Le psychothérapeute est attentif à repérer ces phénomènes précieux pour le pronostic et qui le renseignent sur le niveau d'accessibilité du consultant au travail thérapeutique.

Ainsi, une personne qui a conservé une certaine sécurité, une capacité de se lier aux autres et dont la confiance aurait été accrue par la qualité de l'écoute du praticien, s'engagera avec confiance dans une thérapie.

Par contre, telle autre plus fragile, jamais certaine que quelqu'un puisse véritablement s'intéresser à elle, ne sera pas rassurée par le même accueil. Elle aura besoin de s'apprivoiser lentement à la présence du thérapeute avant de s'apprivoiser assez à elle-même pour consentir à lever le voile sur son être intime.

Une autre, qui transposerait d'emblée sur le praticien une méfiance qu'aurait fait naître en elle un parent qui l'aurait exploitée ou trahie d'une façon ou d'une autre, s'assurera longuement de la bonne foi du thérapeute avant de nouer avec lui un lien efficace. Et encore, ce lien sera à tout moment menacé par le moindre incident, par un geste, par une parole du thérapeute, que cette personne pourra éventuellement interpréter à mal.

La première entrevue, en offrant au consultant l'occasion d'établir une relation personnelle nouvelle, le force à s'exprimer dans toutes ses possibilités dynamiques et à présenter de lui-même une image globale, ou si l'on veut, une «gestalt existentielle». Ainsi, il fait montre de sa plus ou moins grande capacité à établir l'indispensable alliance de travail, instrument de la psychothérapie.

Gill *et al.* ne manquent pas de souligner que ce qu'il y a de plus important à observer au cours du premier entretien, c'est la qualité de la relation que la personne consultante cherche à établir avec le psychothérapeute[12].

Apprentissage ou «échantillon» de la psychothérapie d'une part et d'autre part, ébauche et préfiguration de l'alliance de travail et des attitudes transférentielles qui s'y entremêleront infailliblement — fil et trame d'un même comportement — sont les deux amorces sur lesquelles s'engage toute psychothérapie.

1.4 Techniques d'entrevue

La délimitation des buts de la première entrevue et l'importance qu'on leur accorde nous placent devant la

---

12 Merton GILL, M.D., *et al.*, *op. cit.*, p. 104.

question suivante: Peut-on poursuivre ces deux buts concurremment? En termes plus explicites, est-il possible au cours de cette même entrevue, de présenter la psychothérapie au consultant, de lui en offrir un «échantillon» qui lui fera pressentir la façon dont il sera secouru et de l'amener en même temps à se présenter suffisamment lui-même pour qu'on puisse décider de l'indication ou de la contre-indication d'une psychothérapie?

Y a-t-il enfin une façon d'accueillir le consultant qui permette d'assurer la double présentation psychothérapie-consultant?

Parler de façon d'accueillir, c'est parler de «technique», un terme qui peut paraître rebutant quand il s'agit d'une rencontre éminemment humaine entre deux interlocuteurs, rencontre qui a pour objet la considération du mieux-être de l'un à travers la compétence de l'autre.

Cependant, on parle de technique par rapport à tout art ou science appliquée, et c'est la personnalité de celui qui s'en sert qui l'humanise.

Une technique d'entrevue peut se définir comme un ensemble de procédés pour atteindre un objectif particulier, procédés choisis de préférence à tous autres, parce qu'ils sont considérés comme les plus efficaces dans la poursuite de cet objectif.

La psychanalyse a appliqué dès ses débuts, des techniques de «traitement» originales, telles les associations libres, l'interprétation des rêves, imposées par la découverte du dynamisme de l'inconscient et du rôle étiologique qu'il joue dans la formation des désordres émotionnels. Toutefois, la psychanalyse et les psychothérapies qui s'en sont inspirées ont mis du temps à élaborer et à proposer une technique d'entretien initial conforme à leurs concepts.

Comment expliquer cette lacune? Peut-être de la façon suivante.

Freud était médecin et la plupart de ses premiers disciples également. Ils ont retenu, sans la remettre en question, semble-t-il, par habitude, par soumission à la tradition, sans doute aussi faute de mieux, du moins au départ, la technique et l'objectif de la première entrevue médicale, soit la technique traditionnelle de diagnostic qui, procédant par questions et réponses, a pour but d'obtenir l'histoire du vécu de la personne consultante, de sa maladie et aussi l'histoire de sa famille, en vue d'établir un diagnostic nosologique, c'est-à-dire un diagnostic basé sur les symptômes dont souffre le consultant.

Il y avait certes le souci primordial de départager névroses et psychoses, ces dernières étant alors considérées absolument inaccessibles par la nouvelle cure. Mais à l'intérieur des différents types de névroses, tous les appliquants n'étaient pas considérés d'emblée aptes à la psychanalyse, d'où les «traitements d'essai» que l'on proposait à certains d'entre eux, après les avoir soumis à l'anamnèse classique*.

1.4.1 La technique de diagnostic traditionnelle

La technique de diagnostic traditionnelle aussi appelée «anamnèse» ou «histoire de cas», héritée, comme on vient de le dire, de la tradition médicale, conserve sa signification en thérapie somatique, où le traitement ne peut être appliqué sans qu'une hypothèse diagnostique différentielle la plus précise possible ait été formulée; et l'on continue d'estimer que cette technique est la meilleure pour atteindre ce but. Mais en thérapie psychologique, l'emploi de cette technique est-il justifiable?

Gill et al. ont signalé les principales prises de conscience faites en différents milieux cliniques, concernant l'inadéquation de cette technique par rapport à la

---

* Ce procédé est encore utilisé occasionnellement par certains analystes qui, au cours d'un premier entretien, ne sont pas en mesure d'anticiper un pronostic suffisant.

psychothérapie. Elles peuvent être énumérées comme suit : 1) l'objectif de cette technique, à savoir l'établissement d'un diagnostic nosologique précis, est inutile à la mise en œuvre d'une psychothérapie ; 2) la méthode employée à cette fin est nuisible à son efficacité ; 3) elle est traumatisante pour la personne à qui on l'impose ; et 4) par surcroît, c'est une technique futile, parce qu'infructueuse pour atteindre le but qu'on prétend poursuivre à travers elle.

1) Ces auteurs écrivent en effet qu'on admet de plus en plus que l'on n'a pas à attendre la formulation d'un diagnostic clinique précis pour commencer une psychothérapie : l'histoire de cas, l'examen et le traitement se feront au cours du processus thérapeutique[13].

Ce point de vue est partagé par Carl Rogers. Dans l'optique philosophique de son école, la psychothérapie est elle-même le diagnostic. Celui-ci s'actualise dans le vécu du client plutôt que dans l'esprit du clinicien. Même s'il se trouve des thérapeutes, constatait-il dans l'un de ses premiers livres, pour affirmer qu'on ne doit entreprendre aucun traitement sans qu'un diagnostic définitif ait été établi, la plupart, quelle que soit leur orientation, reconnaissent que l'importance du diagnostic préalable décroît et admettent que la thérapie commence dès le premier contact et qu'elle poursuit sa marche en concomitance avec son établissement progressif. Cependant, on n'aurait pas assez signifié, selon lui, que la psychothérapie ne s'articule pas sur un diagnostic préalable[14].

2) La recherche du diagnostic par la méthode traditionnelle est nuisible à l'efficacité de la thérapie. Cette recherche exigeant, non seulement la connaissance détaillée des symptômes et des conflits de la personne, mais aussi celle de leur origine, autrement dit des expériences ou des

13 Merton GILL, M.D., et al., op. cit., p. 19.
14 Carl ROGERS, Client-Centred Therapy, Boston-New York, Houghton Mufflin Company, 1951, p. 219.

situations traumatisantes précoces qui ont pu être la cause, leur mise à jour forcée en quelque sorte, dès le premier contact, transforme celui-ci en une sorte d'auscultation douloureuse, sans effet cathartique, il va sans dire, et en compromet l'effet thérapeutique.

Par contre, la découverte de ces mêmes éléments faite par la personne elle-même, selon son rythme émotionnel et l'expansion progressive de son moi au cours du processus thérapeutique, est seule libérante. Ne convient-on pas que la provocation en première entrevue d'un aveu que la personne n'est pas prête à faire, équivaut à une interprétation prématurée, dont se garde tout thérapeute expérimenté, sachant à quel point elle peut être néfaste?

3) La recherche d'un diagnostic par cette technique est en outre traumatisante pour la personne soumise à pareil interrogatoire[15]. Incapable de saisir le lien entre les symptômes dont elle se plaint et ses expériences actuelles et passées, cette personne ne comprend rien à un barrage de questions souvent très loin de ses préoccupations immédiates, ce qui est propre à faire lever en elle une anxiété dont l'intensité n'est pas prévisible. Il suffit de lire des formulaires encore en usage dans certains milieux pour se rendre compte de l'indiscrétion de questions sur des thèmes tels que la sexualité, les croyances religieuses, la présence possible d'hallucinations visuelles ou auditives. Le consultant les abordera lui-même, ces épineuses questions, quand, mis en confiance et suffisamment apprivoisé à lui-même au cours de sa thérapie, il se sentira prêt à le faire.

Ajoutons que le thérapeute, dans sa perquisition, peut être amené à poser inconsidérément le doigt sur des zones excessivement sensibles et parfois âprement protégées. Pourquoi chercher à ouvrir toute grande une porte qui s'entrebâille craintivement et péniblement? L'intimité de la personne est sacrée. La sensibilité et la vulnérabilité de celle

---

15 Merton GILL et al., op. cit., p. 19.

qui est en difficultés émotionnelles sont exacerbées par la souffrance. Elle n'a pas appris la confiance, ou elle l'a désapprise. Aussi, est-il téméraire de croire qu'on peut faire naître ou renaître d'emblée cette confiance.

4) Enfin, on a dû admettre que l'emploi de cette technique est futile parce qu'infructueuse pour l'établissement d'un diagnostic précis. Il est illusoire de croire, selon les théoriciens, que tous les indices nécessaires à cette fin puissent être recueillis à ce moment même par la plus minutieuse et la plus habile des enquêtes. Et Gill *et al.* invoquent à l'appui de cette assertion le témoignage de Freud lui-même.

Dans l'un de ses ouvrages, Freud mentionne les trois raisons qui empêchent toute personne de répondre avec franchise aux questions qui lui sont prématurément posées : a) insincérité consciente; b) insincérité inconsciente, et c) amnésies véritables et lacunes de la mémoire.

a) Insincérité consciente:

«... Les patients gardent pour eux, à ce moment, une partie de ce qui leur est bien connu et qu'ils devraient raconter, ceci consciemment et à dessein, pour des motifs de timidité et de pudeur qu'ils n'ont pas encore surmontés et aussi par discrétion, lorsqu'il s'agit de mettre de tierces personnes en cause...»

b) Insincérité inconsciente:

«... Une partie de leur savoir anamnestique, partie dont les patients disposent habituellement, fait défaut pendant le récit sans que ceux-ci aient l'intention de taire cette réserve...»

c) Les amnésies véritables, les lacunes de la mémoire:

«... (elles) ne manquent jamais, les amnésies véritables, les lacunes de la mémoire, auxquelles sont sujets même des souvenirs très récents, pas plus que les illusions de la mémoire édifiées secondairement pour en combler les lacunes... Au cours du traitement, le malade complète ce qu'il a retenu ou ce qui ne lui est pas venu à l'esprit, quoiqu'il l'ait toujours su. Les illusions de la mémoire deviennent alors insoutenables, les lacunes se comblent...»

Et Freud conclut :

> « ... ce n'est que vers la fin du traitement qu'on peut embrasser d'un coup d'œil une histoire de la maladie, compréhensible et complète. Si le but pratique du traitement est de supprimer tous les symptômes et de leur substituer des pensées conscientes, il en est un autre, le but théorique, qui est la tâche de guérir les lésions de la mémoire du malade. Les deux buts coïncident ; si l'un est atteint, l'autre l'est aussi... [16] »

1.4.2 Émergence d'une autre technique

À la fin des années trente, on a vu, dans différents milieux psychiatriques, psychologiques et de services sociaux, émerger une nouvelle technique.

Bartemeier, dans l'article précédemment cité, y mentionnait la tendance croissante à l'abandon de la technique traditionnelle et à son remplacement par une technique qui en est l'antithèse [17].

Ainsi, au lieu de soumettre la personne consultante à un interrogatoire systématique, on l'invite à s'expliquer librement sur les motifs de sa démarche, à décrire ses symptômes ou ses problèmes comme ils lui apparaissent, dans ses propres mots, et on lui laisse le choix des thèmes qu'elle désire aborder pour se faire connaître.

Le rôle du thérapeute consiste à écouter. Il ne prend la parole que pour aider son interlocuteur à s'exprimer plus clairement et aussi complètement qu'il le désire. Il utilise à cette fin des interventions facilitantes, allant du plus léger assentiment — ce qui suffit avec des consultants moins inquiets — au reflet simple qui rassure les plus anxieux. Il évite les questions, à moins que celles-ci ne soient immédiatement centrées sur ce que le consultant est en train d'exprimer — on peut alors parler de reflet interrogatif.

---

16 Sigmund FREUD, M.D., *Cinq psychanalyses*, Paris, Presses universitaires de France, 1954, pp. 8, 9 et 10.
17 Léo H. BARTEMEIER, *op. cit.*, p. 398.

Ainsi, les rôles des interlocuteurs sont intervertis. L'initiative de l'entrevue passe des mains du thérapeute dans celles du consultant qui conserve ainsi sa dignité. Il n'est plus *cet* «objet inanimé» — le terme est de Gill *et al.*—, cet «exhibit» — c'est celui de Bartemeier — manié selon une routine déterminée par la profession, selon le dire des auteurs, par une technique que l'on a qualifiée «d'aveugle et sourde», parce qu'elle ne tient pas compte des émotions de la personne concernée.

Par cette façon de faire, commentait Bartemeier, on découvre que l'on recueille plus d'informations et des informations plus authentiques, moins déformées et, qui plus est, autrement n'auraient pas été dévoilées[18].

Cette technique, à laquelle on n'a pas donné d'appellation particulière, s'apparente à la technique «centrée sur le client» de Carl Rogers. Elle s'est propagée lentement dans de nombreux centres cliniques. C'est la technique que nous préconisons.

On peut croire à prime abord que la tâche du thérapeute en est simplifiée. Cependant, à la pratique, on se rend compte que cette technique exige de sa part une plus grande sécurité émotionnelle. Aussi voit-on non seulement des thérapeutes-débutants, mais aussi des thérapeutes d'expérience, recourir, sinon au questionnaire systématique délibérément abandonné, du moins à la question inopportune et intempestive qui fait dériver l'entretien du plan émotionnel au plan rationnel, quand surgit en lui quelque anxiété.

Par exemple, confronté à une personne inhibée, au début de l'entrevue, il cédera à la tentation de l'interroger sur un sujet, sur l'autre, plutôt que de l'aider à sortir de son inhibition.

_____

18 *Ibid*, p. 398.

Il le fait aussi avec celle qui exprime des doutes quant à la pertinence de sa démarche. Les comptes rendus d'entrevue font état de cette situation. Après avoir donné des explications sur la psychothérapie, sur son efficacité, le praticien, devant le mutisme persistant de son interlocuteur, tente parfois de se tirer d'embarras en posant des questions sans lien avec les préoccupations immédiates de ce dernier.

Cependant, l'anxiété du thérapeute n'est pas toujours le résultat de l'insécurité causée en lui par les résistances d'un consultant. En écoutant des enregistrements de premières entrevues, on en surprend la manifestation aux moments les plus inattendus. Alors même que la personne semble s'exprimer avec aisance, le thérapeute pose une question étrangère au thème en cours. Il s'agit souvent, en pareil cas, d'un phénomène contre-transférentiel. Une émotion éveillée chez le thérapeute provoque la manoeuvre défensive. En voici deux cas typiques.

... Un étudiant, au début de l'entrevue, raconte avec émotion qu'il lui arrive souvent de perdre connaissance et il précise : *« La dernière fois que j'ai perdu connaissance, c'est à mon examen d'admission au cegep X... »* La thérapeute stagiaire lui demande : *« Où en êtes-vous dans vos études ? »* Cette question hors du contexte émotionnel ne donne évidemment pas à ce jeune homme le sentiment d'être accueilli avec compréhension. En outre, elle fait perdre une occasion de constater s'il établit un lien entre son symptôme et une situation anxiogène, ce qui aurait été un signe d'aptitude à la prise de conscience.

... Une consultante confie à un jeune praticien la détresse à laquelle l'acculent obsessionnellement des signes de vieillissement prématuré : *« Si je n'avais pas de famille, pas de mari, pas d'enfants, j'en finirais... Mais aussi je suis croyante... et je ne me reconnais pas le droit de décider de ma vie et de ma mort... Sans cela, je ne serais pas ici... »* — *« Avez-vous des frères, des soeurs ? Comment était-ce chez vous, dans votre enfance... »*, interroge brusquement le thérapeute. Que s'est-il passé dans son esprit ? Quelle anxiété, quelle réaction contre-transférentielle a provoqué de sa part cette question pour le moins surprenante à ce moment? S'agissait-il pour lui de quelque rappel pénible? Ou peut-être n'a-t-il pas cru au désespoir de cette personne, dont les symptômes ne justifiaient pas selon lui une réaction aussi extrême? Il n'aurait pas soupçonné que ce désespoir puisse avoir une cause plus profonde dont elle n'était pas consciente?

À quoi attribuer cette fuite devant l'émotion? Nous vivons dans une civilisation qui accorde davantage son attention aux idées et aux faits, plutôt qu'aux émotions. Bien plus, nous avons appris à avoir peur de l'émotion, à en avoir honte, quelle que soit sa nature.

Certaines pulsions instinctives, certaines réactions affectives sont souvent considérées comme inadmissibles, sinon coupables, même avant l'acte qui les concrétiserait, lorsque celui-ci est contraire à la morale ou aux normes sociales.

Ainsi en est-il de l'agressivité, de la sexualité, de l'envie, de la jalousie, voire de la peur. De là le souci de cacher l'émotion, de la masquer, de la nier. De là aussi l'habitude, soit de la mépriser, soit de la fuir quand elle s'impose à nous.

Quand le psychothérapeute se trouve, au cours d'une entrevue, devant une émotion dont il a eu ou a encore du mal à se défendre, ou devant une pulsion collectivement considérée comme tabou, il recourt spontanément à l'expédient le plus sûr pour en fuir l'évocation, soit à la question qui force l'interlocuteur à changer de thème.

Peut-on s'attendre que des études professionnelles et même une psychothérapie puissent habiliter un thérapeute débutant à être toujours sensible aux émotions de son interlocuteur, comme le requiert la technique que nous recommandons? Il y a là pour chacun un long apprentissage à faire. Les psychothérapeutes d'expérience savent qu'il n'est jamais terminé. Il y a loin de la coupe aux lèvres.

Il reste à signaler que cette technique, essentiellement différente de la technique traditionnelle de diagnostic par ses procédés, s'en démarque encore par son objectif.

Ni l'établissement d'un diagnostic nosologique, ni la formulation d'hypothèses dynamiques ne constituent la préoccupation unique et primordiale du thérapeute, et pour cause, comme on l'a démontré.

Le thérapeute n'est donc pas pressé de repérer des symptômes, de les dénombrer, afin de poser sur leur ensemble une étiquette basée sur une quelconque nomenclature et qui n'aurait d'autre sens ou d'autre efficacité pour le consultant que celle d'un bandage sur une plaie qui n'aurait pas été désinfectée.

Mais le thérapeute s'applique plutôt à découvrir le sens des symptômes plus ou moins graves auxquels le consultant a eu recours pour exprimer ce qu'en langage parlé il n'a jamais formulé, parce qu'il n'avait pas encore appris les mots pour le faire, parce que personne n'était auprès de lui pour les entendre ou n'a voulu ou pu les écouter.

«Après plus de trente ans de pratique, écrit Evelyne Kestemberg, il me semble que l'on peut très facilement ne rien entendre dans ces entretiens pour peu qu'on y cherche d'entrée de jeu des repères nosographiques ou des vérifications de théories à priori insérées dans les propos tenus ou entendus.» Et elle précise : «Je me réfère là à des repères nosographiques aussi bien psychiatriques que psychanalytiques. Non pas que la nosographie soit inutile, je pense au contraire que de la savoir est indispensable, à condition de la pouvoir oublier à tout moment[19].»

De son côté, Greenson affirme : «Si le diagnostic nous apprend beaucoup sur la pathologie, il ne peut rien nous dire sur les ressources saines du patient.» En accord avec d'autres

---

19 Evelyne KESTEMBERG, *op. cit.*, p. 72.

autorités, il précise: «C'est cette réserve de ressources, et non la pathologie, qui peut constituer le facteur décisif[20].» Cette opinion, formulée par rapport à la psychanalyse, est évidemment applicable à toute psychothérapie reconstructive.

Le désordre émotionnel est désormais considéré comme un critère d'indication ou de contre-indication d'une psychothérapie parmi d'autres critères avec lesquels il interfère et qui presque toujours prennent le pas sur lui. Ainsi, une forte motivation alliée à une capacité de prise de conscience peuvent avoir raison d'un état grave.

---

20 Ralph R. GREENSON, *Technique et pratique de la psychanalyse*, Paris, Presses universitaires de France, 1977, pp. 70-71.

CHAPITRE 2

Indication ou contre-indication d'une psychothérapie

L'indication ou la contre-indication d'une psychothérapie repose sur un certain nombre de critères sur lesquels un consensus s'est créé, parce qu'ils permettent d'en prévoir une issue satisfaisante.

Cependant, la valeur de ces critères pris isolément est relative, car aucun d'entre eux, Wolberg le signale, ne permet de prévoir avec certitude les résultats d'une psychothérapie[1].

En outre, la valeur prédictive intrinsèque de chacun de ces critères, et même celle de leur ensemble, peut être renforcée ou infirmée par le genre de relation qui s'établira entre le consultant et le psychothérapeute. La qualité de cette relation, à bon droit appelée relation thérapeutique, parce que c'est sur elle ou à travers elle que précisément s'effectue la psychothérapie, est d'une part, fonction de la capacité du consultant à établir un lien affectif minimal avec une autre personne et d'autre part, fonction de la compétence intellectuelle du thérapeute et davantage par ce que nous

---

1 Lewis R. WOLBERG, *The Technique of Psychotherapy*, New York, Grune & Stratton, 1ère éd., chap. 23, p. 230.

désignerons sa compétence affective, garante de son aptitude à nouer avec le consultant une saine alliance de travail. Cette alliance, le thérapeute devra être capable de la maintenir en dépit des manifestations transférentielles interférentes, de la préserver des réactions contre-transférentielles trop adverses et de parer les effets de celles qui se produiront inévitablement.

Prenant pour acquise la compétence intellectuelle et affective du psychothérapeute et, conséquemment, son aptitude à établir une relation thérapeutique satisfaisante sinon parfaite, avec le consultant, nous pouvons examiner les critères qui, du côté de ce dernier, constituent des augures favorables.

En fait, quels sont ces critères ? Comment les repérer dans la première entrevue et comment apprécier leur valeur respective ?

À la suite de Gill et al.,[2] nous les groupons sous cinq dénominations soit : 1) le désordre émotionnel ; 2) la motivation ; 3) les aptitudes du consultant pour la psycho-thérapie ; 4) les conditions psychologiques du milieu de vie du consultant ; et 5) les facilités matérielles.

Nous avons retenu ces désignations parce qu'elles englobent les critères essentiels et ceux que les auteurs n'ont pas expressément mentionnés.

2.1 Le désordre émotionel

Ce critère est relié évidemment à des notions diagnostiques. Bien que le but primordial de la première entrevue n'est pas d'établir un diagnostic différentiel précis et pour cause, le souci ne doit cependant pas en être écarté. Celui-ci devrait, au moins dans la majorité des cas, permettre de répondre à la question suivante : le désordre émotionnel

---

2 Merton GILL, M.D., et al., The Initial Interview in Psychiatric Practice, New York, International Universities Press Inc., 1954, pp. 92-100.

dont se plaint le consultant est-il du ressort de la psychothérapie?

En principe, tout désordre émotionnel qui perturbe le fonctionnement d'un sujet et dénonce la présence chez lui de conflits intra-psychiques ou inter-personnels, peut être objet d'une psychothérapie, que ce désordre soit névrotique, psychotique, psychosomatique ou psychopathique.

Cependant, en pratique, des restrictions s'imposent. Si la psychothérapie est en théorie applicable indiscutablement à tout désordre névrotique, il n'en va pas de même pour les désordres psychotiques. Quant aux désordres psychosomatiques et psychopathiques, on doit exercer une prudente attention à leur endroit.

2.1.1 Le désordre psychotique

Le champ d'accès soit à la psychanalyse, soit à toute autre approche psychothérapeutique ne cesse de s'agrandir; des personnes gravement atteintes peuvent être secourues dans des milieux spécialisés et par des praticiens qualifiés pour le faire; par contre, en pratique privée, et dans des cliniques ou autres institutions qui ne reçoivent que des consultants ambulants, une sélection attentive s'impose. Des réactions turbulentes, souvent imprévisibles et difficilement contrôlables, impliquant des risques de suicide, peuvent surgir au cours de la thérapie de sujets psychosés. Ces risques sont évidemment à prendre en considération.

Une sélection concernant les personnes souffrant de malaises psychotiques s'opère d'abord, le plus souvent, à l'extérieur du champ de la psychothérapie. C'est le médecin généraliste, habituellement consulté le premier dans des situations de crises aiguës, qui dirige ordinairement ces personnes vers des hôpitaux généraux ou spécialisés.

Cependant, il peut arriver que des consultants se situant dans un «état intermédiaire» ou «état limite» («border line») — aux frontières entre une situation névrotique et un état psychotique — se présentent au psychothérapeute.

29

Théoriquement, la nosologie est bien structurée en grands syndromes cohérents; cependant, vouloir y encadrer rigoureusement la symptomatologie d'un sujet se révèle toujours futile. Et de même qu'il n'y a pas de démarcation nette entre individus parfaitement sains et individus entièrement désorganisés — ni l'un ni l'autre de ces extrêmes ne se rencontre dans la réalité —, ainsi on trouve chez tous les consultants des traits névrotiques et souvent des traits psychotiques appartenant à diverses entités. Il s'agit d'un dosage quantitatif plutôt que nettement qualitatif.

Le praticien devra donc essayer, dans la première entrevue, de déterminer si les symptômes dominants dont se plaint le consultant sont plutôt névrotiques que psychotiques et d'être alerte à détecter dans les propos et le comportement de ce dernier, les indices qui dénonceraient des tendances paranoïdes accusées, révéleraient une excitation maniaque ou quelque autre processus hallucinatoire. La pathologie manifeste cache parfois une pathologie latente plus sérieuse.

Des doutes persistent-ils après la première entrevue, on devra prévoir un entretien additionnel pour tenter de les dissiper. En clinique, ce deuxième entretien est confié à un thérapeute de plus grande expérience, quand le consultant a été accueilli par un praticien débutant. En outre, mais en dernier recours, quelques évaluations et mesures psychologiques fourniront un éclairage complémentaire, avant qu'on ne décide de commencer la psychothérapie.

Des praticiens expérimentés peuvent entreprendre des psychothérapies plus hasardeuses, mais de jeunes professionnels ne devraient pas prendre le risque d'aider des personnes plus sérieusement troublées, à moins d'être assurés d'une supervision étroite, et encore...

S'il arrive à un débutant d'accueillir en bureau privé de telles personnes, il les recommande à des collègues aguerris avec lesquels il a tout intérêt à se tenir en contact. Une ardeur de néophyte ne tient pas lieu d'expérience.

2.1.2 Le désordre psychosomatique

Les consultants souffrant principalement de désordres psychosomatiques requièrent un soin particulier.

Certains d'entre eux se présentent de leur propre gré, après un ou même plusieurs examens médicaux. Ces examens les ont parfois convaincus de l'origine émotionnelle de leurs symptômes, ce que quelques-uns prétendent avoir toujours soupçonné. Leur cas ne pose pas de problèmes, du moins en ce qui concerne ce critère.

Mais la situation est différente quand il s'agit de consultants envoyés par des médecins qui ont épuisé sur eux tous leurs moyens et qui ont en définitive conclu que les malaises de leurs patients sont «nerveux».

Si le psychothérapeute peut, dans la majorité de ces cas, compter sur la sûreté du diagnostic de ces médecins, il ne doit pas prendre pour acquis que ces consultants ont accepté ce diagnostic, la plupart d'entre eux attachant au mot «nerveux» la connotation péjorative de «imaginaires». Humiliés peut-être, à cause du malentendu, voire dépités que leur souffrance soit mise en doute, celle-ci les incite tout de même à suivre l'avis de leur «docteur». Cependant ils se demandent ce qu'il faut attendre d'un professionnel qui n'est pas un «docteur», pour les délivrer de leurs maux physiologiques. Mais encore, savent-ils seulement qu'ils ne sont pas chez un «docteur»? Certains se croient devant un autre médecin qui, lui, saura peut-être trouver la cause de leur mal, et y remédier, soit par de nouveaux médicaments, soit par quelque autre traitement. Ce n'est pas une tâche facile pour un médecin de renseigner son patient sur la psychothérapie. Le thérapeute aura donc à clarifier la situation, à reconnaître d'abord l'authenticité des souffrances du consultant avant d'essayer de susciter chez lui une prise de conscience sur leur origine psychogénique.

Par contre, il arrive que des personnes souffrant de malaises psychosomatiques, ayant appris d'une façon ou d'une autre que la psychothérapie pourrait les secourir, se présentent sans consultation préalable récente avec aucun médecin. Si les symptômes semblent de quelque importance, le thérapeute a la prudence d'exiger un examen médical. Si cet examen devait révéler quelque lésion organique, par exemple un ulcère gastrique, il reste à considérer avec le consultant, l'opportunité d'entreprendre quand même une psychothérapie concurremment avec la cure médicale qui s'imposerait. Ainsi le symptôme et sa signification seraient envisagés de front. Cependant, si ce consultant préfère n'entreprendre la psychothérapie qu'après la réduction du symptôme somatique, sa décision n'est évidemment pas à discuter.

2.1.3. Le désordre psychopathique ou sociopathique ou anti-social

Si l'angoisse causée par le conflit interne que vit le névrosé le pousse à demander de l'aide, un psychopathe, qui ne souffre pas d'un tel conflit ni de l'angoisse qui lui est attachée, n'a aucune raison de chercher du secours de son propre gré et de fait, il n'en cherche pas.

Aussi, quand il se présente chez un psychothérapeute, c'est qu'il y est contraint, ou par les victimes mêmes de son comportement délictueux, ou plus souvent par les témoins des embarras, des souffrances qu'il inflige à ses victimes, souvent des partenaires bernés et incapables de se défendre.

Il peut s'agir par exemple, ou d'un exhibitionniste, d'un homosexuel racoleur de mineurs, ou d'un pédophile traduit devant la Cour qui lui donne le choix entre un internement et un «traitement», ou encore d'un étudiant tricheur, voleur, «passeur» de drogues, enjoint par le directeur du collège qu'il fréquente, de prendre les moyens de s'amender s'il veut éviter l'expulsion.

Dans la première entrevue, ces consultants prennent souvent l'initiative du dialogue, certains avec désinvolture, mais en se plaçant sur le plan social. Ainsi ils font des remarques sur la température extérieure, sur l'ameublement du cabinet du thérapeute. C'est un trait à noter. Sous des attitudes complaisantes, ils camouflent leurs réactions négatives.

S'ils n'ont pas de raisons de croire que le thérapeute sait qui les envoie consulter et pourquoi, ils n'en parlent pas et se contentent de mentionner des malaises comparables à ceux de n'importe quel névrosé ou, s'ils avouent leurs symptômes réels, ils allèguent le désir de s'en affranchir pour prévenir les dénonciations qui nuiraient à leur réputation ou à celle de leur famille, estimant que le thérapeute trouvera cette motivation valable.

Cependant, ils gardent par-devers eux un but concret, immédiat, et pour l'atteindre, ils comptent sur l'assistance du thérapeute. Ainsi, l'exhibitionniste, l'homosexuel, le pédophile déférés par la Cour souhaitent obtenir, par l'intermédiaire du thérapeute, une sentence allégée sinon un acquittement. Et l'étudiant envoyé par l'autorité scolaire essaiera d'obtenir prématurément une recommandation en vue d'une réintégration sur la foi de promesses qu'il ne serait pas encore en mesure de respecter.

Les psychopathes ont en commun le mépris des droits de l'autre qu'ils ne voient pas comme quelqu'un à qui se relier affectivement, mais comme un objet à exploiter, autrement dit comme une source potentielle de gratification ou comme une source de dangers, sans aucun souci pour la sécurité, le confort ou le plaisir de cet objet ; ce manque de souci pouvant les conduire à des actes de cruauté physique ou morale qu'ils justifient par les souffrances qu'ils ont eues à subir dans leur passé.

Ce tableau psychopathologique sommaire pose, de soi, au sujet de ces consultants, la question de l'indication ou de la contre-indication d'une psychothérapie.

Peut-on espérer établir une relation thérapeutique avec des consultants plus pressés de transformer le thérapeute en complice dans leur lutte contre le monde extérieur, plutôt que de le considérer comme l'allié qui les aiderait à s'affranchir des pulsions désastreuses qui les submergent ?

Le pronostic est évidemment sombre.

Par ailleurs, la plupart de ces consultants disparaissent subrepticement de la scène thérapeutique dès que la surveillance extérieure dont ils sont l'objet se relâche et que s'estompent les menaces de représailles.

Cependant si un thérapeute d'expérience consent à recevoir un consultant qui se présente régulièrement au rendez-vous qu'on lui a fixé, parce qu'il est étroitement gardé à vue par sa famille ou par un agent de probation, une thérapie peut s'amorcer à condition que le praticien veille à ne pas se laisser duper par d'apparentes bonnes dispositions et sache allier à une chaleureuse empathie une fermeté inébranlable.

Certains sujets s'entendent à faire du thérapeute le plus vigilant un parent complaisant dont ils abuseront comme ils ont abusé de tous les adultes qui se sont intéressés à eux. Souvent ils le mettent à l'épreuve dès la première entrevue, en essayant, par exemple, de lui emprunter de l'argent sous quelque fallacieux prétexte. Il y a là, entre autres, un indice diagnostique à retenir. Selon George Devreux: «Le psychopathe se voit comme un réaliste dans un monde peuplé de 'poires'[3].»

Les sujets antisociaux sont de loin les plus difficilement récupérables du fait même de leur inaccessibilité.

Ils ne viennent pas d'eux-mêmes vers qui saurait les aider. Aussi se retrouvent-ils rarement en psychothérapie.

Cependant, rejoints en milieu carcéral par des thérapeutes spécialisés, de jeunes sociopathes ou même de moins jeunes acceptent quelquefois la main qui leur est offerte. C'est souvent là pour eux la première occasion d'apprendre à s'aimer eux-mêmes et à aimer les autres.

---

3 DEVREUX, George. *Essais d'ethnopsychiatrie générale*, Paris, Gallimard, 3e éd., 1977, p. 104.

2.1.4. Gravité du désordre émotionnel

Après avoir établi la nature du désordre émotionnel et les réserves qui en découlent, il reste à en déterminer la gravité, bien que celle-ci ne constitue pas en soi une contre-indication. Cependant, la gravité doit être contrebalancée par la qualité des autres critères pronostiques.

En conséquence, le thérapeute est attentif à noter les indices diagnostiques qui s'offrent à son observation dans la première entrevue. Les conclusions qu'il en tire permettront de décider si on peut entreprendre une psychothérapie. En outre, dans une clinique où oeuvrent des praticiens et des praticiennes de divers degrés d'expérience, le diagnostic, bien qu'approximatif, est un facteur indispensable pour décider du choix du thérapeute. En pratique privée, la nature et la gravité du désordre émotionnel sont des éléments importants dans la décision que prend le psychothérapeute d'aider lui-même la personne qu'il accueille ou de la confier à un collègue plus expérimenté.

2.2 Motivation

La motivation est considérée à bon droit par tous les auteurs comme le critère le plus décisif d'indication d'une psychothérapie.

Il est facile de concevoir qu'un motif sérieux existe ou puisse être éveillé chez un consultant, avant tout engagement thérapeutique.

Ce motif, c'est la souffrance éprouvée par le consultant qui le suscite. C'est d'elle, signalait Freud dans l'un de ses premiers écrits, «qu'émane le désir de guérison[4]».

---

4 Sigmund FREUD, La technique psychanalytique, Paris, Presses universitaires de France, 1970, 3e éd, p. 103.

Dix années auparavant, dans une conférence au collège des médecins de Vienne, il avait déjà précisé : «La psychothérapie n'est pas utilisable par les personnes qui ne se sentent pas attirées vers elle par leur souffrance et ne font qu'obéir aux ordres de leurs proches.» C'était là une mise en garde destinée à tous ceux qui voyaient dans cette nouvelle découverte une panacée applicable à tout venant, sous n'importe quelles conditions[5].

L'importance de la souffrance comme base de la motivation à une psychothérapie, d'autres théoriciens l'ont réaffirmée après Freud. Wolberg mentionne qu'elle est l'un des facteurs qui provoque une bonne motivation, les autres étant le sentiment d'être handicapé par sa condition névrotique et le désir d'être normal à l'égal des autres êtres humains[6].

Greenson, pour sa part, dans son ouvrage sur les techniques psychanalytiques écrit : «Il faut que les symptômes ou les traits de caractère discordants soient assez douloureux pour inciter le patient à supporter les rigueurs du traitement.» Il ajoute encore : «Il faut que la misère névrotique gêne le patient dans des aspects importants de sa vie et que la conscience de sa condition persiste, pour qu'il demeure pleinement motivé», et il précise : «... la curiosité scientifique, ou le souhait d'un avancement professionnel ne peut pas motiver l'analysé à poursuivre l'expérience analytique à moins que ne s'y rattache un besoin thérapeutique adéquat[7].»

Une psychothérapie analytique ou autre entreprise à des fins didactiques, dans un but de formation professionnelle et qui ne se transforme pas en expérience thérapeutique, ne viendra pas à bout des résistances qui surgissent au cours de

---

5 *Idem*, p. 17.
6 Lewis R. WOLBERG, *op. cit.*, p. 233.
7 Ralph R. GREENSON, *Technique et pratique de la psychanalyse*, Paris, Presses Universitaires de France, 1977, p. 71.

cet exigeant travail personnel. Une thérapie entreprise dans de telles conditions ne peut guère apporter au consultant qu'un maigre éclairage intellectuel qui serait sans effet sur les symptômes et ne provoquerait aucun changement profond dans la personne.

Cependant une souffrance névrotique quelconque, si grave soit-elle, ne constitue pas une motivation suffisante pour entreprendre une psychothérapie, même si on est averti que c'est là le seul moyen d'être secouru.

Il faut en outre que cette souffrance parvienne à un certain paroxysme. Tout accident dans la vie de quelqu'un peut le provoquer; aussi la nécessité d'avoir à effectuer dans un mode d'existence un changement important mettant hors d'atteinte toute solution d'esquive de l'angoisse; ou encore, le degré de saturation, d'exacerbation causé par un symptôme qui a pu être atteint. Il s'agit là de facteurs précipitant la demande d'aide.

Voici deux situations exemplaires:

... Un étudiant socialement inhibé explique au thérapeute qu'il a passé chez lui, auprès de ses parents et devant la télévision, tous ses loisirs durant ses années d'études primaires et secondaires, évitant ainsi de se retrouver parmi des compagnons de son âge avec lesquels il avait peur de se lier. Il se croyait inférieur à eux et redoutait le rejet que ses moindres tentatives de rapprochement lui feraient essuyer. La poursuite de ses études l'oblige maintenant à quitter la ville où demeurent ses parents.

Du jour au lendemain, il doit faire face à l'angoisse qu'il a évitée jusqu'ici et conséquemment prendre les moyens de résoudre son problème.

... Une jeune femme, aux prises avec différentes compulsions dont la plus impérieuse consiste à vérifier régulièrement s'il ne se trouve pas quelque objet sous chacune des chaises ou des fauteuils où elle doit s'asseoir déclare au thérapeute qui l'accueille, qu'elle est «excédée» par son symptôme devenu intolérable. *Je ne peux plus supporter cette tyrannie.*

Dans l'un de ses premiers livres récemment traduit, Rogers recommande au clinicien de s'assurer de l'intensité de l'état de stress ou de tension du sujet requérant une psychothérapie et il insiste : « La consultation ne peut apporter de l'aide que si la détresse psychologique a atteint un degré telle qu'elle est un facteur de déséquilibre[8].» Dans un ouvrage plus récent, il pose comme l'une des conditions à une psychothérapie que « le client se trouve dans un état de désaccord interne, de vulnérabilité ou d'angoisse[9]». Jung avait écrit dans *l'Âme et la Vie* : « Rien n'est plus propre à provoquer conscience et éveil qu'un désaccord avec soi-même[10].»

Pourquoi faut-il que la souffrance atteigne un état paroxystique pour motiver une recherche de secours ?

Prenant en considération le fait que les symptômes sont des défenses souvent précocement établies dans la vie d'un sujet comme protection contre l'angoisse, on conçoit que, désirant abandonner de telles défenses parce qu'elles deviennent de plus en plus encombrantes, il redoute en même temps d'avoir à s'en départir. Il est accroché à ces fausses sécurités comme le naufragé à la planche de salut qui, si fragile soit-elle, lui a permis de survivre. Abandonne-t-on facilement un support avant de se sentir capable de s'en passer ou d'avoir acquis la certitude que l'on peut être à soi-même son propre point d'appui ?

Greenson mentionne parmi les forces qui font obstacle à la psychothérapie, « la peur du changement et l'aspiration à la

---

8 Carl ROGERS, *La relation d'aide et la psychothérapie*, Paris, Les Éditions ESF, (1980), Tome I, p. 63.
9 Carl ROGERS et G. Marian KINGET, *Psycho-thérapie et Relations humaines*, Louvain, Studia Psychologica, 1965 p. 200.
10 C.G. JUNG, *L'Âme et la Vie*, Paris, Buchet-Chastel, 1963, p. 59.

sécurité qui pousse le moi infantile à s'attacher aux schèmes névrotiques coutumiers[11]».

Cette peur du changement est encore accrue par les avantages que procurent les symptômes, avantages que Freud avait reconnus et appelés «bénéfices secondaires de la maladie[12]».

Wolberg parle de la protection que le désordre émotionnel assure à un sujet, même s'il gâte sa productivité et sabote son bonheur[13].

Ignore-t-on, par exemple, les compensations que peut offrir une maladie psychosomatique chronique ou passagère? Faisant d'une pierre deux coups, elle attire la sympathie de l'entourage et dispense en même temps d'avoir à accomplir des tâches ou à assumer des responsabilités qui apparaissent trop lourdes.

... *Quand on est malade, on a tout le support qu'on veut, autrement on se débat seul,* confiait à un thérapeute en première entrevue, une jeune femme dont le fragile équilibre avait été rompu par la naissance d'un enfant.

Des symptômes somatiques surgissent-ils à l'improviste dans la vie de quelqu'un qui s'est montré jusque-là capable de faire face à ses obligations, ils peuvent camoufler quelque cuisante déconvenue, faire oublier un échec difficile à encaisser et sauver, sans qu'on en soit conscient pour autant, l'estime de soi.

Que de gens s'accommodent de leur souffrance névrotique, non seulement avec résignation, mais aussi parfois avec une sérénité désarmante, se contentant de l'émousser, de la soulager par diverses solutions d'esquive: suractivité, sommeil excessif, suralimentation, usage plus ou moins abusif de l'alcool, de la drogue licite ou illicite, voire de

---

11 Ralph R. GREENSON, *op. cit.*, p. 123.
12 Sigmund FREUD, *op. cit.*, p. 103.
13 Lewis R. WOLBERG, *op. cit.*, p. 233.

la sexualité, la plupart ignorant que la psychothérapie pourrait les dispenser des palliatifs auxquels ils ont recours. Cependant si dans leur entourage quelqu'un essaie de les renseigner, ils font la sourde oreille. On s'en étonne, si on ne sait pas quelles angoisses inconscientes provoquent cette surdité et l'expliquent. Par contre, d'autres personnes connaissant l'existence de la psychothérapie et sachant qu'elle peut atteindre et réduire les conflits profonds qui sont la matrice de leurs symptômes, hésitent pourtant à y recourir.

... «La majeure partie de notre vie, écrit dans son journal Anaïs Nin, est une invention pour éviter de se confronter avec notre moi profond.»

... «Les hommes sont endormis, lit-on dans le Coran — que cite Marilyn Fergusson —, doivent-ils mourir avant de s'éveiller[14]?»

De son côté Greenson fait remarquer que certains névrosés n'ont pas conscience de la vie limitée qu'ils mènent du fait de leur pathologie[15].

Dès lors, on comprend la nécessaire intervention de quelque *facteur précipitant* pour secouer la torpeur, la force d'inertie qui semble s'opposer à la tendance innée vers la santé, ce désir de bien-être qui existe en tout être vivant. Freud avait identifié ce phénomène «qui fait que le malade s'accroche à sa maladie et lutte contre son rétablissement» et il l'a nommé «résistance[16]».

C'est donc dans l'ambivalence que tout consultant se présente chez un psychothérapeute. Si sa démarche témoigne d'une certaine motivation, l'appréhension qu'il éprouve à l'actualiser manifeste la résistance qui la jouxte. Cependant, ni la qualité de sa motivation, ni son intensité ne sont de ce fait établies.

---

14 Marilyn FERGUSSON, *Les enfants du Verseau*, Paris, Calman-Lévy, (1981) p. 74.
15 Ralph R. GREENSON, *op. cit.*, p. 409.
16 Sigmund FREUD, *op. cit.*, p. 14.

Il s'agit donc de se demander comment dans la première entrevue le praticien pourra apprécier l'adéquation de la motivation du consultant à l'aide qu'il peut lui offrir.

Gill *et al.* proposent au psychothérapeute d'avoir à l'esprit trois questions qu'il n'aura cependant pas à formuler, car dans la majorité des cas, les réponses sont contenues explicitement ou implicitement dans ce que le sujet exprime spontanément sur lui-même et sur ses difficultés[17].

Voici donc ces questions et quelques réponses relevées dans des comptes rendus de première entrevue :

A) *Pourquoi ce consultant se présente-t-il maintenant chez un psychothérapeute?*

La plupart des situations peuvent être ramenées aux trois suivantes :

a) Le consultant aux prises avec un désordre émotionnel vient tout juste d'apprendre qu'il peut être secouru par la psychothérapie. C'est le cas de M. P. dont le premier entretien est rapporté en appendice. Souffrant de phobies et de malaises psychosomatiques, il a cherché en vain à s'en délivrer par l'intermédiaire de médecins et d'un psychiatre. L'aggravation de ses symptômes et leur persistance créent chez lui une angoisse grandissante. Il a peur d'en arriver à ne plus pouvoir se rendre à son travail. Il est devant le spectre de la pauvreté qu'il a connu dans son enfance.

À peine informé par un proche que la psychothérapie est pour lui le recours indiqué, il a sollicité un rendez-vous chez le psychothérapeute qu'on lui a recommandé.

b) Le consultant connaissait l'existence de la psychothérapie et savait qu'elle pouvait lui être utile mais ne parvenait pas à s'y résoudre.

C'est la situation d'un étudiant qui a pu, à travers ses cours et des lectures, prendre conscience de son extrême

---

17 Merton GILL, M.D., *et al., op. cit.,* p. 94.

dépendance envers sa mère, dépendance dont il a reporté une grande part sur une amie d'enfance avec laquelle il entretient une relation amoureuse jalouse, possessive, tyrannique. Il a mesuré l'intensité «anormale» de ce lien qui le prive de contact avec des camarades, réduit sa liberté de mouvement et nuit à ses études. Cependant il est incapable de rompre, sentant bien que son équilibre émotionnel tient à cette relation. Il a pensé consulter mais reportait sans cesse sa décision. Mais voilà que l'amie fait faux bond et c'est la panique. Au thérapeute qui l'accueille, il confesse qu'il a peur de faire des «folies» tant il redoute la solitude.

c) Un consultant se retrouve devant un psychothérapeute parce qu'une pression a été, pour une raison ou pour une autre, exercée sur lui par des proches, parents, conjoint(e), autorités scolaires, religieuses ou légales. Que cette contrainte soit le fait de personnes bien intentionnées à son égard et que le désordre émotionnel dont il souffre la justifie, le thérapeute n'est pas sûr qu'elle a éveillé chez ce consultant, même s'il est en grand désarroi, un authentique désir d'aide; ses réactions à la contrainte, ses sentiments envers les personnes qui la lui imposent, favorisent ou bloquent l'émergence du désir de se faire aider et le masquent très souvent.

La deuxième question apportera d'autre éclaircissements.

B) *Qu'est-ce que le consultant attend de la psychothérapie et comment espère-t-il être aidé par le psychothérapeute?*

On imagine aisément à quel point peuvent être nuancées les réponses à cette double question. Tous les consultants ne se présentent pas chez un psychothérapeute avec le même degré de conscience de leur problème et tous ne lui adressent pas la même demande, et ne s'attendent pas non plus à la voir exaucée de la même façon.

La disproportion de leur demande par rapport au but de la psychothérapie et le genre de rôles attribués au thérapeute dépendent de la profondeur de la détresse, du sentiment d'impuissance, dû chez certains à un retard dans le développement psycho-affectif, chez d'autres à une régression peut-être passagère, provoquée par quelque événement traumatique. Ces facteurs sont influencés par la connaissance intellectuelle plus ou moins exacte qu'ils ont de la psychothérapie et de la signification générale des symptômes.

Rado a ramené les motivations à quatre catégories ou plus exactement à quatre niveaux, selon la maturité de l'appel à l'aide[18].

Au plus bas niveau, c'est l'attente désespérée d'un secours magique (magic craving) chez des sujets qui généralement ignorent que leurs symptômes sont les signes, les indices d'une autre souffrance, d'un conflit dont ils ignorent la présence en eux. Bien qu'ils soient conscients de certaines autres difficultés dans leur vie, de certaines entraves, ils ne les relient pas avec leurs symptômes. En conséquence, ils ont déployé tous leurs efforts pour faire disparaître ces symptômes. À leur insu, ils se sont comportés comme si l'extinction d'un feu rouge signalant un danger avait le pouvoir de faire disparaître ce danger.

Ils croient que cette phobie, cette obsession sont inhérentes à leur nature, ou encore que cette maladie psychosomatique leur est tombée du ciel, qu'elle est une «épreuve», et qu'ils en seront délivrés par une intervention extérieure quasi miraculeuse qu'ils ont sollicitée à droite et à gauche.

Recommandés à un psychothérapeute, ils n'ont pas perdu de ce fait leurs croyances et ils s'adressent à lui comme à un thaumaturge, possesseur de quelque puissance secrète, et s'inquiètent de savoir s'il voudra bien l'exercer à leur profit.

---

18 Sandor RADO, «Relationship of short-term psychotherapy to Developmental Stages of maturation and Stages of treatment Behavior», in Wolberg, Lewis R. with nine contributors, *Short-Term Psychotherapy*, New-York, Grunes Stratton, (1965) p. 67.

Au deuxième niveau on retrouve des personnes qui n'ont pas réussi à émerger totalement de leur dépendance infantile et à acquérir suffisamment confiance en elles pour se tirer d'affaire seules en quelque situation que ce soit. Affligées par des symptômes, elles se recommandent au thérapeute comme à un personnage omniscient ou même à un devin, capable d'en saisir le sens, et elles attribuent un effet prodigieux au décodage qu'il en pourra faire. Cette fausse conception, qui a eu cours dans les débuts de la psychanalyse, a perduré longtemps, accréditée par des professionnels insuffisamment renseignés, mais aussi parce qu'elle tient à ce désir infantile de s'en rapporter, quand on a mal, à quelque explication magique entraînant un effet curatif. L'état de dépendance étroite de l'enfant à la mère durant la phase préverbale émerge ici. Cette mère savait d'instinct, elle, déchiffrer la signification du moindre pleur, du moindre gémissement et remédier comme par enchantement à l'inconfort, combler le besoin qui en était la cause.

C'est en ce sens que Rado explique qu'un consultant qui se sent aussi impuissant, aussi démuni qu'un jeune enfant se remet passivement entre les mains du thérapeute, retrouvant en lui l'image idéalisée d'une mère toute-puissante[19]. Que le thérapeute soit un homme ou une femme, le consultant espère trouver en lui ou en elle, selon l'expression de Langs, un bon — bonne — thérapeute-mère, dont il veut être l'enfant privilégié qu'elle est disposée à aider, par tous les moyens à sa disposition[20].

À un troisième niveau, c'est un collaborateur ou un allié que cherchent dans le praticien des consultants à la fois plus mûrs, ayant acquis une certaine confiance en eux-mêmes et mieux renseignés sur ce qu'on peut attendre d'une psychothérapie.

---

19 Sandor RADO, op. cit., p. 70.
20 Robert LANGS, M.D., The Technique of psychoanalytic Psychotherapy, Vol. 1, 4e éd., New-York, Jason, Aronson Inc., 1981, pp. 251-252.

Jeunes ou plus âgés, ils ont réussi une adaptation à leurs conditions de vie conforme ou même supérieure à celle de la plupart des gens de leur milieu.

Mais s'ils ont réussi à «tenir le coup», à «faire face», ou à «survivre tant bien que mal», à «donner le change» selon leurs propres expressions, ils ne sont pas satisfaits, leurs performances exigeant des dépenses d'énergie excessives. Ils ont des symptômes encombrants avec lesquels ils composent tant bien que mal et plusieurs cachent, derrière une apparente débrouillardise, des sentiments de vulnérabilité, d'impuissance et une détresse plus ou moins profonde.

Une jeune femme cultivée, désirant s'engager dans une psychothérapie, écrit à une psychothérapeute :

... Tous les matins, je m'éveille en proie à une anxiété diffuse qui, telle une lie amère, se serait déposée en moi... depuis quand? Elle est là depuis toujours, il me semble. Elle paraît se perdre dans les brumes des premiers moments de mon existence... Elle était là quand j'avais dix ans... huit ans.

Les objectifs poursuivis par ces consultants transcendent le désir de la seule disparition de leurs symptômes. Ils savent que ceux-ci n'auront plus leur raison d'être quand, délivrés de ce qui les aliène, ils pourront s'exprimer dans des registres de langage plus évolué que le langage anachronique des symptômes. Ils sont à la recherche de leur identité, de leurs buts personnels, de leurs intérêts, de leurs goûts propres, d'un équilibre plus stable, d'une sécurité qu'ils n'ont jamais connue, de la joie de vivre.

... Je ne sais pas qui je suis, ni où je vais, dit ce jeune homme de vingt-trois ans. J'ai laissé mes études pour aller sur le marché du travail, pensant que ce recul me permettrait de me trouver... Je ne me sens guère plus avancé... J'étais entré à l'université parce que mes parents y tenaient... Ai-je abandonné par opposition à eux ou parce que vraiment je n'étais pas à ma place?

... Je suis à la recherche de mon moi... Il est perdu dans la mêlée de tous ces «moi» que tour à tour j'ai essayé d'être depuis que je suis toute petite...

... Ma mère, qui ne voulait pas de garçon, s'est évertuée à faire de mon frère et de moi des filles...

... Je viens déposer ici les masques et les oripeaux derrière lesquels je me cache si bien que je ne sais pas moi-même qui je suis là-dessous, déclare une jeune femme élégante, mariée, qui se dit comblée matériellement, mais se sent prisonnière dans cette vie apparemment privilégiée.

... Pensez-vous que c'est possible d'acquérir une plus grande confiance en soi? J'ai l'air sûr de moi mais je perds souvent pied à la moindre désapprobation de qui que ce soit, de mon patron, d'un collègue, de ma femme; mes enfants eux-mêmes m'en imposent.

... Je veux apprendre à être plus sûre de moi, déclare cette personne à l'air décidé. *Je passe pour une «fonceuse», au fond je suis une petite fille qui a très peur. J'ai peur de déplaire, peur que l'on se fâche contre moi, je ne peux souffrir aucune forme d'agressivité.*

... Dans mes relations avec les autres je me demande toujours si j'agis bien, si je suis assez intéressant.

... Je veux devenir équilibré comme des gens que je vois autour de moi.

... Je veux apprendre à vivre dans la joie. Il me semble que ça devrait être possible.

Tout consultant qui se présente à ce niveau est généralement conscient qu'il devra accomplir la plus grande part de la tâche thérapeutique, qu'il aura à être lui-même l'artisan de la résolution de son problème, ou selon l'expression des nouvelles écoles américaines, le «problem solver».

... Est-ce que vous me donnerez des solutions, s'enquiert pourtant cette jeune femme qui se reprend aussitôt : «*Je dis cela, mais je sais que ce sera à moi de les trouver mes solutions*».

On entrevoit la difficulté qu'aura cette consultante à se maintenir à ce troisième niveau de motivation. En fait, à l'une ou l'autre étape plus difficile du processus thérapeutique, cette attitude plus réaliste se transmue en attitudes référant à des niveaux inférieurs. Ces régressions temporaires, inévitables dans toutes les formes de thérapies, ponctuent la progression toujours cahotante qui conduit à une maturité plus stable.

Demander de l'aide à un thérapeute, écrit Menninger — qui a commenté les niveaux de motivations décrits par Rado pour expliquer ce qui se passe dans les thérapies constructives — est un pas en arrière dans le but d'engager une meilleure course en avant[21].

Il y a un quatrième niveau de motivation. C'est celui de personnes plus éveillées intellectuellement et émotionnellement plus mûres, qui ont atteint dans leur métier, leur profession, leur carrière, un degré de succès relativement élevé, mais qui se disent *insatisfaites*. Ces personnes recherchent elles aussi dans le thérapeute un collaborateur ou un allié.

Ne souffrant d'aucun symptôme névrotique caractérisé, elles sont conscientes qu'il y a en elles des ressources demeurées en friche et elles cherchent de l'aide pour en faire l'inventaire, explorer les champs d'action dans lesquels ces ressources pourraient être employées. Elles sentent aussi le besoin d'un point d'appui pour vaincre l'anxiété qu'elles éprouvent à la pensée des changements qu'il y aura à entreprendre dans leur vie.

---

21 Karl MENNINGER, M.D., *Theory of Psychoanalytic Technique*, New-York, Basic Books Inc., 1958, p. 48.

... Ce qui m'amène à vous consulter, explique au thérapeute un homme d'affaires de quarante-cinq ans, c'est que je sens le besoin de rendre aux autres ce que la vie m'a généreusement donné. La vie m'a toujours souri. J'ai été heureux en affaires et dans ma vie familiale. J'ai une femme avec laquelle je me suis toujours entendu. Elle est intelligente et exerce une profession. Nous avons eu deux enfants qui nous ont donné et nous donnent encore beaucoup de satisfaction et de plaisir... Bref, vous avez devant vous un homme heureux... mais, il y a un MAIS, je suis INSATISFAIT. J'ai laissé dormir en moi, pendant toutes ces années où je ne me suis occupé que de mes affaires pour assurer le bien-être de ma famille, des potentialités, des talents que je voudrais développer et utiliser. Maintenant, j'ai le temps et je suis sûr d'être capable de le faire... Ça fait un an que je ressasse ces idées dans ma tête... Je tourne en rond et je sens que je peux raisonner longtemps comme ça. Vous savez, je suis déformé par ma façon habituelle de voir les choses...

Je ne viens pas vous demander de conseils, ou de me dire ce que je devrais faire, mais d'être le témoin de ma réflexion... C'est la lecture de Martin Gray qui m'a donné l'idée de me faire aider par un psychologue.

Cette situation n'est pas courante dans la pratique. Moins rares sont les situations de femmes, dont l'âge varie autour de la quarantaine, qui viennent demander au thérapeute de les aider à «exercer certains de leurs droits». Elles auraient renoncé à le faire sous la pression de préjugés culturels que des attitudes familiales ont pu renforcer.

... Je me suis oubliée, dit l'une, au cours de mes années de mariage, plus exclusivement consacrée au bien-être de mon mari, à celui de mes enfants et à leur éducation. Maintenant je prends conscience que moi aussi j'ai le droit de vivre plus pleinement, de penser à moi davantage.

... J'ai eu le sentiment de me suicider partiellement le jour de mon mariage, confie une autre... Me marier, c'était renoncer *à ma vie intellectuelle, du moins à mes ambitions... On m'avait si bien persuadée de leur incompatibilité avec les nouvelles obligations assumées ce jour-là, que je pensais cette mutilation nécessaire.*

Songeant à un retour aux études ou à reprendre une carrière interrompue, ces femmes ont du mal à s'y résoudre, victimes de sentiments de culpabilité. Moins intenses chez les plus jeunes d'entre elles, ces sentiments créent encore cependant chez plusieurs des contraintes non négligeables bien que pas toujours nettement identifiées. Ces hésitations se traduiront par différents «actes manqués», ces symptômes «des gens bien portants».

... Quand je me rends à l'université, j'oublie deux fois sur trois les lunettes dont je ne peux pas me passer pour lire...

Ou bien par le retour de «compulsions ménagères» selon l'expression humoristique d'une jeune femme qui ne se pardonne pas facilement les nouvelles orientations qu'elle a données à sa vie.

S'il est facile de modifier des conceptions intellectuelles, il est beaucoup plus difficile de se défaire affectivement des influences environnantes et des habitudes qu'elles créent.

Les rôles de thaumaturge, de bon — (bonne) — thérapeute-mère, de collaborateur ou d'allié ne sont pas les seuls qui sont attribués au thérapeute.

C'est au *mentor* ou encore à *l'arbitre* que parfois des consultants semblent s'adresser. Ainsi il arrive qu'on vienne lui demander des conseils, des avis ou de prendre une décision que l'on n'ose pas prendre soi-même. Ces demandes sous-tendent des désir d'approbation ou de déculpabilisation, quand il s'agit de projets qui ne sont pas conformes aux principes inculqués par l'éducation.

Dans de tels cas, le thérapeute se trouve devant des motivations apparemment inadéquates ou au moins ambiguës.

Il n'est pas rare aujourd'hui qu'une personne mariée qui envisage une séparation se présente chez un psychothérapeute de son propre gré ou accepte de le faire sous la contrainte de son conjoint ou de sa conjointe, dans le but de se départir de sa responsabilité. Voici, entre autres, un exemple typique :

... Monsieur G., marié depuis huit ans, engagé dans une aventure extra-conjugale — il n'en était pas à sa première — envisageait cette fois de se séparer de sa femme sans pouvoir s'y résoudre. Celle-ci ayant découvert son infidélité le force à une option immédiate, à moins qu'il ne consente à consulter un psychothérapeute.

Après avoir exposé le dilemme dans lequel il s'est placé, monsieur G. pose les questions suivantes qui explicitent sans équivoque, au moins apparente, le motif de sa démarche : « *Est-ce que je ferais bien de me séparer ?... Croyez-vous que c'est ce que je devrais faire ?* »

Des couples font appel à un psychothérapeute en alléguant le désir de se faire aider à débrouiller et à résoudre des problèmes qui altèrent l'harmonie de leur ménage qui menace d'éclater. Il peut s'avérer qu'ils cherchent plutôt à faire *arbitrer* leurs querelles.

... Monsieur et madame P. ont demandé un rendez-vous à un psychothérapeute, parce qu'ils n'arrivent pas « à se comprendre et à s'entendre ». Cela étant à peine énoncé par l'épouse, le mari se lance dans une charge contre elle, prétendant que c'est sa constante mauvaise humeur qui serait la cause des difficultés du ménage. La riposte est vive. Le comportement inacceptable du mari qui ne rentre jamais à la maison avant les petites heures du matin et qui ne se soucie guère de ses responsabilités ne justifie-t-il pas la mauvaise humeur de sa femme ? Des reproches aigres-doux s'échangent.

Que cherchent ces conjoints ? Un arbitre qui, après avoir fait le départage des torts, conseillera à l'un plutôt qu'à l'autre, des attitudes, des façons d'agir conformes au désir de l'un au détriment de l'autre? Ou encore s'attendent-ils que le thérapeute décidera lequel des deux a besoin de thérapie; car très souvent chacun des partenaires se considère comme la victime de l'autre et il n'est pas prêt à accepter sa part de responsabilité dans le conflit qui les divise.

Il arrive aussi que de jeunes personnes hésitant à cause d'échecs ou du manque d'intérêt, à poursuivre des études ou à persévérer dans une carrière, un métier ou une situation, viennent demander des conseils à un psychothérapeute.

Cette motivation inadéquate est en outre inattendue, parce que souvent ces consultants se présentent à la suggestion de conseillers d'orientation professionnelle ayant reconnu que la perplexité de leur client avait valeur de symptôme dénonçant un problème fondamental.

Cependant, ces personnes, qui ont acquiescé à la recommandation qui leur a été faite, n'en ont pas pour autant toujours saisi tout le sens; aussi réitèrent-elles au psychothérapeute, le croyant plus en mesure d'y répondre, la demande qu'elles ont faite au conseiller d'orientation. C'est ainsi que cette jeune infirmière dont nous reparlerons, après s'être expliquée sur le but de sa visite et avoir raconté son histoire, interroge: «*Maintenant que vous me connaissez, vous pouvez me dire ce que je dois faire.*»

Des requêtes qui paraissent de prime abord si peu appropriées au service que peut offrir le psychothérapeute le placent devant une troisième question:

C) *Une motivation inadéquate est-elle modifiable, au cours du premier entretien, sinon constitue-t-elle une contre-indication rigoureuse à la mise en oeuvre d'une psychothérapie?*

En refusant les rôles inadéquats qu'on lui attribue, en résistant à «la tentation partout largement répandue de jouer au prophète», comme le disait Fénichel[22], le thérapeute, qui

---

22 Otto FÉNICHEL, *Problèmes de technique psychanalytique*, Paris, Presses universitaires de France, 1953, p. 13.

s'en tenant à la spécificité de son propre rôle, répond à l'espoir plus ou moins conscient de tout consultant d'être entendu au-delà de sa demande ostensible, sur le bien-fondé de laquelle il n'est peut-être pas dupe.

... Un célibataire, dans la trentaine, exerçant un métier qui demande à la fois intelligence et compétence, se présente désespéré chez une psychothérapeute à cause d'une calvitie sur laquelle s'est cristallisée sa difficulté à vivre. Il a honte de cette calvitie au point de ne plus pouvoir se retrouver en public, ou devant qui que ce soit, à cause de l'obligation d'avoir à ôter le chapeau qu'il garde constamment sur sa tête dès qu'il sort de chez lui. Ce sentiment de honte s'est aggravé et a provoqué une régression progressive. Il a commencé par laisser son emploi, s'est ensuite claustré chez ses parents et enfin dans sa chambre, dont il ne peut plus sortir, même pour prendre ses repas à la table familiale.

Un ami a réussi à le persuader qu'il peut être secouru par la psychothérapie. Avec quel secret espoir magique, doublé du plus entier scepticisme, on le conçoit, a-t-il consenti à la démarche qu'il fait? À peine introduit dans le cabinet du praticien, il demande, narquois, sarcastique même, en enlevant son chapeau: «*Vous savez, vous, comment on fait pousser des cheveux*», et il ajoute d'un trait: «*C'est là mon seul problème.*»

Pourtant ce consultant qui a eu du mal à faire l'effort de sortir de sa chambre pour venir à ce rendez-vous, qui a consenti, mais avec beaucoup de réticence, à parler de lui-même, prend à la fin de l'entretien, avec une bonne volonté étonnante, les dispositions pour se présenter à des séances hebdomadaires.

Bravade que cet appel à une puissance magique masquant la peur d'avoir à reconnaître de profonds sentiments d'impuissance?

Que conclure? Que la motivation inadéquate, soit l'extravagante revendication, était sous-tendue par un désir d'aide plus réaliste, ou que ce désir a pu sourdre, grâce à la qualité du contact qui s'est établi entre ce consultant et le thérapeute?

Quoi qu'il en soit, une leçon se dégage de cette situation qui, pour être exemplaire, n'est pas exceptionnelle.

Si le consultant n'est pas toujours dupe de l'incongruité de sa motivation, le praticien, de son côté, ne la prend pas à la lettre, sachant ce qu'elle peut recouvrir : par exemple un manque d'information sur la psychothérapie, des doutes sur les résultats qu'on peut en attendre, une maladresse à articuler la véritable demande, un refus de briser une image narcissique jalousement préservée ou de reconnaître des torts entraînés par des traits névrotiques, une gêne, une honte à avouer d'emblée une habitude symptomatique dont on a cherché en vain à se défaire, la peur d'avoir à descendre dans ses «abysses», croyant qu'il ne s'y trouve que des choses déplorables, sinon effroyables.

... *M'engager dans une thérapie*, remarquait une consultante après quelques mois de travail sur elle-même, *c'était me livrer pieds et poings liés à mes démons intérieurs.*

Cette croyance est attachée à la conception traditionnelle du refoulement d'après laquelle «seules les pulsions mauvaises, socialement défendues sont rejetées dans l'inconscient». Rogers aurait été le premier à dénoncer l'étroitesse de cette conception. Dans l'un de ses ouvrages, il écrit : «... l'expérience clinique montre que, bien souvent, les sentiments les plus profondément refoulés sont des sentiments positifs d'amour, de bonté, de confiance[23].»

... Une jeune femme, forcée quand elle était enfant de témoigner de l'affection au second mari de sa mère, a pris conscience, au cours de son travail thérapeutique, qu'elle se défendait farouchement d'employer le verbe aimer à quelque temps ou mode que ce fût.

---

23 Carl ROGERS et G. Marian KINGET, *op. cit.*, p. 182.

La pratique ne confirme-t-elle pas couramment que, derrière les sentiments hostiles qui sont l'expression de déboires vécus dans l'enfance, se terrent des besoins de tendresse inassouvis?

Enfin et surtout, il y a en chacun le recul quasi instinctif à la seule pensée d'élargir sa conscience de soi et par voie de conséquence d'accentuer l'angoisse que fait sourdre l'anticipation des changements qu'il y aurait à faire dans sa vie. «La peur de savoir est profondément une peur d'agir», constatait Maslow, l'un des pionniers de la psychologie humaniste. Marilyn Fergusson le cite et ajoute: «Nous avons peur et soif de devenir vraiment nous-mêmes[24]».

Le psychothérapeute aura donc à aider le consultant inadéquatement motivé, à s'apprivoiser en quelque sorte à lui-même pour permettre l'émergence d'un motif valable. Poussé à chercher de l'aide pour un malaise aigu, il est plus ou moins conscient de l'état névrotique qui sous-tend ce malaise et dont l'importance lui échappe.

Il faut faire confiance à celui qui s'avance précautionneusement et qui tâte le terrain d'un pied avant d'y poser le second.

La première condition, postulée par Rogers, pour que s'amorce un processus thérapeutique, c'est que deux personnes soient en contact[25].

Il s'agit pour le thérapeute de se demander comment aider quelqu'un comme monsieur G. à profiter de la perche que lui tend sa femme en le poussant à consulter. N'a-t-il jamais ressenti au plus profond de lui-même, sans cependant vouloir s'y arrêter, quelque incertitude ou inquiétude noyée dans un fatras de rationalisations jalousement entretenues et mises de l'avant pour justifier son comportement?

24 Marilyn FERGUSSON, op. cit., pp. 68-69.
25 Carl ROGERS et G. Marian KINGET, op. cit., p. 200.

Par ailleurs la démarche du couple B., qui se présente chez un psychothérapeute plutôt que chez un homme de loi pour faire arbitrer leur différend, ne laisse-t-elle pas pressentir la présence d'une motivation authentique chez l'un comme chez l'autre, ou au moins chez l'un des deux, motivation inapparente parce que masquée sous leur agressivité réciproque?

Et qui ne sait qu'un problème d'orientation professionnelle ou le désir avoué d'abandonner au thérapeute la responsabilité d'une décision à prendre, peuvent être des motifs-prétextes, parce que l'on n'est pas tout à fait prêt à avouer un problème plus profond ou encore parce que l'on appréhende la nécessité d'une remise en question?

Dans un séminaire sur l'entretien initial, Karen Horney recommandait la prudence devant l'absence apparente de motivation adéquate. Ce consultant, dans le cabinet du thérapeute, y est pour une quelconque raison et ce premier pas positif peut éventuellement mener dans une direction plus ouvertement constructive. Elle disait encore que tout ce qui est requis pour amorcer un engagement thérapeutique, c'est un consultant qui se présentera, pourvu qu'il y ait en lui des «forces constructives[26]».

Cette dernière réserve nous amène à constater que la motivation doit être évaluée en regard des autres critères pronostiques.

2.3 Aptitudes à la psychothérapie

Gill *et al.* distinguent: 1) une aptitude intellectuelle spécifique soit l'aptitude à la prise de conscience ou à «l'insight» — ce terme anglais est communément employé dans les publications françaises — et 2) une aptitude psychique appelée force du moi.

---

26 Morton B. CANTOR, *The Initial Interview Part II*. The American Journal of Psychoanalysis, vol XVII, no 2, 1957.

2.3.1 Aptitude à la prise de conscience

L'aptitude à la prise de conscience ou à l'insight peut être décrite d'après les auteurs cités comme étant la capacité de reconnaître en soi et dans les autres l'existence de motivations inconscientes qui, à l'insu du sujet, brouillent ses déterminations conscientes, interfèrent avec elles, les entravent, limitent leurs visées ou les contrecarrent. Celui qui possède cette aptitude ne se laisse pas leurrer, duper par des rationalisations couramment employées pour expliquer telle réaction ou tel agissement contradictoire ou aberrant, par refus ou incapacité de lui reconnaître une origine échappant à la conscience[27].

Saint Paul admettait-il l'existence de ces motivations émotionnelles inconscientes contrecarrant les motivations rationnelles conscientes, quand il se plaignait ainsi : «... le bien que je voudrais, je ne le fais pas ; et je commets le mal que je ne veux pas[28].»

Rogers a repris cette parole pour expliquer l'état de désaccord du névrosé incapable de se comprendre lui-même, constatant que d'une part, il fait les choses qu'il ne veut pas faire et que d'autre part il s'abstient de faire celles qu'il désire faire[29].

L'aptitude à l'insight n'a pas de corrélation étroite avec le degré d'intelligence. Toutefois, celui-ci n'est pas un facteur négligeable dans les thérapies rééducatives et reconstructives. On estime que le seuil acceptable se situe, comme le précisait Rogers dans l'un de ses premiers ouvrages, entre légèrement au-dessous de la moyenne ou au-dessus ; les bas niveaux d'intelligence et les défectuosités graves de celle-ci ne sont accessibles qu'à la thérapie de support[30].

---

27 Merton GILL, M.D., et al., op. cit., p. 95.
28 Saint-Paul, Épître aux Romains, Namurci, Éditions de Maredsous, 1956, V. 7, p. 1450.
29 Carl ROGERS, op. cit., p. 185.
30 Idem, p. 85.

L'aptitude à l'insight est reliée à la sensibilité, à l'intuition et à la créativité plutôt qu'à une facilité pour l'abstraction et la spéculation. Les artistes la possèdent éminemment. Freud la leur a reconnue et enviée. Dans un livre intitulé *Malaise dans la Civilisation*, il écrit qu'il leur est accordé «de tirer presque sans effort du tourbillon de leurs propres émotions les vérités les plus profondes, celles vers lesquelles nous autres devons nous frayer un chemin en tâtonnant sans cesse au milieu des incertitudes les plus torturantes». Dix ans auparavant, il avait soupiré : «Si du moins nous pouvions découvrir en nous, ou chez quelques-uns de nos pareils, une activité en quelque sorte apparentée à celle du poète!» Dans le même écrit, il commentait que des créateurs lui affirmaient que «chaque homme recèle un poète et que le dernier poète ne mourra qu'avec le dernier homme[31]».

Ces créateurs n'avaient-ils pas raison de rassurer Freud? Cette capacité de retrouver en soi «les vérités les plus profondes», n'existe-t-elle pas en tout être humain?

Cependant, il faut surtout reconnaître avec le créateur de la psychanalyse, qui l'a appris à son corps défendant, que cette capacité, possédée par chacun à divers degrés, est plus ou moins entravée par la résistance, ce phénomène issu de l'angoisse qui, comme on l'a vu précédemment, barre l'accès au désir d'aide ou le retarde et continue d'obstruer l'entendement de tout consultant à l'une ou l'autre étape du processus thérapeutique. «Il n'est pire sourd ni pire aveugle que celui qui ne *veut* ni entendre ni voir.» Les psychothérapeutes modifient le sens de ce proverbe en en changeant le verbe : «Il n'est pire sourd ni pire aveugle que celui qui ne *peut* ni entendre ni voir.»

Comment donc dans le premier rendez-vous reconnaître l'aptitude à la prise de conscience ou à l'insight?

Il existe en fait plusieurs indices :

---

31 Sigmund FREUD, «La création littéraire et le rêve éveillé» in *Essais de Psychanalyse appliquée*, Paris, coll., Idées, nrf, Gallimard, 1933, p. 70.

— La *libre venue* d'un consultant chez un psychothérapeute, révélant qu'il reconnaît la présence en lui d'un problème émotionnel, en constitue un premier.

— Le *récit spontané d'un rêve*, d'un cauchemar récent ou récurrent, indique sans équivoque la croyance à la signification des événements de la vie onirique.

— *Un sourire entendu*, soulignant le lapsus dont l'interlocuteur prend conscience sur-le-champ, laisse entendre qu'il n'est pas dupe de cette inadvertance. Il semble savoir qu'il n'est pas le fait de la langue qui a fourché, et non plus une production fantaisiste à rejeter du revers de la main et à mettre au compte du hasard.

— *Certaines remarques* faites au cours de la première entrevue témoignent que le sens métaphorique du symptôme n'échappe pas au consultant :

... C'est pire ce psoriasis quand j'ai de la peine...

... les poussées d'urticaire que j'ai faites à l'adolescence ont cessé quand je suis devenue capable d'affronter les autres...

... J'ai commencé à faire cet eczéma à dix-huit ans, à la suite d'une déception causée par mon père. J'avais bien réussi des études entreprises pour lui faire plaisir et il ne m'a pas félicitée...

... Quelquefois je me demande si mes problèmes avec les autres, ce n'est pas moi qui les provoque...

... J'ai toujours eu des angoisses et là, je viens vous consulter, parce que je commence à croire que c'est moi qui me les fabrique...

Dans le relevé de l'entrevue de M.P., rapportée en appendice, on retrace cette réflexion montrant qu'il semble faire un lien entre ses ulcères d'estomac, ses phobies et la peur des responsabilités : *... bien, je suppose que j'avais peur de mes responsabilités... En tout cas ma femme est tombée enceinte... Ah! bien là, j'étais à terre.*

Des observations semblables à celles que nous venons de citer sont parfois faites par des personnes qui ne sont pas prêtes à accepter le rôle plus ou moins conscient qu'elles peuvent jouer dans la création ou le maintien de leurs difficultés.

... Je suis bien prête à dire que c'est mon mauvais caractère qui est la cause de mes problèmes, mais...

... Bien sûr, j'ai mes torts, mais je ne suis pas seule en cause...

Il y a ici une tout autre consonance. C'est moins une capacité à l'insight qui est exprimée mais un désir de justification ou de déculpabilisation. Ce mode de défense bien connu qui fait que l'on s'accuse pour être excusé est employé par des personnes dont le moi est trop faible pour encaisser le moindre reproche et pour envisager toute remise en question.

Cette considération nous place devant la deuxième aptitude à la psychothérapie.

2.3.2 Aptitude psychique ou force du moi

L'aptitude psychique que la plupart des auteurs appellent force du moi ou force intérieure, que l'on peut encore désigner par consistance de la personnalité psychique, peut être considérée comme le critère pronostique central, relié qu'il est à tous les autres, comme il apparaîtra par la suite.

La force du moi est le signe par excellence de la santé mentale. Un moi fort est capable d'établir un juste équilibre entre les pulsions instinctuelles et les principes parentaux, de se défendre contre les agressions de la réalité extérieure, de s'affirmer avec sécurité, enfin d'employer à son plein épanouissement ses ressources créatrices.

Inhérente à tout être vivant, la force du moi peut être annihilée au premier moment de l'existence intra-utérine, dans le cas par exemple d'une conception non souhaitée par les géniteurs, ou à la naissance, quand celle-ci a lieu dans des conditions adverses. Elle peut encore être amoindrie par divers avatars au cours du développement.

C'est l'objectif de toute psychothérapie que d'aider quelqu'un à en récupérer la plus grande part.

Cependant, on ne peut entreprendre une psychothérapie reconstructive sans la présence chez le consultant d'une partie préservée de la force du moi, une partie au moins minimale, suffisante pour assurer une cohérence mentale indispensable à l'échange verbal qui constitue le cœur même du processus thérapeutique.

Il importe donc de prévoir, dans la première entrevue, si le consultant aura la capacité d'établir avec le thérapeute une alliance de travail, d'accepter les frustrations que cette alliance impose inévitablement et de faire face, sans danger de décompensation, à l'anxiété qui apparaît quand les mécanismes de défense cèdent et que l'image narcissique que chacun se construit et à laquelle il s'accroche pour se sécuriser, se défait sous l'effet des prises de conscience.

Il faut encore pressentir, au moins dans une certaine mesure, si, le moment venu, le consultant pourra échanger les bénéfices secondaires de ses symptômes pour des gratifications saines, abandonner les fausses valeurs sur lesquelles il a axé ses activités pour des options plus valables, plus compatibles avec ses intérêts, ses goûts propres, puis, s'il y a lieu, effectuer dans sa vie les réaménagements suggérés par les nouvelles perceptions qu'il acquerra sur lui-même.

On reconnaît la force ou la consistance relative du moi à une certaine flexibilité ou souplesse, perceptible derrière le fonctionnement des mécanismes de défense. Cette flexibilité ou souplesse permet de tolérer de l'incertitude, des attentes, des frutrations; elle facilite certains compromis et assure un fonctionnement à peu près normal dans des aires d'activités moins susceptibles de mettre les symptômes en jeu.

Par ailleurs une fragilité ou une rigidité excessives dénoncent l'une et l'autre la faiblesse du moi. Un moi fragile ne sait ni s'affirmer, ni se défendre effectivement. Proie de ses pulsions intérieures et jouet des influences extérieures, il est ballotté dans son existence, telle une épave à la dérive. *Je n'ai jamais pris la gouverne de ma barque,* confie au thérapeute qui l'accueille cet étudiant, dominé par des pulsions sexuelles incoercibles, parce que sous-tendues par d'impérieux besoins de présence affective, tyrannisé par l'influence paternelle à laquelle il n'arrive pas à se soustraire, et toujours inquiet de l'opinion des uns et des autres à son sujet.

Par contre, le moi rigide s'affirme sans discernement, intempestivement ; méfiant, agressif, il se tient constamment sur la défensive, comme s'il était sous le coup de quelque perpétuelle menace. Aussi, garde-t-il à distance tous ceux qui tentent de l'approcher, parce qu'il leur prête indistinctement des intentions hostiles. On peut le comparer à un porc-épic dont les piquants seraient constamment hérissés.

... Je me tiens loin des autres et je les tiens loin, dit cette consultante d'une quarantaine d'années, célibataire, incitée à chercher de l'aide psychothérapeutique par son employeur et ses compagnons de travail, qui l'apprécient pour ses indiscutables qualités de cœur et d'intelligence, mais trouvent difficile tout rapport avec elle à cause de son extrême vulnérabilité. Elle explique : ... *Un rien me blesse... Si j'entends une parole désobligeante, j'ai toujours l'impression que c'est à moi qu'elle s'adresse... Aussi, je suis toujours prête à exploser...*

... Je suis ombrageuse, agressive envers tout le monde... Petite, j'avais toujours peur que quelqu'un prenne ma place... j'ai déjà battu une cousine, parce que ma mère s'occupait d'elle plus que de moi... Je veux devenir capable de voir le monde autrement que je le vois... Je le vois méchant... C'est là le motif avoué de la demande d'aide d'une jeune femme qui a rompu ses liens conjugaux parce que la cohabitation avec son mari lui est devenue intolérable.

L'hypersensibilité du moi rigide est liée dans la personne à une agressivité défensive qui la voue à un tragique isolement.

À toutes fins pratiques, il s'agit de se demander comment, dans la première entrevue, et déjà au téléphone demandant le rendez-vous, on peut reconnaître la force relative ou la faiblesse du moi du consultant.

En fait, le thérapeute a pu entr'apercevoir l'un ou l'autre dans la façon dont le consultant a pris contact avec lui et en est venu à déterminer le jour et l'heure de la première rencontre.

... Le consultant a-t-il fait connaître les limites de ses disponibilités, tout en paraissant prêt à considérer s'il ne pourrait pas s'accommoder de celles du thérapeute dans le cas où elles ne coïncideraient pas ?

... S'est-il montré d'une souplesse et d'une docilité totales, inconditionnelles, au point d'en oublier de tenir compte de ses propres obligations quotidiennes : horaires de cours, de travail ?

... S'est-il avéré inflexible, incapable d'envisager toute mesure pour en arriver à un compromis avec le thérapeute ?

En parcourant la liste exhaustive des indications de la force du moi dressée par Wolberg[32], on constate que dans la première entrevue, aussi bien que dans les entrevues subséquentes d'ailleurs, l'attitude du consultant, son comportement, toutes informations qu'il donne sur lui-même renseignent le praticien attentif sur ce sujet, encore qu'il ne doive pas en tirer de conclusions définitives.

Nous nous bornerons à mentionner des indices que nous considérons comme suffisants, dans la majorité des cas, pour apprécier la force du moi, d'autres pouvant se greffer sur eux :

a) Une demande d'aide volontaire

Le consultant qui demande de l'aide de son propre gré, révélant par-là même, comme on l'a vu, son aptitude à la prise

---

32 Lewis R. Wolberg, *op. cit.*, p. 234 et suite.

de conscience, fait montre en même temps d'un moi plus fort que s'il se présentait sous la pression d'un tiers.

Ce premier point de repère est évidemment en rapport étroit avec la nature du désordre émotionnel. Les personnes psychosées ou les sociopathes, dont le moi est incontestablement faible, réclament rarement du secours de leur propre chef, inconscients qu'ils sont que leur problème est en eux.

b) Le niveau de la motivation

Le niveau de la motivation constitue une autre indication. L'attente d'une aide magique dénonce évidemment un moi fragile, de même que, et aussi à un moindre degré, le recours à un bon ou bonne thérapeute-mère. La recherche d'un collaborateur ou d'un «témoin» manifeste sans contredit un moi plus solide. En l'occurence, on peut supposer chez le consultant, en dépit de la plus ou moins grande intensité de son marasme intérieur, la capacité de se regarder devant l'autre, de s'autocritiquer, voire ce qui serait de meilleur augure encore, de faire montre de quelque humour relativement à l'une ou l'autre de ses réactions ou de ses conduites. C'est, en d'autres mots, la facilité de scinder son moi en deux parties, dont l'une agit tandis que l'autre observe, en alliance avec le thérapeute.

c) Présence d'un lien affectif dans la vie du consultant

La présence d'un lien affectif dans la vie du consultant constitue une indication importante de la force relative du moi.

Il s'agit donc, pour le thérapeute, de se rendre compte de la présence d'un tel lien, à la mère d'abord ou à défaut au père — l'enfant qui se croit abandonné par sa mère maternise souvent le père — ou à quelque substitut de l'un ou de l'autre dans la famille, soeur, frère, grands-parents, tante ou oncle, ou bien hors de la famille, une institutrice, un instituteur, peut-être la mère de petits voisins ou de compagnons de classe.

En l'absence de quelque lien de remplacement, il arrive qu'on puisse apercevoir dans l'histoire du consultant la trace fugitive mais prégnante qu'une personne chaleureuse a pu y laisser. Un regard attentif posé sur le visage d'un enfant qui n'est pas ou ne se croit pas reconnu par les siens ; une parole intuitive qui rejoint un adolescent ou une adolescente au fond de son isolement, peut provoquer un développement affectif jusque-là enkysté, ou aiguillonner celui que des circonstances contraires auraient ralenti.

... S'il n'y avait pas eu dans mon enfance la figure toute paternelle du médecin de notre famille, je n'aurais jamais osé entreprendre et mener à terme les études que j'ai faites, mes parents ne les ayant jamais approuvées et encouragées, me jugeant, à travers leurs «complexes», incapable de les réussir.

Il est rare, selon Kohut, qu'il y ait un manque total de réponse à la recherche instinctive d'un point d'appui. L'enfant qui a le désir de vivre le trouve ce point d'appui avec des astuces souvent imprévisibles. De même, commentait-il, que l'arbre peut dans une certaine mesure contourner un obstacle pour en arriver à exposer ses feuilles aux rayons du soleil, de même le moi peut abandonner l'effort de se développer dans une direction donnée et essayer d'avancer dans une autre[33].

Dans la première entrevue, on peut à coup sûr se rendre compte de la présence ou de l'absence d'un lien affectif dans la vie du consultant et de sa qualité, s'il en est un.

La plupart des consultants parlent spontanément ou volontiers, sur l'invitation du thérapeute, de la relation qu'ils ont eue avec leur mère, leur père ou avec toute autre personne qui en a tenu lieu, que cette relation ait été plus ou moins satisfaisante ou frustrante.

Ainsi dans l'entrevue de monsieur P. à laquelle nous avons déjà eu recours pour illustrer un point ou l'autre de notre

---

33 Heinz KOHUT, *How does Analysis Cure?*, London, 1984, The University of Chicago Press, Ltd., p. 205.

propos, nous lisons qu'avec sa mère «ça allait de première classe» et que son père était «correct», quand il ne buvait pas. Par ailleurs, le grand-père paternel semble avoir été un personnage sécuritaire pour la famille.*

Beaucoup de consultants disent avoir été aimés tout en se plaignant de l'absence de témoignages de tendresse et du manque de communication avec leur mère, leur père, ou avec les deux.

... Ma mère nous aimait, mes frères et moi, mais elle était froide. Jamais de baiser, ni de caresse... Quant à mon père, retenu au loin par ses affaires la plupart du temps, il ne s'occupait guère de nous, quand il était à la maison... Je n'ai jamais été bercée par l'un et par l'autre, confie spontanément à la thérapeute une femme de quarante ans, professionnelle, toujours déçue dans ses relations amoureuses, espérant en vain satisfaire à travers elles des besoins de tendresse demeurés en attente.

... Une jeune femme, qui vient de se séparer de son mari, attribue leur mésentente au manque de communication qui serait la réplique de celui qui existait dans sa famille. *Nous étions une famille unie, mais du côté sentiment, aucune démonstration... Je ne communiquais pas avec mes parents... On communiquait sur le plan rationnel, mais pas sur le plan des émotions... Je pouvais demander à ma mère ce dont j'avais besoin, mais je n'étais pas capable de rien demander à mon père ni de parler avec lui... c'était comme un étranger... J'avais peur de lui et je constate maintenant que j'ai peur de tous les hommes.*

...Cette confidence recoupe celle d'une autre jeune femme, également en instance de divorce: *Chez nous, c'est encore une famille où rien ne se dit... Il n'y a jamais eu de vrai dialogue, tout est caché... J'ai tout cassé,* (rupture de sa vie conjugale), *parce que je me suis rendu compte que j'étais en train de vivre une vie de couple à l'image de celle de mes parents...*

* Voir Appendice p. 269.

Des consultants croyant, à tort ou à raison, qu'ils n'ont pas été aimés par leurs parents, plus spécialement par leur mère, qui leur aurait préféré un frère, une sœur, s'en plaignent parfois dans la première entrevue, laissant ainsi percevoir la rancœur et la douloureuse jalousie qu'ils en ont conçues.

... Ma sœur cadette était la préférée de ma mère, mon père, lui, n'avait d'yeux que pour son fils, le dernier venu dans la famille, mais celui qu'il aurait voulu voir arriver le premier... Quant à moi, j'ai été abandonnée à ma précoce débrouillardise devenue la fable de la famille. En ai-je assez fait pour que l'on me regarde!

... Je n'ai jamais eu le sentiment d'avoir été aimée pour moi-même, confie avec amertume au thérapeute, une femme mariée qui redoute constamment d'être abandonnée par son mari et qui surprotège ses deux enfants sur lesquels elle projette sa peur d'abandon.

... Une femme célibataire décrit au thérapeute une situation familiale analogue: *Ma mère n'en avait que pour mon frère aîné et pour ma jeune sœur... Elle admirait mon frère, aucune de ses finesses ne passait inaperçue... Les caresses, c'était pour la petite sœur, le «beau bébé», elle ne s'intéressait pas à moi, mes pleurs ne l'ont jamais dérangée... pire, ils l'exaspéraient...*

Il peut s'agir dans pareil cas de rejet authentique mais inconscient de la part de parents affligés eux-mêmes de désordres émotionnels plus ou moins graves, ou d'un fantasme de rejet issu du manque de communication, de vigilance, de la part de parents plus sains mais trop anxieux pour prévenir de néfastes malentendus. Rejet authentique ou rejet fantasmé, les deux déterminent chez l'enfant des attitudes de nature à provoquer le renforcement du rejet réel ou à convertir le fantasme de rejet en rejet véritable, créant ainsi d'inextricables cercles vicieux.

Dans l'un ou l'autre cas, le thérapeute essaie de reconnaître, dans la première entrevue, ces attitudes adoptées par le consultant très tôt dans son enfance et conservées dans sa vie d'adulte, sachant la répercussion qu'elles auront dans la psychothérapie. On peut ramener ces attitudes aux trois suivantes:

— Le consultant s'est-il renfrogné, replié sur lui-même, s'octroyant un destin de victime silencieuse, de souffre-douleur?

— A-t-il cherché à attirer la sympathie ou même la pitié de l'entourage, sollicitant une attention particulière de la part de tous et chacun, la considérant comme son dû?

— A-t-il, avec véhémence, réclamé la place qu'il n'a pas eue ou croit ne pas avoir eue; et même, a-t-il voulu la première place ou encore toute la place auprès de la mère, à l'exclusion de la fratrie, à laquelle il a voué une rivalité farouche, déplaçant par la suite cette revendication revancharde sur les adultes significatifs de sa vie? Cette dernière condition donne lieu à des réactions d'agressivité explosive dans la famille ou hors de la famille.

Ainsi une jeune collégienne, très brillante par ailleurs, pouvait lancer impulsivement tout ce qui lui tombait sous la main à la tête de qui l'avait mécontentée, professeur, confrère ou consoeur. C'est à la suite d'un incident du genre qu'on l'a contrainte à une psychothérapie sous la menace d'être renvoyée du collège.

Des attitudes de ce genre laissent présager une psychothérapie qui sera longue à amorcer, en dépit du besoin de communication, à cause de la méfiance et de la peur d'abandon précocement enracinées dans le psychisme. Et dans le dernier cas, des difficultés additionnelles sont encore à prévoir. Le consultant tentera de manipuler le psychothérapeute pour avoir certains privilèges. Par exemple, il cherchera à prolonger indûment la séance de thérapie, à obtenir des entretiens additionnels à ceux qui sont prévus, etc. Les refus que le praticien aura à opposer à ces manipulations créeront d'inévitables «remous» dans la situation thérapeutique.

Aussi le thérapeute débutant devra-t-il bien mesurer sa capacité de douce mais inébranlable fermeté et de longue patience avant d'accepter de travailler avec des consultants aux prises avec cette difficulté. Les limites sécurisantes qui doivent être imposées dans toute psychothérapie sont plus difficiles à maintenir en pareille situation.

En sus des rejets inconscients, et fantasmés, des consultants font part au thérapeute dans la première entrevue du rejet conscient dont ils ont été l'objet de la part de l'un de leurs parents ou des deux.

... Un célibataire dans la trentaine qui consulte, entre autres raisons, parce qu'il ne se sent à sa place nulle part et qu'il n'est pas sûr de son identité sexuelle, confie au thérapeute : *Je n'ai jamais été regardé avec affection par mes parents... Nourrisson, j'ai pleuré des nuits entières et on aurait eu beaucoup de mal à me nourrir. À l'adolescence, au cours de l'une des fréquentes disputes que j'avais avec ma mère et alors que j'étais plus impoli que d'habitude peut-être, elle m'a «crié» que j'étais une malchance dans sa vie... qu'elle n'avait jamais voulu avoir d'enfants...*

... *Je n'ai pas connu mes parents,* dit avec gêne à un thérapeute qui lui demande de parler de sa famille, alors qu'elle évitait manifestement de le faire, une collégienne suicidaire recommandée par l'un de ses professeurs. *J'ai été recueillie à deux ans par un couple qui avait adopté d'autres enfants avant moi. Comme eux, j'ai été battue par la femme qui nous rappelait sans cesse que nous étions des bâtards laids et idiots... Puis cette femme nous a tous abandonnés quand j'avais onze ans.*

Par contre, certaines personnes prétendent être nées et avoir grandi dans un milieu familial sans problème où régnait et règne encore la plus grande harmonie inter-personnelle.

Idéalisation que cette assertion sans nuance? Que cache-t-elle? Le moindre reproche formulé envers les parents engendre parfois d'intolérables sentiments de culpabilité dus à l'inculcation précoce de principes sévères concernant le respect inconditionnel qui leur serait dû et, par voie de conséquence, des sentiments d'insécurité à cause de représailles redoutées. Ces sentiments peuvent être conscients, à fleur de conscience ou inconscients.

... Vous me faites parler contre ma mère, reproche soudainement affolée une consultante à la thérapeute qui l'écoutait dans le plus complet silence énumérer avec rancœur «les bienveillants méfaits» de la domination possessive et surprotectrice maternelle...

Toute idéalisation des parents est généralement reliée à une grande insécurité et à un narcissisme profond: *Ma famille est si parfaite que je le suis moi aussi...* Le thérapeute sait qu'en pareil cas il se trouve en face d'un moi fragile. On connaît les fabulations merveilleuses des enfants abandonnés par leurs parents ou séparés prématurément d'eux par la maladie ou la mort.

En dépit des frustrations qu'ils ont pu subir de la part de leurs parents, les consultants ne manifestent pas une égale agressivité à leur endroit. Certains les excusent:

... Ils ont quand même fait de leur mieux, dit une jeune femme...

... Je ne serais pas capable d'aller dire à mes parents, c'est de votre faute si mon mariage est un échec, explique une autre... *D'ailleurs ils s'en culpabilisent eux-mêmes suffisamment...*

... Bien que j'en veuille beaucoup à ma mère d'avoir rendu l'atmosphère familiale irrespirable — elle chicanait constamment — ça ne l'empêche pas d'avoir du cœur...

Rationalisations propres à cacher des revendications agressives dont on ne serait pas prêt à mesurer l'intensité?

Quoi qu'il en soit, cette attitude témoigne chez ces consultants d'un moi plus fort que chez ceux qui font porter sans nuance et sans restriction le poids de leurs problèmes sur leurs parents et plus particulièrement sur leur mère.

d) Le degré de l'estime de soi

Le degré de l'estime de soi est en quelque sorte le corollaire de la qualité du lien établi entre l'enfant et ses parents.

C'est en fait à partir de la qualité de ce lien que chacun se construit une image mentale de ce qu'il est et une autre image de ce qu'il aimerait être, ou encore de ce qu'il croit qu'il devrait être. Cette dernière image, on la nomme image idéale du moi.

Le degré de concordance entre l'image de soi et l'image idéale mesure le degré de l'estime de soi. Moins l'écart est grand entre ces deux images, plus l'estime de soi est élevée, et inversement, quand l'écart est grand entre les deux, l'estime de soi est basse.

L'image de soi s'appuie-t-elle sur des réalisations qui rassurent sur la capacité de satisfaire ses besoins fondamentaux et de faire face aux problèmes courants de la vie, elle a des chances d'être objective et relativement stable. Et si, parallèlement, l'image idéale repose sur une raisonnable appréciation de ses aptitudes, de ses talents, légitimant la poursuite de buts conformes à ses intérêts et à ses goûts, on peut alors parler d'équilibre entre l'image de soi et l'image idéale. Et il en résulte un haut degré d'estime de soi.

Mais si l'image de soi est basée en grande partie sur l'opinion d'autres personnes ou sur celle qu'on leur attribue, alors elle peut être sensiblement déformée et même fantasmatique. Par conséquent, l'image idéale de soi est alors le reflet des attentes de ces personnes au sujet de soi ou de celles qu'on leur suppose. Et dans la mesure où la sécurité affective dépend de ces personnes, les conduites sont plus ou moins faussées. On n'agit alors pas toujours selon ses tendances et dans ses propres intérêts. On peut même en arriver à renoncer à ses aspirations ou à poursuivre des buts n'ayant rien à voir avec elles et qu'au fond on ne désire pas vraiment atteindre. Les déboires qui parfois s'ensuivent le prouvent bien.

Lorsque le désir de plaire ou de ne pas déplaire, non seulement aux personnes significatives de sa vie, mais aussi à leurs substituts, supplante le désir de se plaire à soi d'abord, on en acquiert une réputation de gentillesse mais on ne commande pas le respect et on s'expose à différentes formes d'exploitation dont, en dernière analyse, on est responsable, sans en être conscient.

En outre, on dépend pour le maintien de l'estime de soi de témoignages rassurants provenant de sources extérieures. La régularité et la suffisance de ces apports extérieurs n'étant jamais garanties, l'estime de soi est fragile et précaire. D'inévitables frustrations produisent de vagues sensations de fatigue, d'irritation, des symptômes psychosomatiques combinés avec des états dépressifs sporadiques. Si les apports rassurants viennent à manquer totalement, l'estime de soi chute au point zéro et entraîne une dépression souvent accompagnée de pensées suicidaires.

On recueille facilement dans la première entrevue des informations implicites et souvent explicites concernant le degré d'estime de soi.

Le compte rendu de l'entretien avec M. P. permet de présumer qu'il a acquis au cours de son développement affectif une certaine estime de lui-même et qu'il l'a conservée en débit des symptômes psychosomatiques et des phobies dont il est affligé.

Encore adolescent, il a eu le courage d'affronter, avec son frère aîné d'abord et seul ensuite, son père qui, sous l'effet de l'alcool, *virait tout à l'envers dans la maison*, battait les enfants et menaçait de battre sa femme. En se donnant le droit de le forcer à se «calmer», à les respecter, son frère, lui et la famille, en prenant même ce qu'il appelle *le grand moyen* — ils ont dû le battre sans vraisemblablement en éprouver de culpabilité : *Il y a des cas où on est obligé d'en arriver là*, dit-il, il semble avoir retiré de toute cette relation difficile au père un sentiment de respect pour lui-même.

---

* Voir Appendice 1 et 2.

Par ailleurs, monsieur P. mentionne avec une évidente fierté qu'il a toujours réussi à l'école: *Je n'ai jamais doublé, jamais... À quinze ans, j'étais en dixième.* Il a alors abandonné les études pour assurer une partie de la subsistance de la famille et contribuer à l'amortissement des dettes du père. Mais il n'hésite pas à exprimer ses ambitions: il aurait aimé continuer à étudier pour en arriver à faire autre chose que son métier de journalier; tout cela, sans manifester de doute sérieux sur ses aptitudes. Toutefois, il s'interroge devant la thérapeute, en esquissant un sourire: *Je ne sais pas si j'ai des idées de grandeurs?*

Un désir de rehausser son estime de soi et même d'acquérir celle que l'on n'a jamais eue est inclus dans toute demande de psychothérapie. Ce désir n'est pas toujours aussi nettement formulé que par la consultante citée ci-dessous, révélant par-là une autodépréciation notable.

... Je viens pour travailler à acquérir une estime de moi et un respect que je n'ai jamais eus. Quand j'aurai réglé ça, je n'aurai plus de problème...

... Une étudiante qui vient de terminer brillamment des études universitaires désire entreprendre une psychothérapie pour se *débarrasser* de son manque de confiance en elle. Elle prend l'initiative de l'entrevue et s'explique d'abord avec aisance, puis s'interrompt soudain, regardant la thérapeute avec une quasi-désespérance. Celle-ci intervient: — *Que vous arrive-t-il?* Son interlocutrice, au bord des larmes, quête une parole rassurante: *Peut-être que je ne dis pas ce qu'il faut dire?* — *Vous n'êtes pas sûre que ce que vous avez dit c'est ce qu'il faut dire?* — *C'est toujours comme ça... Je pense toujours que ce que j'ai à dire ne vaut pas la peine d'être dit... J'ai constamment peur qu'on ne me trouve pas intéressante, ni même intelligente malgré mes succès. Je me dévalorise sans cesse.* Et pour expliquer ces sentiments elle ajoute: *Ma mère n'a jamais été contente de moi... Elle me répétait constamment que je n'étais pas comme les autres filles de mon entourage qui lui paraissaient plus intelligentes que moi.*

... Comme en écho une femme mariée, dans la trentaine, deux enfants, fait part au thérapeute de son manque d'assurance. *Je suis toujours inquiète de ce que mon mari pense de moi... J'attends toujours son approbation avant d'entreprendre quoi que ce soit. Je doute de l'opportunité de la moindre de mes initiatives... Quand j'ose faire un pas en avant, j'ai toujours envie d'en faire deux en arrière...* Elle attribue sa condition à l'effet persistant, dans son esprit, des remarques démobilisantes de sa mère... Elle commente en inversant l'axiome : *Les choses qui te rentrent par une oreille ne sortent pas toujours par l'autre... Comment être sûre que ce que l'on fait est bien, quand ce que l'on faisait était toujours critiqué? Ma mère me «calait» tout le temps devant les autres, mon père aussi d'ailleurs...* Et elle résume : *Au bout du compte, je me sens une bonne à rien...*

Les critiques et les exigences excessives des parents suscitent un très haut niveau d'aspiration en même temps qu'elles maintiennent un bas niveau d'estime de soi. Elles contiennent en fait un double message, cause d'inhibition, de perfectionnisme desséchant, et souvent paralysent toute création.

... *Celui que vous voyez n'est pas moi,* dit ce professionnel, au milieu de la trentaine, célibataire, qui se présente en empruntant, des paroles que Laing prête à tout consultant[34]. *En fait, je suis un faux adulte,* ajoute-t-il avec amertume. Après avoir parlé des nombreuses péripéties de son cheminement scolaire, il raconte, les yeux rivés au tapis, l'incident suivant : *Au début de mon cours classique, entrepris en vue de la prêtrise, j'ai cherché du secours auprès du directeur spirituel du collège où j'étudiais, parce que je n'arrivais pas à me défaire, par le seul effort de ma volonté, d'une habitude masturbatoire dont j'avais honte... Je n'en suis d'ailleurs pas délivré. Au lieu de m'aider — j'ai appris depuis qu'il n'avait pas les connaissances pour le faire — il m'a traité de mou, de lâche... Il m'a amené à renoncer à ce que je croyais*

---

34 Pierre Bour, «*Les racines de l'homme*», Paris, Édition Robert Lafond 1976, p. 71.

être ma vocation... Il m'a dit aussi que je n'arriverais à rien dans la vie. Ces paroles «prophétiques», raille-t-il avec amertume, me poursuivent encore... J'ai lutté en vain pour les contrer... Il fallait me prouver à tout prix que je n'étais pas ce mou, ce bon à rien... J'ai poursuivi avec acharnement, en dépit de grosses difficultés financières, mes études dans une autre direction. J'ai réussi à me donner un statut professionnel et à accéder à des postes-clés. Mes succès ont attiré l'attention de mes professeurs et de mes collègues. Mais je me suis toujours gardé et je me garde encore de me laisser approcher par qui que ce soit de peur que l'on ne découvre quel pauvre type je suis au fond.

À son corps défendant et avec une amère déception, ce consultant a appris que la possession de connaissances intellectuelles, quelle qu'en soit l'importance, n'est pas en corrélation avec l'estime de soi et donc avec la force du moi.

Certains consultants se présentent en psychothérapie dans l'ambiguïté, incapables qu'ils sont d'arrêter leur jugement sur un aspect ou l'autre de leur personne, ni sur sa totalité.

... Un étudiant ayant un Q.I. très élevé, recommandé à un psychothérapeute par ses professeurs désorientés par l'alternance de ses succès et de ses échecs toujours imprévisibles, confie au cours de l'entretien : *Un jour je me crois un génie, le lendemain, un idiot.*

... *Je veux savoir si je suis un ange ou un démon,* s'écrie, à peine entrée dans le cabinet du psychothérapeute, une collégienne qui a souvent maille à partir avec ses compagnons, ses compagnes et même ses professeurs. D'ailleurs, elle est envoyée en consultation sous menace d'expulsion par la directrice de son collège, qu'elle a violemment agressée.

Il s'agit dans ces derniers cas d'un manque de cohésion et d'une grande fragilité du moi.

Sans vivre des oscillations aussi vertigineuses, rappelant les écarts extrêmes du désordre maniaco-dépressif, beaucoup de consultants parlent des «hauts et des bas» par lesquels passe leur estime de soi, dépendants qu'ils sont du moindre incident quotidien et de toute remarque, même de la plus banale, qui leur est faite.

... Si le patron me dit un grand bonjour en entrant dans le bureau le matin et me dit sa satisfaction pour le travail remis la veille, c'est le soleil pour la journée... Par contre, s'il oublie de me saluer ou de faire quelque allusion à mes services, j'en conclus qu'il n'en est pas content, et c'est la déconfiture... N'allez pas croire que j'exagère, insiste pourtant cette très intelligente consultante. Non, elle n'exagère pas. Sous sa personnalité compulsive, très efficace, elle en convient elle-même, — *je suis consciente de ma compétence professionnelle* — devait-elle ajouter, dans un navrant sourire, réclamant presque une confirmation — elle dissimule, comme toutes les personnes aux prises avec le même désordre émotionnel, un profond sentiment de rejet, qui entretient un état dépressif dont la gravité n'est pas facilement appréciable à prime abord.

D'autres consultants sont loin d'être prêts à faire face à la profonde mésestime qu'ils ont d'eux-mêmes. Ils s'en défendent plutôt inconsciemment en la masquant sous des allures dégagées.

Il peut s'agir de personnes prisonnières ou victimes d'un mandat de réussite exceptionnelle peut-être confié plus ou moins subtilement par des parents ambitieux — *mon fils, ma fille ira loin...* — ou qu'elles se sont imposées à elles-mêmes. Dans l'un ou l'autre cas, elles poursuivent un but identique : attirer sur soi l'admiration qui serait le prix à payer, croient-elles, pour conserver l'amour d'un père ou d'une mère ambitieux ou pour mériter celui qu'elles n'auraient pas eu.

Dans la première entrevue, c'est l'attitude de fausse assurance qui se manifeste. Aussi le thérapeute entend-il surtout parler d'habiletés déployées dans le métier, la profession ou les affaires, de succès obtenus et de projets grandioses. Il ne sera pas dupe cependant des efforts tentés par ce consultant, si peu sûr, au fond, de pouvoir attirer sur lui l'intérêt et l'estime du praticien, pour contrebalancer un grand sentiment d'impuissance.

Il faudra des mois, quelquefois des années, avant que de telles personnes, pourtant pleines de ressources, consentent à s'avouer à elles-mêmes jusqu'à quel point elles se déprécient.

Il a fallu deux ans de psychothérapie au propriétaire d'une importante entreprise, avant d'oser dire jusqu'à quel point il s'est toujours trouvé «insignifiant», «niaiseux». Tous les efforts faits jusque-là ne tendaient qu'à contrer cette pensée.

e) Présence ou absence de réussite

La présence de réussites dans la vie de quiconque peut être considérée comme un indice de force du moi, alors que l'absence de tout succès indique sa faiblesse.

Dans la vie d'une personne qui désire entreprendre une psychothérapie, toute réussite passée ou actuelle de quelque importance, sur le plan matériel, social, professionnel ou affectif, est un gage de succès, en regard, bien entendu, de la qualité des autres critères de pronostic. Par contre, l'inexistence de quelque réussite que ce soit est de mauvais augure.

La première entrevue contient généralement des renseignements suffisants sur cet aspect de la biographie.

Ainsi on y apprend, qu'en dépit de problèmes émotionnels même sérieux, des consultants ont mené à bien des études primaires, secondaires ou même universitaires, sont parvenus à se donner un métier, une profession, qu'ils exercent avec efficacité, à obtenir un emploi qu'ils ont occupé pendant plusieurs années ou occupent encore, à atteindre des postes importants, à gérer des entreprises, voire à en créer, en conséquence à assurer leur subsistance matérielle, à acquérir un statut social enviable. Ils ont ainsi fait preuve de capacité d'adaptation, de stabilité, de ténacité et de ce que Paul Tillich appelle le courage d'être, qualités qui sont des signes indiscutables de la force du moi.

En plus de leur réussite professionnelle, des consultants ont aussi à leur crédit des réussites affectives. Ils ont noué des amitiés durables, ils se sont mariés et ont respecté les engagements contractés envers leur conjoint, ont eu des enfants auxquels ils sont attachés et ils ont trouvé dans ces liens familiaux des satisfactions appréciables, quoique limitées par différents blocages émotionnels et affectées par les inévitables frustrations générées par des besoins anachroniques dont ils ne se sont pas départis.

D'autres consultants, sans contracter de mariage, ont établi avec un compagnon ou une compagne de vie, des liens d'une certaine durée et endossé des responsabilités analogues.

Cependant, les réussites affectives ne vont pas toujours de pair avec les réussites professionnelles. Des consultants qui ont le désir conscient de se faire des amis, de trouver un compagnon de vie, y font inconsciemment obstacle. Ils établissent à répétition des relations affectives vouées d'avance à l'insuccès.

Par ailleurs, c'est sciemment que certains évitent toute proximité amicale ou amoureuse. Les uns, par souci de préservation narcissique, ont peur qu'après avoir découvert quels êtres sans valeur ils sont, on ne les abandonne; les autres, par crainte de ne pas savoir se défendre contre l'envahissement ou l'exploitation de la part d'un ami intime, ou d'un partenaire éventuel, ou encore, pour ne pas avoir à revivre des conflits traumatisants semblables à ceux qu'ils ont vécus dans leur enfance, se vouent à l'isolement.

Dans tous ces cas, la relation thérapeutique sera longue à établir en raison de la difficulté à faire confiance. Cependant, les succès obtenus par ces personnes dans d'autres champs d'action, et la persévérance dont elles témoignent laissent espérer qu'elles mèneront également à bien leur nouveau dessein.

On ne peut pas entretenir le même espoir pour des consultants qui désirent entreprendre une psychothérapie sans avoir jamais rien réussi de significatif dans la vie.

Il s'agit dans ces cas de personnalités impulsives qui, au lieu de s'arrêter, de réfléchir devant une difficulté, afin de trouver une solution, lâchent prise et abandonnent tout à fait ou se lancent inconsidérément dans une autre tâche ou une autre activité. Elles échappent ainsi à l'anxiété causée par des sentiments d'impuissance, d'incapacité dont elles sont inconscientes. Elles sont aussi inconscientes de leur façon d'agir ou de leur habitude d'esquive et jamais à court de rationalisations pour la légitimer.

Le cheminement scolaire de ces consultants a été le plus souvent cahoteux. Chez ceux qui parviennent à le parcourir de bout en bout, à peu près sans histoire, les notes fluctuent cependant du haut en bas de l'échelle et leurs minces succès frôlent souvent l'échec. Chez d'autres, en dépit parfois de dons intellectuels exceptionnels, on constate des échecs répétés, des redoublements, des changements d'orientation ou même des changements d'écoles.

Par ailleurs, des consultants ont abandonné les études à l'une ou l'autre étape pour le monde du travail où ils manifestent la même instabilité. S'ils obtiennent des emplois par leurs propres moyens ou par l'entremise d'autres personnes, ils ne les conservent pas, soit ils les abandonnent sous le moindre prétexte, soit ils sont congédiés par des patrons insatisfaits.

Les considérations que nous venons de soulever à propos de cet indice de la force du moi, seront bien illustrées par la mise en parallèle des deux situations suivantes :

... Il s'agit, dans la première, d'une consultante célibataire, qui n'a pas atteint la quarantaine. Elle a grandi entre un père et une mère qui l'ont brutalement battue, jusqu'à l'âge de dix ans, pour ses moindres incartades à la maison et à l'école, sans que ni l'un ni l'autre, ni ses institutrices se soient souciés d'en rechercher le sens. L'hostilité dont elle a été victime a engendré chez elle une révolte qui se traduit dans des traits caractériels et des tendances paranoïdes qu'elle reconnaît : *Ce sont des problèmes de comportement qui m'amènent ici,* dit-elle spontanément à la thérapeute qui l'accueille... *Je ne suis pas facile à manier, je suis têtue... J'ai une tendance à penser, à la moindre remarque, qu'on veut s'en prendre à moi... la manie de la persécution, si on veut... J'en suis rendue à croire qu'on me tient responsable de la moindre chose qui ne va pas au travail, alors que ça ne peut pas être le cas...*

La neuvième année terminée, on l'a forcée à interrompre ses études à cause de ce qu'elle nomme sa turbulence, cela malgré l'excellence de ses notes... *J'apprenais facilement...* Se rendant compte avec dépit qu'elle doit renoncer à ses aspirations et à la profession dont elle rêvait, elle s'inscrit, en désespoir de cause, à des études postscolaires, dans le but de se donner un statut semi-professionnel. Elle est renvoyée un mois avant le début des stages. Sa «turbulence» était-elle encore en cause? On lui a dit qu'elle n'avait pas les aptitudes requises. Pleine de rage et à contrecœur elle retourne chez ses parents. Néanmoins, ayant acquis les connaissances qu'aurait dû officialiser le certificat convoité, elle les fait valoir si bien qu'elle réussit à décrocher successivement deux emplois, dans deux institutions différentes. Elle occupera le premier pendant quatre ans et elle occupe encore le second depuis quatorze ans, à la satisfaction de ses employeurs qui tolèrent ses sautes d'humeur en raison vraisemblablement de son efficacité.

Cependant, si les employeurs sont satisfaits de son travail, de même que les personnes qui la supervisent immédiatement, elle, elle n'est pas satisfaite de sa situation. Elle constate, en parlant avec la thérapeute: *Je n'ai probablement jamais été contente, sans trop m'en rendre compte... Je me leurrais peut-être en moi-même... À force de me faire répéter par mon entourage que je suis super intelligente, j'ai fini par admettre que j'aurais pu aller plus loin qu'une neuvième année... Comment retourner en arrière, après plus de vingt ans?... J'ai le sentiment d'avoir été piégée, emprisonnée, dans un travail de subalterne.*

Elle devient de moins en moins capable de contenir la colère qui gronde en elle, semble grossir et éclate à la moindre provocation : *Plus ça va, plus ça empire... Contrôler mon tempérament vingt-quatre heures sur vingt-quatre, c'est trop me demander...* Cette colère a sa source, elle le découvre, dans ce qu'elle appelle le ressentiment qu'elle a contre le déroulement de sa vie en général. *Mon mal, précise-t-elle, c'est le «chocolat» que j'ai mangé depuis l'âge de trois ans...*

Elle se présente sur la recommandation de son médecin et le conseil de camarades de travail qui l'ont aidée à comprendre qu'elle est *minée par en dessous.* À la thérapeute qui lui demande ce qu'elle sait de la psychothérapie, elle répond : *Pas grand-chose mais assez pour croire que c'est le dernier recours que j'ai... Je me sens sur une mauvaise pente... J'ai tous les signes de la dépression... mais je n'irais pas jusqu'à me tuer,* ajoute-t-elle. Toutefois, le degré d'exacerbation de ses symptômes est dangereusement élevé.

Le maintien de son emploi, en dépit de difficultés qui vont en s'aggravant, constitue une preuve indiscutable de la force relative de son moi. C'est une réussite qui jointe à la continuité d'une relation affective positive entretenue avec une tante, à une bonne motivation et à une évidente aptitude à la prise de conscience permet un pronostic favorable.

... En contraste, voici la situation d'une jeune femme mariée à un homme de cinq ans son aîné, et mère d'un enfant de deux ans.

Elle décide, un bon matin, de quitter son mari et, sourde aux objurgations des personnes de son entourage qui lui conseillent de prendre son temps, elle se présente dare-dare à l'aide juridique, pour obtenir une séparation légale, afin de s'assurer les allocations des services sociaux. *J'ai posé un geste rapide et irréfléchi, convient-elle, je ne me suis pas arrêtée à toutes les conséquences, et j'en subis les contrecoups... Mais, j'étais pressée... Je ne sais pas ce qui m'a prise et ce qui se passe en moi maintenant... Je pleure beaucoup, je ne dors pas bien, je me déprime... j'ai même pensé au suicide... C'est mon enfant qui me force à fonctionner... Dans ma vie, j'ai commencé bien des affaires que je n'ai pas terminées... Ça m'en fait une de plus... J'avais entrepris un bacc. à l'université, j'ai tout planté là, ça me demandait trop de sacrifices... Je voulais travailler pour avoir plus d'argent... J'ai rencontré mon mari, il avait beaucoup d'emprise sur moi. C'est lui qui a décidé notre mariage. Pour le suivre, j'ai laissé l'emploi que j'avais trouvé... Et maintenant, je veux retourner à l'université. Je me rends compte que dans ma vie de couple, je réagis comme je l'ai toujours fait... Je suis «tannée»... Encore une autre chose que je ne suis pas capable de continuer... J'ai fait un enfant sans me poser de questions... Je pense que je n'ai jamais su pourquoi je faisais une chose plutôt qu'une autre... Je n'ai rien choisi moi-même, c'est toujours les autres qui choisissent pour moi... Je me demande si j'ai jamais fait quelque chose que j'aime... Mon mari me dit qu'en agissant comme je le fais, je cherche à éviter une souffrance... C'est vrai qu'à la première difficulté, je lâche...*

Ces propos spontanés, révélant le manque de ténacité dont cette consultante a fait preuve dans sa vie, et l'absence de réussite professionnelle et affective qui en est résultée, révèlent la fragilité de son moi. Dans son désarroi, poussée à consulter, à la fois par une amie et par la conseillère en orientation au service de laquelle elle s'était empressée de recourir pour organiser son retour à l'université, cette jeune femme se montre disposée à entreprendre une psychothérapie: *Il faut que j'essaie*, affirme-t-elle. Mais saura-t-elle persévérer pour l'amener à une fin satisfaisante?

Mon père, a-t-elle rapporté à la thérapeute, *en apprenant le saccage que je viens de faire dans ma vie, a dit à ma mère: Notre fille, lorsqu'elle était adolescente, a fait beaucoup de coups de tête, c'en est un nouveau.* Résistera-t-elle à l'impulsion d'en faire un autre, quand elle sera confrontée aux difficultés dont aucune expérience thérapeutique n'est exempte, elle qui, de son propre aveu, lâche devant le moindre obstacle? Le pronostic est ici moins bon évidemment, que dans le cas précédent.

2.4 Conditions psychologiques du milieu de vie du consultant

Les conditions psychologiques du milieu de vie du consultant constituent, comme nous le constaterons, un critère de pronostic dont l'importance est égale à celle des autres critères déjà mentionnés. Aussi est-il imprudent de mettre en oeuvre une psychothérapie sans évaluer l'influence que ces conditions pourraient avoir sur son cours et sur son issue.

Mises à part des situations familiales extrêmement déplorables, milieux pathogènes ou criminogènes, les conditions psychologiques se ramènent dans la plupart des cas aux dispositions des proches du consultant par rapport à la psychothérapie qu'il désire entreprendre, et spécialement aux attitudes à ce sujet de la personne la plus significative de sa vie actuelle, par exemple, un parent, père ou mère, la femme, le mari, peut-être un ou une amie avec qui il est en étroite relation. Favorables, ces dispositions, comme le signalent Gill et al., éperonneront le consultant, le soutiendront dans les moments difficiles ; défavorables, elles entraveront son projet ou même le ruineront[35]. Karen Horney souhaitait la présence, dans l'entourage du consultant, de personnes chaleureuses, capables d'offrir encouragement et support durant une psychothérapie[36].

Toutefois, l'impact de ce critère varie selon la qualité des autres critères, notamment la force du moi. Un consultant dont le moi est relativement fort pourrait se passer d'appui et résister à toute pression extérieure négative. À l'inverse, un consultant dont le moi est fragile aurait du mal à ne pas céder

---

35 GILL et al., op. cit., p. 99.
36 Morton B. CANTOR, op. cit., p. 4.

aux interférences démobilisantes exercées sur lui, surtout si elles le sont par une personne dont l'intérêt va à l'encontre de son désir d'émancipation.

Freud a évidemment été le premier à faire face à des attitudes adverses, dans l'entourage de ses patients. Dans une conférence intitulée «Avenir de la thérapeutique analytique», prononcée dix ans après la mise en application de sa découverte, il s'en plaignait dans des termes acérés, en comparant sa pratique à une intervention chirurgicale: «Il était vraiment malaisé, y expliquait-il, d'agir sur le psychisme des gens à une époque où le confrère, dont le devoir était de vous aider, se faisait un malin plaisir de cracher dans le champ opératoire et que des proches du malade se dressaient contre vous à la moindre hémorragie ou dès que le malade s'agitait un peu... Personne ne m'accordait crédit... En pareilles conditions, beaucoup de tentatives étaient vouées à l'échec[37].»

Plusieurs années plus tard, il évoquait, dans l'écrit intitulé «Le début du traitement», le conseil que les praticiens donnaient à la personne qui entreprenait une psychanalyse, soit «de n'en informer que le moins de gens possible, pour le prémunir contre les nombreuses influences hostiles qui le détourneraient de son projet[38]».

La psychanalyse aura cent ans dans une décennie et plusieurs des écoles ou méthodes thérapeutiques qui en sont issues ont près d'un demi-siècle d'existence; cependant des personnes qui projettent, parfois à travers mille atermoiements, de s'engager dans une psychothérapie, ne se sentent pas à l'abri de toutes «influences hostiles». Aussi, certaines se protègent en gardant pour elles le secret de leur dessein, de peur de le voir ébranlé, ridiculisé ou d'en être dissuadées.

---

37 Sigmund FREUD, *op. cit.*, p. 29.
38 *Ibid.*, p. 96.

... Mon mari n'est pas au courant de ma démarche. Il ne comprendrait pas... Il se sentirait déshonoré que je sente le besoin de consulter un psychothérapeute...

... Je n'ai pas dit à ma femme que je venais vous rencontrer ce matin. Elle s'inquiéterait et me croirait plus malade que je suis... J'ai été hospitalisé pour une dépression plusieurs années avant mon mariage... Je ne le lui ai jamais dit...

... Un étudiant, de deuxième année d'université, veut être aidé mais prévient le thérapeute: *Je ne veux pas que mes parents sachent que je suis venu vous consulter... mon père surtout... Il me considère comme un faible... Il n'en faudrait pas plus pour qu'il me croie un «malade mental» irrécupérable.*

... Un homme d'âge mûr, marié depuis quatorze ans, divorcé et retourné temporairement chez ses parents, dit à la thérapeute: *Ma mère pleurerait si elle savait que je suis rendu ici.*

Il peut s'agir, dans pareils cas, des propres préjugés du consultant. Il les attribue à des tiers, n'osant pas les exprimer lui-même. S'il les fait taire en lui et passe outre, c'est à cause de sa souffrance.

... J'ai honte, honte chaque fois de me présenter à cette clinique, exprime cette consultante pourtant bien renseignée sur la nature du secours qu'elle y cherche et bien déterminée à mener son dessein à terme. *Je ne voudrais pas qu'aucune de mes amies me voie entrer ici.*

Toutefois la plupart des consultants font part à leurs proches, avec plus ou moins d'hésitation, de leur désir de recourir à une psychothérapie; mais ils ne reçoivent pas pour autant l'approbation et l'appui escomptés, peu s'en faut, comme en fait foi le témoignage suivant:

... Ça fait deux ans que je pense à vous consulter, confie à la thérapeute qui l'accueille madame C., trente-cinq ans, mariée, mère de trois adolescents. *Mais chaque fois que j'en parlais à mon mari, il protestait: Voyons, tu as fait des études,*

tu as un bon emploi, tu n'as pas besoin d'aller voir un psychologue... Tu as juste à te calmer les nerfs, à prendre sur toi... C'est quelqu'un qui est vraiment malade qui va voir un psychologue ou un psychiatre... Quand il me disait cela, ça me faisait peur et je me disais je dois être vraiment malade pour penser à consulter comme ça... À d'autres moments, quand j'étais plus mal, je me rebiffais : Oui, j'en ai besoin... Jamais je n'arriverai à me débarrasser de mes idées noires... Cependant quand je me sentais mieux, les arguments de mon mari prenaient encore le dessus... Et je me demandais qu'est-ce que je vais aller raconter là? J'avais peur de passer pour une niaise... Enfin, j'ai fini par me donner raison, puisque je suis ici... Mais encore ce matin, j'ai eu du mal à me mettre en route...

Madame C. a-t-elle définitivement gagné la partie? Peut-on croire que son mari, d'abord hostile à son projet, se ravisera et l'appuiera, maintenant qu'elle a fait un premier pas? Ne continuera-t-il pas plutôt à y faire obstruction subtilement ou ouvertement?

Poser cette question c'est en faire surgir une autre, soit : la résistance de monsieur C. tient-elle uniquement aux préjugés qu'il a exprimés dans les termes rapportés par sa femme : «C'est quelqu'un qui est vraiment malade qui va voir un psychiatre ou un psychologue»?

Il ne s'agit certes pas de nier l'emprise persistante des préjugés dont personne n'est exempt, mais on ne peut pas ignorer non plus qu'ils sont souvent invoqués pour masquer des appréhensions émotionnelles d'où peut surgir une opposition plus redoutable.

Si, comme on l'a vu, la peur du changement mobilise, chez l'éventuel consultant, une résistance pénible à surmonter, une même peur de changement se retrouve chez la personne la plus significative de sa vie, mère, père, mari, femme qui, de bon ou de mauvais gré, devra subir les contrecoups de cette décision. Et cette peur est à la mesure du lien de dépendance qui les unit.

Quand deux personnes vivent arc-boutées l'une à l'autre pour ainsi dire, et que l'une des deux décide de se redresser, et de prendre des dispositions pour devenir capable de se tenir debout sans appui, on conçoit l'ébranlement de l'autre. Et l'on ne s'étonne pas que celle-ci cherche à maintenir un statu quo garant d'un équilibre, précaire si l'on veut, mais qui assure néanmoins aux deux protagonistes une certaine sécurité affective. Bien que restreignante, étouffante même, cette sécurité n'est pas entièrement dépourvue de gratifications. Elle garantit au moins une présence quasi constante, ce qui explique l'acharnement à la préserver.

Par ailleurs, il est difficile pour cette personne d'entrevoir ce qu'elle pourrait retirer d'un mode différent, plus mûr, de rapport à l'autre.

Ainsi, on conçoit que monsieur C. qui ne sait pas exactement ce qu'est une psychothérapie et ce que l'on en peut attendre, d'ailleurs sa femme elle-même n'en a vraisemblablement pas une idée très claire, soit envahi par les appréhensions qui assiègent toute personne qui se retrouve dans la même situation.

Que dira de lui sa femme, s'inquiète-t-il, et de même que dira ce mari de sa femme, ce grand fils, cette grande fille de sa mère, de son père, à cet intrus, à cette intruse ; car c'est ainsi qu'est souvent perçu le ou la psychothérapeute invitée par le consultant ou la consultante, à partager non seulement les secrets de sa vie à lui, à elle, mais aussi ceux de leur intimité ?

Les sentiments d'incompétence, d'infériorité, de culpabilité de la personne étroitement liée au consultant ou à la consultante sont avivés par sa décision de s'engager dans une thérapie. Ces proches, pressentant, comme on l'a dit, qu'ils seront observés par le thérapeute comme à travers un miroir sans tain, donc privés de tout droit réversible de regard, redoutent d'être blâmés, ridiculisés, jugés ou même condamnés, sans avoir la possibilité de faire valoir leur point de vue et de plaider leur cause.

Menninger attire aussi l'attention sur l'envie que ceux-ci pourraient éprouver. Quelle chance a le consultant d'avoir trouvé quelqu'un pour l'écouter, le comprendre et l'aider! C'est à rendre «malade» de le voir jouir d'un tel privilège que l'on n'a pas le courage de solliciter pour soi-même[39].

En outre, si le thérapeute est de sexe différent de celui du consultant, il pourrait être perçu comme un rival, ce qui éveillera des sentiments de jalousie. Par ailleurs, si une femme a choisi de s'adresser à une psychothérapeute, le mari aura peur que cette femme «émancipée» ne favorise l'émancipation de la sienne. Et si cette dernière allait l'abandonner par la suite?

C'est en définitive autour de l'angoisse de séparation que culminent toutes les inquiétudes des partenaires, car ils s'imaginent mal comment le lien privilégié qui les unit au consultant pourra être transformé à la satisfaction des deux parties. Dès lors on comprend les efforts dissuasifs de monsieur C. Et on présume qu'il reviendra à la charge, quand la relation thérapeutique s'intensifiant et se prolongeant au-delà d'une durée qu'il avait prévue, il se sentira davantage menacé.

Sa femme aura-t-elle alors à essuyer des remarques démobilisantes, culpabilisantes, comme celles dont le praticien entend l'écho au cours des psychothérapies? Remarques bénignes en apparence, mais jamais anodines comme celles-ci par exemple:

... *As-tu l'intention d'aller là encore bien longtemps?...* ou *Vas-tu t'éterniser dans cette thérapie?...*

Remarques plus agressives:

... *Tu vois bien que ça ne te donne rien... tu dépenses ton argent en pure perte... Te rends-tu compte que tu es aussi malade que tu l'étais?...*

---

39 Karl MENNINGER, *op. cit.*, p. 37.

Et au contraire, s'il y a des changements, des progrès indéniables :

... Tu dois être à la veille d'en avoir fini, maintenant que tu vas mieux... Que cherches-tu encore?...

Il peut aussi, mais plus rarement, y avoir des ultimatums :

... Tu choisis, dit à sa femme un mari qui a l'impression qu'on lui prend sa place, prenant conscience de l'avoir mal occupée ou même d'avoir négligé de le faire... *c'est ton thérapeute ou c'est moi...*

L'inverse se présente aussi, une femme sommant son mari d'en finir :

... Ta thérapeute, il n'y a plus qu'elle qui compte... Qu'est-ce que je deviens dans tout ça, j'en ai assez d'être plus rien pour toi...

C'est là évidemment le fait de gens mal informés, mais aussi de gens qui souffrent, parce qu'ils sont ébranlés dans leur sécurité affective. Une relation thérapeutique prend temporairement beaucoup de place dans la vie de tout consultant et exige de la patience, de la tolérance et d'incontestables sacrifices, de la part des proches.

Quoi qu'il en soit, le psychothérapeute doit tenter de prévoir, autant que possible dès la première entrevue, la portée qu'auront ces réactions sur le consultant.

Par exemple, madame C., qui a mis deux ans à contrer la manœuvre dissuasive de son mari, saura-t-elle le convaincre du bien-fondé de sa démarche, ou s'opposer à ses objections ?

C'est évidemment, d'une part, l'évaluation de la force du moi et, d'autre part, l'estimation des gains secondaires que retirent les deux partenaires de leur dépendance réciproque, qui fournissent une réponse approximative à cette question.

Par ailleurs, les psychothérapeutes peuvent prévenir dans une certaine mesure les réactions des personnes immédiatement reliées aux consultants, en les rencontrant, s'ils y consentent, au début de la psychothérapie. Une telle démarche peut dédramatiser la situation et démystifier le personnage du psychothérapeute. Menninger recommande ce procédé, à l'encontre de psychanalystes plus rigoureux, soucieux de préserver «l'asepsie» de la relation thérapeutique et d'éviter d'éventuelles complications. Il estime, pour sa part, que s'en abstenir suscite des difficultés souvent plus sérieuses; il explique que cette abstention est souvent attribuable à la paresse et au manque de confiance en soi des praticiens[40]. Cependant, alors que Menninger reçoit la mère, le père, le mari ou la femme du consultant en son absence, nous préférons quant à nous que cela soit fait en sa présence, ce qui évite toute équivoque.

Quelques situations permettront de mieux saisir les appréhensions qui assiègent les proches des personnes qui entreprennent une psychothérapie et de comprendre leur volonté plus ou moins consciente d'y faire obstacle.

Madame M., 40 ans, elle-même en psychothérapie depuis plusieurs mois, prend conscience que sa propre évolution n'est pas suffisante pour affranchir son fils de dix ans des problèmes que lui a causés la sollicitude surprotectrice dont il a été l'objet de sa part à elle et de celle de son mari. De concert avec ce dernier, elle se présente après une longue hésitation, chez un psychothérapeute pour enfants, pour obtenir son aide. Les dispositions pratiques étant à peine arrêtées, madame M. se sent envahie d'un flot de larmes qui sourd du plus profond d'elle-même. Au thérapeute qui la regarde interloqué, elle finit par expliquer : *J'ai l'impression de me faire «arracher» mon enfant... mon fils ne m'appartiendra plus, il aura une autre mère qu'il aimera plus que moi...*

Dans ce cas, cette femme souhaite de son plein gré l'émancipation de son fils, mais ses larmes trahissent sa

---

40 Karl MENNINGER, *op. cit.*, p. 37.

résistance profonde et la navrante souffrance qu'elle éprouve.

Quand, à la dépendance affective, s'ajoute une dépendance matérielle, le danger de voir la thérapie compromise est encore plus grand. Les vivres risquent d'être coupés à un tournant décisif, par le proche qui assume le paiement des honoraires.

... François, vingt-quatre ans, en deuxième année d'université, est forcé de suspendre ses études à cause d'un problème de sociabilité. Dans la branche qu'il a choisie, le travail d'équipe est essentiel et la proximité inévitable avec ses compagnons de travail suscite en lui une angoisse intolérable. Ses professeurs lui ont recommandé de s'adresser à un psychothérapeute. Il avait cinq ans, quand son père est mort. Sa mère a reporté sur ce fils unique toute son affection et même sa raison de vivre. Elle l'a toujours surprotégé, traité comme un enfant, n'exigeant rien de lui en retour. Elle choisit encore ses vêtements selon son goût à elle. Elle ne lui accorde qu'une dérisoire allocation hebdomadaire de cinq dollars, s'objectant à ce qu'il travaille, pendant l'année, parce que cela compromettrait ses études, et pendant les vacances, sous prétexte qu'il a besoin de repos. Cette surprotection maternelle a privé ce jeune homme de contacts avec des camarades de son âge tout au long de son enfance et de son adolescence.

La mère a accepté au départ d'assumer les frais de la psychothérapie, ne se sentant pas partie prenante dans le problème de son fils. Cependant, celui-ci prenant peu à peu conscience de sa dépendance, créée et entretenue par sa mère, a commencé à prendre des initiatives pour s'en libérer. Il s'est trouvé du travail, s'est montré désireux de payer une partie des frais de sa thérapie, dans le but de bien signifier qu'il en faisait son affaire.

C'est à ce moment que la mère, réalisant l'émancipation progressive de son fils, ce qu'elle n'avait pas anticipé comme résultat d'une psychothérapie réussie, prend prétexte de la longueur du travail thérapeutique et décide que ça ne vaut rien pour lui; elle va cesser d'acquitter les honoraires, ce qu'elle fait savoir au thérapeute par téléphone. Elle refuse catégoriquement l'invitation qui lui est faite de venir discuter personnellement de cette décision et de l'effet qu'elle pouvait avoir sur son fils. Cette invitation venait-elle trop tard? Proposée au début de la psychothérapie, aurait-elle empêché cette déplorable réaction?

Ce jeune homme, qui n'a jamais eu la chance de s'orienter selon ses propres affinités, trop faible pour lutter contre sa toute-puissante mère, s'est soumis à sa volonté. Il ne s'est pas rendu au rendez-vous proposé par le psychothérapeute pour parler de ce qui arrivait et pour considérer la possibilité d'arrangements financiers qui lui auraient permis de poursuivre.

Le psychothérapeute devait apprendre quelques mois plus tard que ce consultant, dont la thérapie s'annonçait pleine de promesses, a dû être hospitalisé. L'intervention de la mère a non seulement fait achopper la psychothérapie du fils, mais elle a vraisemblablement aussi compromis sa santé.

Lorsque deux personnes dépendant l'une de l'autre retirent des bénéfices secondaires de leur situation, et que l'une des deux veut entreprendre une psychothérapie, il y a lieu d'exercer une grande vigilance. Il faudra non seulement évaluer la force du moi mais aussi bien s'assurer de la qualité de la motivation. La situation suivante illustre bien l'ambiguïté devant laquelle le thérapeute se trouve parfois.

... *C'est ma soeur qui a insisté pour que je vous consulte,* dit cette femme dans la mi-trentaine, mariée, sans enfant. Agoraphobe, elle avoue, sans s'en plaindre outre mesure, son incapacité de sortir seule, insistant plutôt sur le fait que son mari, dont elle loue la «patiente gentillesse», est la seule escorte qui la rassure. Il a dû d'ailleurs prendre congé pour l'accompagner dans sa présente démarche.

Elle explique au thérapeute que sa soeur lui a fait prendre conscience de l'asservissement dans lequel elle tient son mari à cause de cette phobie. Quand la thérapeute demande si elle s'en est jamais soucié elle-même, elle avoue que non dans un sourire candide. Il ne faut pas confondre une souffrance, pivot d'une bonne motivation, avec celle que l'on inflige à quelqu'un de son entourage sans en être conscient, comme dans le cas présent.

On peut penser que cette consultante n'est pas prête à reconnaître le bénéfice secondaire de sa phobie, soit la domination qu'elle exerce à son insu sur son mari, ni prête à y renoncer. De son côté, celui-ci ne retire-t-il pas quelque profit de la situation, lui qui, selon les dires de sa femme, ne semble pas s'en plaindre. N'entretient-il pas la phobie de son épouse et même ne l'encourage-t-il pas, pour quelque obscure raison?

Lequel, du mari ou de la femme, est vraiment désireux de voir se desserrer ce lien incommodant pour les deux, s'il en est un qui le soit? À première vue, les conditions psychologiques ne sont guère favorables.

«Que ces choses sont difficiles», s'exclamait Freud, dans la dernière de ses leçons sur la psychanalyse, après avoir fait remarquer que les proches du malade sont souvent plus intéressés à le voir rester tel qu'il est qu'à le voir guérir[41]... Comment alors compter sur leur coopération? Ne doit-on pas s'attendre à les voir saboter les efforts du consultant plutôt qu'à les soutenir?

2.5 Facilités matérielles

Les facilités matérielles dans lesquelles débutera une psychothérapie ont aussi une portée qu'il ne faut pas sous-estimer. Elles forment le cadre à l'intérieur duquel elle se déroulera. En les précisant dès le premier entretien, on évitera des ambiguïtés pouvant nuire à sa mise en marche ou compromettre sa continuité. Ces conditions, d'abord

---

41 Sigmund FREUD, *Introduction* à *la Psychanalyse*, Petite Bibliothèque Payot, Paris, pp. 436-437.

considérées du point de vue du consultant, intéressent aussi le thérapeute qui contracte l'obligation de l'aider.

Les facilités matérielles concernent : 1) le temps dont le consultant devra disposer pour sa psychothérapie ; 2) l'argent qu'il aura à débourser pour défrayer les honoraires du psychothérapeute, l'assurance-maladie ne les assumant pas, et pour payer, s'il y a lieu, ses frais de déplacement.

2.5.1 Le temps

Le consultant devra être en mesure de consacrer chaque semaine environ une heure, pour au moins une séance de psychothérapie qui sera prévue pour un jour et une heure fixes, à la convenance du consultant et du psychothérapeute, sans que cela entraîne des compromis onéreux d'un côté ou de l'autre. Ces arrangements ne doivent pas exiger trop de sacrifices pour le consultant ou trop de générosité de la part du thérapeute ; autrement, des difficultés risqueraient d'entraver par la suite la bonne marche de la thérapie.

2.5.2 Fréquence des séances thérapeutiques

Il convient de préciser ici que la séance hebdomadaire est la fréquence le plus couramment adoptée par les différentes écoles de psychothérapie. Des psychothérapeutes d'inspiration analytique, estimant que c'est là une fréquence minimale, sont généralement amenés, par la situation économique de la plupart de leurs consultants, à s'en tenir à cette limite.

Quoi qu'il en soit, la pratique prouve indubitablement qu'une psychothérapie reconstructive est possible à l'intérieur de cette fréquence et qu'on peut en attendre des résultats comparables à ceux qu'on obtient avec des fréquences considérées comme optimales. Les qualité de la motivation du consultant, une bonne aptitude à la prise de conscience constituent des contrepoids compensateurs.

En fait, on peut encore se demander si la fréquence des séances accélère le processus thérapeutique. Nous ne savons pas s'il existe des études expérimentales sur cette question. Par ailleurs, pourrait-on vraiment en attendre une réponse indiscutable, quand tant de facteurs difficilement pondérables sont en jeu, notamment le fait que le travail thérapeutique ne s'effectue pas seulement dans les séances mais se poursuit dans l'intervalle qui les sépare. Pourtant, Wolberg répond à cette interrogation de façon non équivoque. D'après lui, il y aurait peu de relation entre la fréquence des séances thérapeutiques et le temps requis pour que quelqu'un atteigne le mieux-être recherché dans une psychothérapie[42].

2.5.3 Durée de la séance thérapeutique

La durée de la séance thérapeutique communément adoptée par les différentes écoles de psychothérapie est de une heure, plus exactement de cinquante minutes. Le praticien réserve généralement dix minutes pour prendre quelques notes et faire le vide dans son esprit avant d'accueillir un autre consultant.

Pourquoi cette durée de soixante ou de cinquante minutes? C'est encore là une question qui n'est pas sans intérêt. Peu d'auteurs en ont parlé, sans doute parce que peu de chercheurs s'y sont arrêtés. Braatøy serait le seul à notre connaissance à avoir proposé une justification de cette limite. Il s'est d'abord demandé s'il ne s'agissait pas d'une durée empirique établie par Freud, sur laquelle un consensus se serait fait et qu'on aurait ensuite conservée. C'est la première conclusion à laquelle il est arrivé. Après avoir essayé, explique-t-il, de trouver, dans les textes psychanalytiques ou psychothérapeutiques, des réponses à cette question, on découvre que la durée de la séance individuelle appartient

---

42 Lewis R. WOLBERG, op. cit., p. 258.

aux axiomes techniques qui ont été acceptés sans beaucoup de discussion[43].

Dans un deuxième temps, Braatøy s'est posé une autre question : cette durée ne pourrait-elle pas être réduite, ce qui pourrait bénéficier et aux consultants et aux thérapeutes ? Ses recherches sur la relaxation l'ont amené à constater que la limite fixée intuitivement par Freud était justifiable.

Outre l'atmosphère quiète du cabinet du thérapeute, sa paisible attitude d'attente silencieuse, trente minutes au moins seraient nécessaires pour que s'établisse, chez le consultant anxieux, en état d'alerte au début de chaque séance, la détente physiologique propre à libérer une spontanéité optimale. Ces trente minutes sont l'équivalent de la période de réchauffement en culture physique ou de la préparation requise en médecine pour certaines mensurations physiologiques comme celle du métabolisme basal[44].

Les psychothérapeutes qui ont quelque expérience savent que si les premiers mots du consultant en début de séance annoncent souvent le thème qu'il y abordera, il reste qu'il utilise la première demi-heure à tenir des propos plus ou moins anodins, ou peu angoissants — à moins qu'il ne soit sous le coup d'une forte tension émotionnelle —, quitte à réserver la dernière moitié, souvent après une légère pause et après avoir jeté un coup d'œil furtif à sa montre pour aborder les sujets les plus chargés de signification.

Ainsi, un consultant, dès les premières minutes de l'entretien, peut déclarer d'emblée : *J'ai fait cette semaine un rêve qui m'a beaucoup remué,* puis parler d'autre chose, pour ne revenir à ce rêve et se montrer prêt à fournir les associations qui en révéleront le sens, qu'à la toute fin de l'entretien.

---

43 Trygve Braatøy, M.D., *Fundamentals of Psychoanalytic Technique*, N.Y. John Wiley and Sons Inc., 1954, pp. 188-189.
44 *Ibid*, pp. 188-189.

Par ailleurs, chacun sait par l'expérience de cours donnés et suivis qu'il n'est pas facile de maintenir une attention optimale au-delà de quarante-cinq ou cinquante minutes, sans une brève interruption. La psychothérapie requérant beaucoup de concentration et de vigilance, un effort prolongé au-delà de cette durée deviendrait vite intolérable ou inopérant pour le consultant et pour le thérapeute.

Dans l'un de ses premiers livres, Rogers avait soulevé la question de la longueur de l'entretien thérapeutique et signifié que la durée elle-même, qu'elle soit de quinze, de trente ou cinquante minutes, importe moins que la délimitation précise d'une durée[45]. Il attirait ainsi l'attention sur un facteur thérapeutique dont la valeur est reconnue par tous les praticiens. Le maintien ferme par le thérapeute à quelques minutes près des limites du temps mis à la disposition du consultant sécurise celui-ci et lui fait prendre conscience que ce temps est bien à lui et qu'il peut l'utiliser à son gré. Ce maintien l'aide aussi, précise Langs, à faire face à la réalité, à tolérer les frustrations qu'elle impose et lui apprend à accepter les inévitables séparations de la vie[46].

2.5.4 Durée de la première entrevue

La durée de la première entrevue ne doit pas, en principe, être supérieure à celle qui est prévue pour les entrevues subséquentes. En s'en tenant, dès le début des rencontres, à cette même durée, le thérapeute habitue concrètement le consultant à la longueur du temps qui sera mis à sa disposition. Il évite ainsi de susciter chez son interlocuteur de fausses attentes en lui laissant croire que ce temps sera extensible à volonté.

Cinquante minutes suffisent dans la majorité des cas pour décider de l'opportunité d'une psychothérapie et pour mettre le consultant au courant des modalités pratiques. Si les

45 Carl ROGERS, op. cit., p. 256.
46 Robert LANGS, M.D., op. cit., p. 199.

informations requises étaient insuffisantes, mieux vaut prévoir un deuxième entretien pour les compléter, plutôt que de prolonger celui qui est en cours.

2.5.5 L'argent

Le consultant dispose-t-il de l'argent nécessaire pour payer les honoraires du psychothérapeute? Le thérapeute aura à traiter de cette question dans la première entrevue. Il le fera en toute simplicité et avec aisance s'il est affranchi, selon les termes de Freud, de fausse honte, de pruderie et d'hypocrisie concernant l'argent.

«Que d'efforts sémantiques pour ne pas prononcer ce mot 'maudit'», constatent les auteurs d'un article intitulé: *L'argent sans honte*[47].

Certains consultants mettent sous enveloppe les billets qu'ils donnent au thérapeute pour payer leur séance, ou encore les placent discrètement sur le coin du bureau, ou sur une table à proximité, plutôt que de les lui tendre directement — comme s'il s'agissait là de quelque chose à ne pas toucher ou encore à passer sous silence, à oublier.

Cette attitude est le reliquat, comme l'a montré Freud, l'article cité plus haut le rappelle, d'un mode de pensée archaïque encore présent dans la pensée inconsciente, dans le fantasme qui met l'argent en relation avec l'excrément.

Y aurait-il autant de gêne, voire de répugnance, à parler argent, quand il s'agit d'une aide à offrir ou à recevoir, surtout quand cette aide implique un rapport humain apparenté de si près à la relation parent-enfant? *C'est une pénible nécessité que d'avoir à vous payer,* commentait un consultant, plus à l'aise après plusieurs mois de psychothérapie, ajoutant: *Mais ça m'empêche d'oublier que vous n'êtes pas ma mère.*

---

47 Gérard LECLERC et Philippe COHEN, «L'argent sans honte», *Psychologies*, no. décembre 1983, p. 24.

Pareil commentaire montre bien que le paiement des honoraires n'est pas seulement un facteur économique normal pour le thérapeute, qui a le droit de vivre de sa profession, à l'égal de tout autre professionnel, mais qu'il est aussi pour le consultant, un facteur de réalité, dont les implications thérapeutiques sont loin d'être négligeables.

Unité de valeur dans notre culture pour l'échange des marchandises et des services de tout genre, l'argent conserve toute sa signification par rapport aux services psychologiques. Le thérapeute, en réclamant des honoraires, fait savoir au consultant qu'il s'engage à lui fournir l'aide professionnelle requise et à y consacrer le temps nécessaire. En outre, si les honoraires du thérapeute sont conformes aux normes de la profession et justifiés par ses qualifications et ses années d'expérience, celui-ci fait preuve d'une saine estime de lui-même et offre au consultant, qui doit apprendre à se respecter et à s'apprécier, un modèle d'identification. C'est là un premier et important aspect de la valeur thérapeutique des honoraires.

D'autre part, le consultant qui accepte de payer des honoraires marque sa motivation et protège en quelque sorte son amour-propre et son indépendance. Cette obligation lui fournit un motif pour s'appliquer sérieusement à sa thérapie, comme le signalait Rogers dans l'un de ses premiers livres. afin de parvenir plus rapidement aux résultats escomptés[48]. En outre, selon les théoriciens qui ont parlé de ce sujet, le paiement des honoraires dispense le consultant d'une dette de dépendance envers le thérapeute.

Par ailleurs, en payant régulièrement ses séances thérapeutiques, le consultant prend conscience qu'elles lui appartiennent en propre et qu'en conséquence il peut en user ou en mésuser à son gré, voire parfois les laisser tomber. C'est dans cette optique que les psychothérapeutes se sentent justifiés de demander au consultant de payer même

---

48 Carl ROGERS, *op. cit.*, p. 259-260.

les rendez-vous auxquels il ne se présentera pas, à moins de raison majeure. Dans ce cas, le thérapeute doit être prévenu assez tôt pour pouvoir réattribuer le temps qui avait été réservé pour cette séance. Sans ces arrangements clairs et exigeants, le praticien ne fait qu'encourager le consultant à fuir devant les difficultés — il en surgit invariablement au cours de la trajectoire thérapeutique — et à éluder ses responsabilités.

Des théoriciens soutiennent que le coût d'une psychothérapie doit impliquer un certain sacrifice pour le consultant. Haak, cité par Menninger, rappelle que ce qui est bon marché est considéré comme ayant peu de valeur, alors que ce qui coûte cher paraît souvent plus appréciable[49].

Freud, croyant éviter des résistances chez des patients, avoue avoir fait des traitements gratuits pour faciliter ses recherches. C'est le contraire qui est advenu, dut-il conclure : «Ces tentatives ne me procurèrent pas les avantages espérés[50]».

L'expérience de ses héritiers les a conduits à semblable constatation. Menninger, pour sa part, prétend qu'un traitement gratuit risque de se prolonger indéfiniment, sinon d'échouer[51].

Par ailleurs, des honoraires, qui obligeraient un consultant à trop comprimer un budget déjà restreint, seraient un handicap plutôt qu'un aiguillon pour sa psychothérapie. S'il acceptait de les payer par soumission ou par timidité, la relation thérapeutique s'en trouverait rapidement gênée pour lui et pour le praticien. Mieux vaut prévenir une telle situation en amenant le consultant à discuter franchement de sa condition financière.

---

49 Karl MENNINGER, op. cit., p. 33.
50 Sigmund FREUD, op. cit., p. 91.
51 Kard MENNINGER, ibid., pp. 32-33.

Le sacrifice consenti à propos des honoraires n'est pas le même pour tous. Ainsi, cinq dollars pour un étudiant de famille modeste peuvent représenter pour lui une grosse privation alors que les cinquante dollars demandés comme honoraires par tel ou tel thérapeute n'imposeraient aucune gêne à des personnes jouissant d'une certaine aisance.

La plupart des psychothérapeutes négocient leurs honoraires pour un certain pourcentage de leurs consultants. Ce qui leur permet d'aider ceux qui sont moins bien pourvus, tout en s'assurant un revenu décent, conforme aux normes de la profession, compte tenu de la compétence et des années d'expérience.

Des praticiens consentent aussi des accommodements pour certaines catégories de gens, par exemple des étudiants qui seraient sans ressources ou des personnes en difficultés financières temporaires.

Menninger prévient aussi qu'il faut s'attendre à des complications innombrables, si le consultant doit sa thérapie à une largesse d'un parent, d'un ami ou de quelque fondation n'exigeant pas de remboursement éventuel[52].

Toutefois, il y a des réalités avec lesquelles il faut nécessairement compter. Tous les consultants ne sont pas en mesure de payer eux-mêmes pour leur thérapie. Il en est ainsi des enfants, des adolescents et des jeunes adultes qui dépendent matériellement de leurs parents, parce qu'ils sont encore aux études ou ne travaillent pas. C'est aussi le cas de beaucoup de femmes mariées, qui doivent compter sur les ressources financières de leur mari, ou de religieux, sur celles de leur communauté.

Les psychothérapeutes d'enfants ont résolu la question dans leur pratique en demandant à leurs jeunes consultants d'apporter à chacun des rendez-vous une petite rétribution personnelle, soit un dessin ou un cent soustrait à la minime

52 Karl MENNINGER, op. cit., p. 32.

allocation que leur accordent parfois leurs parents. De cette façon, ils peuvent signifier qu'ils tiennent à leur séance et désirent la collaboration du thérapeute. S'ils oublient de s'acquitter de cette obligation, le thérapeute les accueille quand même, leur permet d'utiliser les objets ou les jeux habituellement à leur disposition dans la salle de consultation, mais il s'abstient momentanément de répondre à toute demande de participation.

Des thérapeutes qui travaillent avec des adolescents et de jeunes adultes adoptent un procédé semblable. Si les parents prennent les honoraires à leur charge, le praticien insiste pour que le consultant fournisse une quote-part à même le peu d'argent dont il dispose personnellement. Cette participation l'aide à s'affranchir, au moins en partie et symboliquement de la dépendance parentale, lui donne une certaine liberté par rapport au praticien et lui fournit l'occasion de montrer qu'il assume véritablement la responsabilité de la démarche qu'il fait ou qu'on lui demande de faire.

Les thérapeutes connaissent bien le malaise des femmes mariées qui, ne travaillant pas à l'extérieur de leur foyer, reconnaissent difficilement le droit qu'elles ont de disposer, dans une certaine mesure, de l'argent de leur mari pour elles-mêmes. Certaines, possédant en propre quelque bien acquis par leur travail avant leur mariage ou hérité de leur famille, tiennent à l'employer pour leur thérapie. *Je me sens plus libre ainsi*, dit l'une. *Ma psychothérapie, c'est mon affaire*, explique une autre, *je ne veux pas la devoir à qui que ce soit*.

Quelques-unes n'ont de cesse de se procurer quelque travail à temps partiel pour assumer en tout ou en partie le coût de leur thérapie. D'autres se plaignent: *Si j'avais quelque argent bien à moi, un argent que j'ai gagné, mon mari n'entendrait parler de rien*. Ce souhait n'est pas nécessairement provoqué par l'attitude restrictive du mari mais peut être l'effet d'un problème propre à la consultante, par exemple une incapacité à demander ou à recevoir quoi que ce soit pour elle-même. Ce sont là des traits caractériels qui, bien entendu, feront, entre autres thèmes, l'objet du travail thérapeutique.

Quant aux religieux, plusieurs acceptent mal que leur communauté acquitte les honoraires du psychothérapeute, oubliant que les biens de celle-ci proviennent de la contribution de chacun de ses membres, et ils n'arrivent pas à se départir d'un encombrant sentiment de gratitude envers leurs supérieurs, sentiment parfois projeté sur le thérapeute. Celui-ci aura au cours de la thérapie à les aider à faire le point sur cette question.

Il reste enfin l'immense catégorie des gens qui non seulement sont sans revenu personnel, mais encore n'ont accès à aucune ressource financière. Doit-on irrévocablement leur refuser tout secours psychothérapeutique? Freud a été le premier à s'inquiéter de leur sort. Dans un écrit publié en 1913, il s'affligeait du fait que «la psychanalyse soit presque interdite aux pauvres[53]». Et plus tard, dans une conférence prononcée au cinquième congrès psychanalytique, en 1918, il déplorait que «la nécessité de l'existence oblige les praticiens à restreindre leurs services aux classes aisées[54]».

Dans la même conférence, faisant remarquer les limites étroites du champ de l'action psychothérapeutique, par rapport à l'immense misère névrotique répandue sur la terre, il évoquait la possibilité, craignant qu'on la trouve fantaisiste, de «l'éveil de la conscience sociale qui rappellera à la collectivité que les pauvres ont les mêmes droits à un secours psychique qu'à une aide chirurgicale... et qu'elle devra reconnaître aussi que la santé publique n'est pas moins menacée par les névroses que par la tuberculose...» Et il prévoyait l'établissement de cliniques «où l'on s'efforcera, à l'aide de l'analyse, de conserver leur résistance et leur activité à des hommes qui sans cela s'adonneraient à la boisson, à des femmes qui succombent sous le poids des

---

53 Sigmund FREUD, op. cit., p. 92.
54 Sigmund FREUD, ibid., p. 140.

frustrations, à des enfants qui n'ont le choix qu'entre la dépravation et la névrose... Et ces traitements seront gratuits[55]...»

Et Freud anticipait que, dans de telles conditions, il faudrait amender la forme de la psychanalyse afin de la rendre accessible au plus grand nombre tout en lui conservant ses éléments les plus importants. Aujourd'hui les psychothérapies d'inspiration analytique, qui ont su conserver les concepts de base de la psychanalyse sans avoir «à mêler à l'or pur de l'analyse le plomb de la suggestion et de l'hypnose», comme le redoutait Freud, sont accessibles à un plus grand nombre de personnes; de même aussi que d'autres formes de psychothérapie qui, en dernier ressort, tirent leur origine de la psychanalyse. Toutefois, le vœu de Freud, quant à la gratuité, n'est pas encore réalisé. Remarquons que ce vœu semble paradoxal chez lui, puisque la gratuité à laquelle il avait consenti dans un but de recherche, ne lui a pas apporté, comme nous l'avons vu, «les avantages espérés».

Dans des cliniques, où il se fait de la recherche ou de l'entraînement à la pratique, telles que les cliniques universitaires, les consultants sont admis à peu près gratuitement. On ne leur demande en fait qu'un paiement nominal, qui n'est d'ailleurs pas toujours exigé. On tient compte de la situation financière de chacun des consultants.

Dans ces cas, on peut estimer que les uns et les autres paient quand même de leur personne, sinon «d'une livre de leur chair», comme les clients du *Marchand de Venise* de Shakespeare, en acceptant de se soumettre à diverses procédures de recherche — il peut s'agir de différents tests — et aux conditions d'apprentissage établies pour la formation des stagiaires. Placés dans une situation d'échange donnant-donnant, ces consultants devraient se sentir libres de toute dépendance envers l'institution à laquelle ils ont recours.

---

55 *Ibid.*, p. 141.

Il y a beaucoup de controverse concernant la gratuité de la psychothérapie. Le lien entre le paiement personnel des honoraires et le succès d'une psychothérapie est-il aussi étroit que le prétendent les théoriciens ou que les praticiens d'expérience sont enclins à le croire?

Cependant, on peut se demander avec inquiétude ce qui adviendrait si une assurance-santé devait un jour couvrir la totalité des frais encourus par la psychothérapie? Ne verrait-on pas se produire des abus plus considérables que ceux que l'on observe à propos des soins médicaux? Des psychothérapies ne seraient-elles pas entreprises sans mûres réflexions, pour être ensuite abandonnées à la première difficulté? Par ailleurs, n'assisterait-on pas à la baisse de la qualité des services?

La question des honoraires soulève encore des problèmes d'ordre différent. En fait, aux attitudes rationnelles qu'elle suscite, s'ajoutent toutes sortes de réactions émotionnelles conscientes et inconscientes tant chez le consultant que chez le psychothérapeute. Ces réactions dites transférentielles d'une part et contre-transférentielles de l'autre, rendent souvent difficile l'application des règles de base que nous venons d'exposer.

Le psychothérapeute doit exercer beaucoup de vigilance pour détecter chez le consultant et en lui-même la présence de réactions de ce genre avec lesquelles il lui faut compter, non seulement au début de la thérapie, mais aussi tout au long de sa trajectoire. Dans les chapitres 4 et 6, nous verrons comment, dans la pratique, traiter l'épineuse question des honoraires.

CHAPITRE 3

L'observation et l'écoute du psychothérapeute en regard des critères du pronostic

L'ensemble de ce qui se donne à observer et à entendre au cours du premier entretien renferme de multiples indices qui permettent au thérapeute de repérer et d'évaluer les critères sur lesquels on fonde l'indication d'une psychothérapie.

«Tout est langage chez l'humain», faisait remarquer Françoise Dolto au cours d'une interview télévisée.

L'être, l'agir de la personne, autrement dit son maintien, son comportement, sont aussi significatifs que ses dires, parfois davantage.

Ainsi, chaque détail s'offrant à l'attention de l'observateur, par exemple, telle posture, tel aspect du vêtement, telle parure, tel mot employé plutôt que tel autre, telle expression faciale et tel geste valent qu'on s'y arrête.

Pour faciliter la tâche du thérapeute, dans l'identification de ces indices, nous distinguerons dans l'entrevue deux sortes de contenu : 1) le contenu non verbal et 2) le contenu verbal.

3.1 Le contenu non verbal

Le contenu non verbal de l'entretien est une source d'informations inestimable. Il confirme ou infirme les propos de la personne consultante, les complète et y supplée dans une certaine mesure.

On peut diviser le contenu non verbal en deux éléments : 1) l'aspect physique de la personne, y compris la façon dont elles est vêtue ; et 2) son comportement.

3.1.1 L'aspect physique de la personne

L'aspect physique de la personne concerne sa taille — grande ou petite, mince ou portée à l'embonpoint —; son teint — pâle, foncé, coloré, bilieux —; la couleur des yeux et des cheveux, — ceux-ci sont-ils au naturel, courts, longs, coiffés à la mode du jour, de façon simple ou extravagante —; si une consultante est maquillée, son maquillage est-il discret ou excessif? Tel consultant porte-t-il une moustache, une barbe?

La posture est-elle décontractée, ce qui laisserait supposer que le désordre émotionnel n'est pas trop grave ; tendue, révélant une anxiété plus ou moins intense ; rigide, ce qui serait un trait caractériel ; affaissée, dénotant des sentiments d'impuissance ou de détresse passagère ou chronique?

Un styliste du vêtement a dit avec justesse qu'il est une parole. Il caractérise la personne et s'harmonise avec elle, il exprime son originalité et ses goûts propres. Par contre, il marque aussi soit son conformisme, soit son mépris des normes du milieu, et parfois il la travestit.

Le vêtement peut refléter un état d'âme ou le masquer. Ainsi, deux personnes dépressives pourraient être vêtues, l'une de façon négligée, l'autre avec une recherche excessive.

On rehausse la beauté du corps par le vêtement, mais on s'en sert aussi pour faire oublier une disgrâce physique ou ce qu'on croit tel. Par son luxe, son éclat, le vêtement compense parfois une pauvreté intérieure ou morale.

On reconnaît au vêtement trois objectifs : parure, pudeur et protection. Les deux premières prédominent en général. À cause de leurs fonctions antinomiques, celle de la parure étant d'attirer l'attention, celle de la pudeur poussant à la dissimulation, Flügel, un psychanalyste anglais, compare le vêtement au symptôme névrotique du fait qu'il constitue un compromis entre des pulsions contradictoires[1].

Dominique Martin, qui commente l'ouvrage de cet auteur, nous dit qu'il insiste particulièrement sur les inter-relations vêtement/individu, expliquant les attitudes exhibitionnistes, narcissiques et pudibondes qui peuvent influencer la forme de nos vêtements[2].

Les bijoux ont également un sens. Des personnes en usent avec goût, modération, d'autres en abusent. Les bijoux peuvent avoir un sens provocateur, agressif.

Le vêtement est-il approprié à l'âge? Des personnes de quarante ans et plus s'habillent comme des adolescentes. Parfois, des personnes jeunes sont vêtues comme si elles étaient plus âgées.

Le thérapeute observe la simplicité de l'habillement, sa fantaisie, sa recherche ou son laisser-aller, l'excès ou l'absence de propreté, les couleurs, vives ou ternes qui reflètent l'humeur de la personne.

3.1.2 Le comportement de la personne

Le comportement de la personne exprime à la fois son état émotionnel habituel, amplifié par la situation anxiogène de l'entretien et, si elle n'est pas trop déprimée, l'impression qu'elle veut faire sur le thérapeute.

Le comportement du consultant au cours du premier entretien constitue la meilleure source d'informations

---

1 J.C. FLÜGEL, *Le rêveur nu*, Aubier-Montaigne, traduction de Jean-Michel Denis, *The Psychology of Clothes*, Paris, 1982.
2 Dominique MARTIN, «Le vêtement pour cacher et/ou pour séduire», Psychologie, nov. 1982, p. 54.

concernant les facteurs de pronostic, enseignait Karen Horney dans un séminaire sur l'entretien initial[3].

Le thérapeute porte donc attention à la façon dont la personne se comporte en entrant dans son bureau. À sa démarche d'abord: celle-ci est-elle assurée, hésitante, légère, lourde, traînante? Et ensuite à son attitude: semble-t-elle relativement à l'aise ou essaie-t-elle de le paraître? Est-elle visiblement gênée, inquiète, voire soupçonneuse, parcourant la pièce du regard, au bord des larmes peut-être, ou paraissant perdue comme dans un brouillard? Par ailleurs, affiche-t-elle une assurance feinte, attitude adoptée depuis longtemps pour contrer une insécurité sociale ou professionnelle — cette attitude pouvant être aussi le fait d'une personnalité psychopathique. La main donnée au thérapeute qui lui tend la sienne pour l'accueillir, est-elle ferme, molle, mouillée?

La personne est-elle capable d'une certaine indépendance? Assume-t-elle l'initiative de l'entrevue, en prenant la parole la première et en établissant un contact visuel direct avec le thérapeute? Ou se révèle-t-elle dépendante, attendant que le thérapeute lui pose une question, attachant son regard sur le sien, et l'y maintenant tout au long de l'entrevue, en quête d'une parole rassurante ou craignant d'y apercevoir quelque blâme? Par ailleurs, fuit-elle ce regard comme si elle en était incommodée?

Des consultants cherchent à attirer la sympathie, à plaire, à séduire, à dominer. Par contre, mais plus exceptionnellement, d'autres sont indifférents à la présence du thérapeute et semblent même l'ignorer. Les yeux fixés au sol, ou dans le vague au-dessus de lui et même à travers lui, pour ainsi dire, ils donnent le sentiment de se parler à eux-mêmes plutôt qu'au thérapeute.

L'accueil du praticien peut évidemment modifier le comportement initial d'un consultant. La gêne s'estompe

---

3 Morton B. CANTOR, The Initial Interview, Part I, American Journal of Psychoanalysis, Vol. XVII, no 1.

parfois à mesure que l'entretien se déroule et il devient capable de se montrer plus naturel. Par exemple, celui-ci, engoncé dans son manteau, le détache à un moment donné, ou même l'enlève. Cet autre, assis au bord du fauteuil finit par s'y installer confortablement, signifiant par là une évidente détente.

À la fin de l'entretien, certains manifestent leur contentement. *Je redoutais beaucoup de venir, mais cela a bien été*, constate une consultante qui, rassurée, clôt ainsi l'entretien.

Par contre, d'autres ne se départissent pas pendant la séance de l'attitude qu'ils avaient en entrant dans le bureau. Ce n'est qu'après un certain nombre d'entrevues qu'ils deviennent plus à l'aise et capables d'abandonner leurs défenses. Le thérapeute reconnaît dans cette réserve persistante la fragilité du moi.

3.2 Le contenu verbal

Le contenu verbal peut, pour plus de commodité, être divisé en deux parties : 1) Le contenu proprement dit et 2) la forme de ce contenu.

3.2.1 Le contenu proprement dit

Le contenu proprement dit englobe l'énumération et la description des symptômes psychiques ou psychosomatiques dont se plaint le consultant ou des problèmes pour lesquels il souhaite être aidé ; les explications reliées aux premiers et aux seconds et tous autres faits mentionnés par l'interlocuteur. C'est en somme le contenu rationnel de l'entrevue*.

Le thérapeute trouve généralement dans le contenu verbal spontané des indications révélant la présence et la qualité des

---

* Cf. chapitre 5, pages 155 et suivantes.

critères relatifs au pronostic. S'il doit poser des questions, les réponses de l'interlocuteur s'ajoutent à ce contenu.

La personne révèle beaucoup d'elle-même dans l'effort volontaire qu'elle fait pour faire part de son vécu actuel et passé, consciente de la responsabilité qui lui incombe d'avoir à justifier sa démarche, et dans celui que le thérapeute l'invite à fournir pour compléter sa présentation. Mais la façon dont elle le fait offre des indices dont la valeur est comparable à celle du contenu non verbal.

3.2.2 La forme du contenu verbal

La forme du contenu verbal réfère aux éléments vocaux ou acoustiques de la communication. Elle est influencée par le caractère de la personne, par son éducation, par sa culture, par le désordre émotionnel dont elle souffre et par le degré d'émotion qu'elle vit en rapport avec la situation même de l'entrevue et au contact du thérapeute.

Sullivan fait remarquer que la première entrevue est beaucoup plus qu'une communication verbale[4]. D'où l'attention à porter au «comment dit» aussi bien qu'au «dit», et même une plus grande attention.

Les indices vocaux afférants à toute communication sont innombrables. Ceux que nous mentionnons en évoquent autant d'autres.

Le psychothérapeute observe d'abord l'aspect ou l'allure générale du propos tenu par le consultant.

Ce propos est-il lucide, sobre, factuel, raisonnablement ordonné, légèrement teinté d'émotions, témoignant d'un équilibre conservé, d'un contrôle de soi maintenu en dépit de la difficulté à vivre? Ou bien est-il systématique, rigidement organisé en même temps qu'encombré de détails superflus, parmi lesquels l'essentiel se perd et d'où l'émotion est absente?

---

4 Harry Stack SULLIVAN, M.D., The Psychiatric Interview, N.Y. Norton Company Inc., pp. 5-7.

La communication est-elle dominée par l'anxiété se manifestant par de l'hésitation, divers degrés d'inhibition ou un mutisme?

Cette personne dramatise-t-elle sa situation passée ou actuelle? Fait-elle un usage excessif de qualificatifs extravagants?

S'agit-il d'un exposé disert, l'interlocuteur faisant état de ses exploits passés ou des brillants projets qu'il forme pour le futur, laissant le thérapeute perplexe, quant à savoir s'il se trouve devant quelqu'un qui vit dans l'angoisse un grand sentiment d'impuissance inavoué, ou devant une personnalité à tendance psychopathique?

Des gestes ponctuent-ils les dires de l'interlocuteur? Des gestes aisés, embarrassés, ou stéréotypés, sans coïncidence immédiate avec ce qui est exprimé? Observe-t-on des tics furtifs ou plus importants?

Des manifestations somatiques apparaissent-elles? Des soupirs, des sueurs, des rougeurs, des larmes? Celles-ci sourdent-elles facilement chez une personne impuissante à les retenir? Ou bien surgissent-elles inopinément, à la surprise de l'interlocuteur qui en est gêné, s'en excuse et cherche à les contenir?

Y a-t-il contradiction entre les paroles et la réaction émotionnelle: «*Je m'en fiche*» ou «*Ça m'est égal*», prétend la personne alors que sa voix s'étrangle?

La tonalité de la communication dévoile l'attitude émotionnelle dans laquelle est vécu le désarroi. Est-elle animée, une animation sous laquelle couve parfois une agonie; atone, à cause de sentiments dépressifs? Est-elle triste, mais non dépourvue d'un certain humour, signe d'une capacité de distanciation de soi; amère, parsemée peut-être de sarcasmes; agressive ou revendicatrice à l'endroit des personnes ou de la société?

Par ailleurs, le rythme de l'exposé du consultant, révélant d'une part des traits personnels, peut être perturbé par l'émotion vécue dans la situation actuelle. Est-il posé, lent, rapide, précipité sous le fait de quelque excitation intérieure? Le rythme se rompt-il soudain : la voix s'éteint, le fil se perd, un blanc de mémoire survient, une pensée étrangère traverse l'esprit, une hallucination peut-être? La personne secoue-t-elle la tête à ce moment comme pour chasser des voix importunes?

La prononciation est aussi à remarquer. Les mots sont-ils clairement prononcés ou murmurés? L'élocution est-elle nette, affirmative ou hésitante, marquant la force relative ou la fragilité du moi? Un interlocuteur effacé ne parle pas de lui à la première personne et extériorise ses sentiments plutôt que de les prendre à son compte, d'où des expressions comme celles-ci : «Ma mère croit...», «Mon père a toujours dit...» ou à un degré de détachement plus grand : «Ils disent que...»

Le vocabulaire a une grande signification. Les termes, les expressions, les images dont se sert le consultant pour se décrire, décrire son désarroi en disent beaucoup plus sur la nature et la profondeur de son marasme que de longues descriptions.

... *Vous avez devant vous la «conne» de la famille.*

... *J'ai toujours été le mouton noir partout, dans ma famille, à l'école...*

... *J'ai été élevé dans une glacière...*

,... *Je tourne en rond...*

... *Je suis assise entre deux chaises...*

... *Je me sens enfermé dans un tombeau dont j'essaie en vain de soulever la pierre...*

De tels exemples se retrouvent fréquemment dans les premières entrevues. Le thérapeute en tient rigoureusement compte de même que de tous les indices vocaux, mais en se rappelant qu'aucun ne doit être considéré en soi, de façon absolue, l'un ou l'autre n'ayant de valeur que dans son rapport avec l'ensemble et dans sa relation avec le contenu verbal de l'entrevue.

DEUXIÈME PARTIE

ÉTAPES ET PROCÉDÉS

CHAPITRE 4

L'accueil du consultant

4.1 Le premier contact : l'appel téléphonique

Le premier contact entre un consultant et un psychothérapeute, ou une clinique de psychothérapie, s'établit généralement par un appel téléphonique. Cet appel comportant des modalités différentes dans chacun des cas, il y a lieu de les traiter séparément.

4.1.1 L'appel téléphonique en pratique privée

La teneur rationnelle de cet appel est en principe une demande explicite de rendez-vous de la part d'une personne désireuse d'entreprendre une psychothérapie. Cette personne, après s'être identifiée, explique, souvent sans qu'on le lui demande, comment elle a entendu parler du psychothérapeute auquel elle s'adresse ; elle décrit parfois brièvement le problème ou les principales difficultés émotionnelles qui motivent sa démarche, puis s'informe des disponibilités du thérapeute.

À son tour, celui-ci s'enquiert de celles de cette personne et, s'il y a possibilité d'ajustement de part et d'autre, un jour et une heure sont fixés, non seulement pour une première entrevue, mais autant que possible pour des entrevues subséquentes, si une psychothérapie devait être entreprise.

C'est là le scénario typique ou idéal. Il est le fait d'un consultant adéquatement renseigné sur la psychothérapie, sur les qualifications professionnelles du praticien auquel il s'adresse et en outre raisonnablement motivé.

Cependant dans la pratique ce scénario ne se présente pas régulièrement. Il existe plusieurs variantes, attribuables, du côté du consultant, à de multiples facteurs : connaissance imprécise de la psychothérapie, manque d'information concernant son mode d'application pratique, appréhension et ambivalence émotives, traits de personnalités, nature et degré de gravité du désordre émotionnel.

On trouvera ici des exemples de ces variantes qui mettent en lumière les principaux problèmes auxquels le thérapeute est confronté dès ce premier contact, ainsi que des suggestions sur la façon de les aborder, sinon toujours de les résoudre au téléphone même.

... *Vous êtes psychothérapeute*, s'enquiert un interlocuteur qui, sur une réponse affirmative, poursuit : *On m'a dit que vous aidiez des personnes qui ont des problèmes comme les miens... Est-ce que je pourrais avoir une entrevue ?...*

Le thérapeute a évidemment besoin d'en savoir un peu plus long, avant d'accorder cette entrevue. Si le consultant ne s'est pas identifié, il lui demande de le faire : *Voulez-vous me dire votre nom ?* Après quoi, il lui pose une question comme celle-ci : *Comment avez-vous entendu parler de moi ?* ou *Voulez-vous me dire qui vous a parlé de moi et du travail que je fais ?*

Quand le praticien connaît la personne désignée, il est souvent par le fait même en mesure de savoir si son interlocuteur a été convenablement renseigné ou non, et aussi de décider s'il peut l'aider. Ce consultant a pu entendre parler du praticien auquel il s'adresse par un ami, un compagnon de travail, qui est actuellement en psychothérapie avec ce praticien ; cet ami ou compagnon a peut-être expressément conseillé ce recours à son propre thérapeute dans l'ignorance des difficultés que cette situation créerait pour les trois personnages en cause. Il y a là en général une contre-indication. Le praticien explique alors à son interlocuteur pourquoi il ne peut pas accueillir sa demande ; il reconnaît cependant sa déception, lui donne les noms de quelques collègues en mesure de l'aider et le rassure sur leur compétence.

La même contre-indication se présente de façon encore plus sévère pour un consultant qui serait étroitement lié avec un proche parent ou un ami du psychothérapeute.

Par ailleurs, si ce dernier ne connaît pas la personne mentionnée, il poursuit son investigation : *Pouvez-vous me dire en quelques mots, quels sont ces problèmes pour lesquels vous désirez de l'aide ?* La réponse permet de se rendre compte si le consultant a été convenablement renseigné sur ce qu'on peut attendre d'une psychothérapie.

Des praticiens préfèrent en savoir davantage sur leur interlocuteur avant de fixer un rendez-vous. Et ils interrogent : *Voulez-vous me dire ce que vous faites dans la vie ?* Ils obtiennent ainsi des réponses touchant le statut civil ou professionnel de leur interlocuteur et sur certains de ses problèmes : *Je suis marié... J'ai deux enfants... J'ai des ennuis à la maison... Nous parlons divorce ma femme et moi... Je travaille à tel endroit, je pratique telle profession... Je suis étudiante à tel niveau, j'ai des difficultés de concentration...*

Par contre, d'autres praticiens s'interdisent ce genre de question, parce qu'elle dépasse l'objectif du téléphone initial, qui ne doit pas être un raccourci de la première entrevue.

... C'est le docteur S. qui m'a dit de vous téléphoner...

C'est ainsi que débute souvent l'appel d'un consultant envoyé par un médecin. Cet interlocuteur sait-il exactement en quoi consiste une psychothérapie ? C'est pour s'assurer qu'il ne nourrit pas d'espoirs trop magiques, que le thérapeute lui demande d'abord : *Voulez-vous me dire à quoi vous vous attendez ?* Quand la réponse montre qu'il y a eu des explications satisfaisantes, il poursuit cependant, afin de prévenir toute équivoque : *On vous a dit que vous aurez à vous présenter une fois par semaine et pendant un certain temps, avant que des résultats soient atteints ?* Sachant que ce consultant est habitué à recevoir des soins gratuits, il s'informe : *Vous a-t-on prévenu que vous aurez à payer des honoraires ?*

La réaction à ces différentes précisions permet au thérapeute de se rendre compte si son interlocuteur est non seulement raisonnablement renseigné, mais aussi s'il a quelque aptitude à la prise de conscience et une motivation suffisante pour envisager les sacrifices de temps et d'argent qu'impose une psychothérapie.

Trop souvent des personnes qui se présentent chez un psychothérapeute, dans une ignorance plus ou moins complète du genre de secours qu'on peut y trouver, ne reviennent plus après une première entrevue, quelquefois à cause de l'imprévoyance d'un praticien qui aurait oublié de vérifier les conditions psychologiques préalables, mais surtout parce qu'elles n'ont pas pu mûrir leur motivation en toute connaissance de cause.

Des consultants particulièrement préoccupés par rapport aux honoraires, le manifestent ouvertement au téléphone et en tout premier lieu, de la façon suivante :

... On m'a conseillé une psychothérapie... J'aimerais avoir une entrevue avec vous, mais je voudrais savoir ce que ça va me coûter...

C'est une question à multiples facettes et le ton sur lequel elle est posée suggère quelques hypothèses. S'agit-il d'une simple demande d'information, celle-ci pouvant être obtenue autrement ? Est-ce un moyen pour l'interlocuteur de signifier au praticien qu'il dispose de ressources financières limitées ? Par ailleurs, celui-ci n'ignore pas que de réelles difficultés économiques sont parfois utilisées pour justifier des revendications excessives et que des inquiétudes à propos des honoraires peuvent être mises de l'avant par des personnes jouissant d'une aisance matérielle confortable, mais qui ont un problème émotionnel concernant l'argent.

Langs considère que c'est de mauvais augure quand des questions sur ce sujet sont posées au téléphone; elles seraient des signes de résistance[1].

Quoi qu'il en soit, le praticien garde par devers lui les conjectures qu'il fait et il donne avant toute autre intervention, une réponse précise à la question qui lui est posée: *Je demande X dollars par séance*, ou: *Mes honoraires sont de X dollars.* Si son interlocuteur ne reprend pas la parole, il poursuit: *Ne vous aurait-on pas indiqué le coût approximatif des honoraires d'un psychothérapeute?*
— *Oui, mais je n'ai vraiment pas les moyens de payer cela.*
— *Vous avez sans doute, reprend le thérapeute, pensé à ce que vous pourriez offrir?*

Un montant raisonnable est-il avancé et, de son côté, le praticien prévoit-il qu'un ajustement soit concevable, il propose que cette question soit discutée au cours de la première entrevue. Sinon, il donne à son interlocuteur le nom de quelques collègues dont les honoraires sont plus bas que les siens, ou il lui conseille de s'adresser à des cliniques qui ont des échelles de rétributions adaptables aux ressources financières des gens qui recourent à leurs services.

Les disponibilités réciproques du psychothérapeute et du consultant éventuel relatives à la première entrevue et à la mise en œuvre d'une psychothérapie constituent un sujet évidemment inévitable au cours du téléphone initial. On s'attend normalement à ce qu'il soit abordé en conclusion. Toutefois, des facteurs subjectifs poussent certaines personnes à le placer au début.

La première des deux illustrations suivantes représente à quelque nuance près la modalité la plus fréquente et la seconde une autre plus exceptionnelle.

---

1 Robert LANGS, *The Technique of Psychoanalytic Psychotherapy*, New York, 4e éd., 1983, Jason Aronson, Inc., Vol. I, p. 51.

... Est-ce que vous recevez le samedi ou le soir, s'informe une interlocutrice sans s'être identifiée et avant même d'avoir expressément demandé un rendez-vous et formulé le désir d'entreprendre une psychothérapie?

... J'ai présentement des difficultés conjugales, déclare d'emblée un interlocuteur... *J'aimerais vous rencontrer, mais il faudrait que ce soit un lundi dans la matinée, je n'ai pas d'autre possibilité, je travaille en dehors de la ville, je suis très occupé...*

Dans l'une et l'autre situation, les implications sont, il va sans dire, très différentes.

Dans la première, le thérapeute peut déduire qu'il s'agit d'une personne travaillant à heures fixes, durant les jours ouvrables et qui s'inquiète de ne pas pouvoir être accueillie par ce thérapeute qu'on lui a particulièrement recommandé. Ce dernier fait cependant préciser : *Si je vous entends bien, vous désirez une entrevue, mais vous ne disposez d'aucun moment dans la journée, du lundi au vendredi?*

— *Oui, et je n'oserais pas demander à mon patron de m'absenter sur mes heures de travail... Je ne crois pas qu'il accepterait... D'ailleurs, je ne voudrais pas le mettre au courant de mon projet...*

Si le thérapeute travaille le samedi ou certains soirs et s'il a des heures libres, il les propose simplement. Sinon, il le dit et spécifie, s'il y a lieu, qu'il reçoit des consultants à l'heure du déjeuner et il mentionne aussi à quelle heure il commence et termine sa journée, ce qui offre des facilités dont peuvent se prévaloir quelques personnes.

Quand aucun arrangement n'est possible, le thérapeute ne laisse pas son interlocuteur en plan. Il lui suggère de faire appel à des collègues qui accueillent des consultants les samedis ou certains soirs et il lui donne quelques noms. L'interlocuteur peut exprimer sa déception sous cette forme-ci, par exemple : *On a insisté pour que je m'adresse à vous...* Le praticien réplique : *Je suis désolé de ne pas pouvoir répondre à votre demande. La personne qui vous a recommandé à moi ne connaît sans doute pas d'autres psychothérapeutes, mais moi je connais bien la compétence de ceux que je vous recommande.*

La seconde situation est plus complexe.

Ce consultant qui impose impérieusement sa disponibilité est-il si anxieux qu'il en perd tout souci concernant celle du thérapeute ? Est-il toujours aussi inattentif à qui que ce soit ou habitué à ce que chacun se plie à sa volonté, s'attendant que le thérapeute s'y soumette à son tour ? Réclame-t-il une attention particulière ? Est-il rigide au point de ne pas entrevoir comment il pourrait modifier ses habitudes de vie même en faveur d'un projet auquel il devrait donner une priorité ? Enfin, il est difficile de croire, à la façon dont elle est signifiée, qu'une limite aussi étroite puisse être objective ? Et si elle l'était, comment ne pas penser qu'elle est mise de l'a-vant pour rationaliser une attitude revendicatrice, masquer une forte résistance et même consituer une échappatoire de-vant une contrainte qu'on lui a imposée.

Quoi qu'il en soit de la plausibilité de ces hypothèses dont il devra tenir compte par la suite, le thérapeute, s'il travaille le lundi, dans la matinée et qu'il a une disponibilité, l'offre bonnement sans commentaire. S'il n'en a pas, il le signifie : *Je regrette de ne pouvoir vous accommoder ce jour-là*, ajoutant peut-être : *Vous ne vous donnez pas une bien grande chance...* Par cette remarque il laisse entendre à son interlocuteur qu'il est sensible à la présence en lui de facteurs pouvant sous-tendre la rationalité de sa demande. Puis il lui fait part de ses disponibilités, le laissant libre de s'en prévaloir ou pas.

Il y a lieu de mentionner que c'est une attitude anti-thérapeutique pour un praticien que d'amender imprudemment un horaire professionnel mûrement établi, ou de surcharger un agenda, pour se rendre au désir d'un consultant. Une telle condescendance, qu'elle soit due à une tendance caractérielle à la générosité, ou à une impulsion contre-transférentielle passagère, se transformerait à la longue en une irritabilité dont les retombées regrettables compromettraient l'alliance thérapeutique.

Par ailleurs, avant de fixer une première entrevue, le thérapeute doit s'assurer qu'il sera en mesure de continuer de travailler avec son interlocuteur.

Il arrive qu'une personne insiste pour être reçue au moins une fois par le thérapeute, espérant, en son for intérieur, qu'en définitive celui-ci lui fera une place dans un agenda que pourtant on lui a dit complet. Le thérapeute qui cède à cette pression, sous quelque prétexte louable en soi, par exemple l'intention de renforcer la motivation de cette personne, doit savoir qu'il lui causera en définitive une frustration dommageable et qu'en plus il lui créera à elle et au thérapeute qui l'accueillera par la suite des difficultés d'engagement accrues. Les affects transférentiels, déjà projetés sur le thérapeute par tout consultant dès le moment où il a entendu parler de lui, sont notablement accentués au cours d'une première entrevue.

Il y a peu de justification, selon Langs, pour accorder ainsi l'unique entrevue sollicitée. En outre, en dirigeant le consultant immédiatement à un collègue dont il connaît la disponibilité, il lui évite une dépense de temps et d'argent[2]. Une variante plus critique peut se présenter à peu près comme suit :

... *Est-ce que vous pouvez me recevoir,* demande sans autre préambule, une voix mal assurée.

En pareille occurrence, le thérapeute peut reconnaître là la simple demande de rendez-vous de la part d'une personne timide, anxieuse, mal avisée sur les habitudes de la pratique de la psychothérapie, ou bien un appel de détresse. Il fait donc préciser — *Vous désirez me voir maintenant?...* *Aujourd'hui...* — *Euh! non... On m'a dit que mes problèmes sont psychologiques, c'est pour ça que je vous appelle...*

---

2 Robert LANGS, M.D., *op. cit.*, p. 53.

C'est la première partie de l'alternative, l'autre pouvant s'exprimer de la manière suivante : — *C'est une amie qui me pousse à vous appeler, ça ne va pas...* Alors, le thérapeute s'enquiert : — *Est-ce que vous voulez me dire pourquoi votre amie insiste pour que vous me téléphoniez à ce moment-ci ?* — *Je lui ai dit que je voulais en finir...* — *Vous pensez vraiment à une telle solution ?...*

Le thérapeute ne doit pas avoir peur, même au téléphone, de parler ouvertement suicide. Il n'y a pas là, comme certains le pensent, une incitation dangereuse. Au contraire, toute personne aux prises avec des pulsions suicidaires plus ou moins impératives est soulagée et même rassurée, quand on ose la confronter avec elles. Elle éprouve alors le sentiment d'être comprise jusqu'au plus profond de son désarroi, ce qui fait baisser une tension insoutenable.

Dans une situation comme celle-ci, un interlocuteur peut répondre à l'interrogation du praticien : *Je le ferais si j'en avais le courage...* Cette réflexion n'est pas une garantie contre toute action impulsive : aussi le plus sage c'est de prendre les dispositions pour recevoir cette personne le plus rapidement possible, le jour même de l'appel. Dans l'impossibilité de le faire, il faut confier cette personne à un collègue que l'on contacte soi-même pour elle. Car comment, dans une brève conversation téléphonique avec un inconnu, distinguer une crise d'anxiété aiguë dont l'intensité peut être sans rapport avec l'incident qui l'aurait déclenchée et un état dépressif provoqué par un événement grave qui aurait ébranlé sa sécurité affective ?

Les risques sont aussi sérieux dans le premier cas que dans le second. Par ailleurs, il est faux de prétendre que des personnes qui parlent suicide ne le commettent généralement pas. Il y a des tentatives de suicide mimées qui deviennent, par la maladresse de ceux qui les mettent en oeuvre, des suicides consommés : les calculs sont mal faits ou des facteurs imprévus les déjouent. Par contre, il y en a de sérieuses qui échouent grâce à la surveillance d'un entourage alerté.

Quelquefois, ce sont des tiers qui demandent un rendez-vous d'urgence pour un proche qui les inquiète et parle parfois ouvertement de se suicider.

Ainsi, le père d'un étudiant téléphone à un thérapeute pour lui demander de recevoir son fils profondément humilié par un échec scolaire, et qui menace de se noyer...

Dans ce cas le thérapeute s'informe d'abord si la personne concernée désire elle-même être aidée. Dans l'affirmative, il demande à lui parler. Et quand c'est possible, c'est avec elle qu'il s'entend pour déterminer le moment d'une rencontre. Cependant, si on lui répond que la personne n'est pas en état de répondre au téléphone, le praticien n'insiste pas et fait les arrangements avec l'interlocuteur intermédiaire.

La ligne de démarcation est mince entre une menace réelle authentique et une intimidation dramatisée, dans le but plus ou moins conscient d'affoler un parent pour lequel on nourrit des sentiments hostiles. L'une et l'autre sont des signaux de détresse, d'inégale profondeur si l'on veut, mais la plus élémentaire prudence commande qu'on y fasse écho sans délai.

Cette obligation exige que le psychothérapeute qui reçoit ses appels téléphoniques par l'intermédiaire d'une réceptionniste ou d'un répondeur automatique, les relève quotidiennement et y réponde sans surseoir.

Avant de clore la conversation téléphonique avec son interlocuteur, après avoir déterminé avec précision l'heure et le jour de la première entrevue, le thérapeute prend bien soin, afin d'éviter tout malentendu, de lui faire répéter son nom et de noter son numéro de téléphone. Ensuite il termine en précisant : Donc, à tel jour, telle heure, monsieur X ou madame Z.

Préambule à la première entrevue, l'appel téléphonique initial en est aussi l'ébauche, en raison des indices qu'il contient pour établir un pronostic et sur la qualité de la relation que le consultant éventuel établira avec le thérapeute, ainsi que sur certains de ses aspects transférentiels.

Par ailleurs, des réactions contre-transférentielles du thérapeute, provoquées par les attitudes de l'interlocuteur, teintées d'appréhension et des autres sentiments qui sous-tendent la teneur rationnelle de ses propos, peuvent se faire jour.

Le psychothérapeute répond *professionnellement* à cet appel téléphonique. Amorce d'une éventuelle psychothérapie, il doit être thérapeutique au même titre que la première entrevue et que celles qui suivront. Reçu avec bienveillance, sans sollicitude indue, avec l'intérêt, le respect et l'empathie qui doivent empreindre la conduite de tout praticien, l'interlocuteur est rassuré sur l'accueil qui lui sera fait quand il se présentera pour la première entrevue.

4.1.2 L'appel téléphonique en clinique

Dans une clinique, l'appel téléphonique initial prend un aspect plus administratif.

Cet appel est généralement reçu par une réceptionniste qui inscrit le nom, l'adresse, le numéro de téléphone du consultant éventuel, son statut civil, son occupation actuelle, lui demande le nom de la personne ou de l'agence qui lui a recommandé la clinique, ou un de ses praticiens, et fait préciser, en quelques mots, le motif principal de sa démarche, après s'être informé s'il n'a pas d'objection à le faire.

Dans certaines cliniques, cette personne est aussi autorisée à fixer l'heure et le jour d'une première entrevue, alors que dans d'autres, c'est un praticien qui, dans un second temps, contacte le consultant dans ce but. Dans ce cas la réceptionniste informe l'interlocuteur du temps relatif qui peut s'écouler avant qu'on ne le rappelle.

En outre, dans des cliniques de formation, le consultant est prévenu qu'il aura à donner son consentement pour l'enregistrement sur audio ou vidéocassette des séances thérapeutiques, en vue de la supervision. En compensation, il n'aura à payer que des honoraires symboliques.

Quand la clinique fait de la recherche, comme les cliniques universitaires, le consultant est averti qu'on lui demandera probablement de se soumettre à certaines mesures psychologiques.

Si l'interlocuteur cherche à prolonger la conversation, la réceptionniste lui signifie qu'il pourra parler à loisir de ce qui l'inquiète avec le thérapeute qui le recevra.

Il est évidemment souhaitable que la personne qui reçoit les appels ait reçu une formation suffisante pour remplir la tâche délicate qui lui est confiée. Sinon, on s'attend à ce qu'elle soit assez perceptive pour déceler dans les propos de l'interlocuteur le moindre signe d'urgence.

Intermédiaire entre le consultant et l'équipe de professionnels de la clinique, c'est avec l'intérêt et le respect qui doivent prévaloir dans toute institution psychothérapeutique que la réceptionniste recevra les appels de toutes les personnes qui recourent à ses services.

4.2 Le début de l'entrevue

Le thérapeute introduit le consultant dans son bureau, le salue en le nommant : Bonjour, madame B... monsieur C...; puis il lui tend la main et se présente : Mon nom est X. ou : Je suis X. Y. Il l'invite ensuite à enlever son manteau, s'il y a lieu, et lui indique où s'asseoir. Les auteurs qui ont écrit sur le sujet s'entendent sur l'importance d'un accueil sobre, le seul de nature à rassurer le consultant.

Le thérapeute se trouve-t-il en face d'une personne qui a demandé de l'aide de son propre gré, ou devant quelqu'une contrainte de le faire, par un tiers? Il s'agit là de deux situations qui exigent des attentions différentes de la part du thérapeute.

126

4.2.1 Le consultant demande de l'aide de son propre gré

La question de préséance se pose. En principe, nous l'avons appris, elle appartient au consultant. La première initiative du thérapeute consiste donc à engager son interlocuteur à se prévaloir du privilège de se présenter le premier.

4.2.1.1 Comment inviter le consultant à se présenter le premier

Le thérapeute invite le consultant à se présenter le premier par sa seule attitude ou par une formule d'introduction.

1. *Par son attitude*

Aucun effort n'aura à être fait pour engager un consultant à se présenter le premier s'il s'agit d'un compulsif qui vient à son premier rendez-vous après l'avoir minutieusement préparé, ni avec un anxieux porté impulsivement à se jeter en avant, ni avec quelqu'un prévenu qu'il aura à s'expliquer de lui-même sur le but de sa consultation. — *Je sais que c'est moi qui dois parler* ou, — *On m'a dit que vous ne posiez pas de question,* peut dire ce dernier en guise de préambule. Ces consultants prendront donc la parole les premiers à peine assis devant le praticien, sans aucune invite de sa part, pourvu que lui-même, poussé par sa propre anxiété, ne prenne pas les devants.

Cependant, n'importe quel consultant prend aussi la parole le premier s'il se sent amené à le faire par le seul regard du thérapeute et par un simple geste d'accueil de sa part témoignant de sa disposition à écouter avec un intérêt chaleureux et respectueux.

Bien entendu, un accueil tacite n'est pas toujours suffisant, mais nous sommes persuadés qu'il peut l'être avec le plus grand nombre de consultants et que c'est l'anxiété des thérapeutes qui réduit ce nombre considérablement. Quoi qu'il en soit, certains ne prendront pas la parole les premiers, cela par déférence, timidité ou anxiété.

Le déférent est habitué à céder l'initiative à toute personne représentant quelque autorité et il attend qu'on lui adresse la parole. Le timide voit sa timidité aggravée par le seul fait de se trouver devant une personne inconnue et dans une situation difficile et il peut être totalement inhibé. L'anxieux pour sa part peut être bloqué par l'inquiétude et par l'appréhension que fait naître en lui la nécessité d'avoir à s'expliquer sur le but de sa visite et sur lui-même.

Il va sans dire que la déférence, la timidité et l'anxiété peuvent coïncider dans la même personne. Ces conditions se perçoivent dans la posture et dans les gestes. Dans ces cas, le thérapeute rompt un silence qui menace de se prolonger en invitant verbalement son interlocuteur à prendre la parole.

2. Par une formule d'introduction

La formule d'introduction la meilleure est courte et simple. Celle-ci par exemple : — *Qu'est-ce qui vous amène, Monsieur X ?... Madame Y, pourquoi venez-vous nous voir ?*

Cette formule laisse au consultant non seulement l'initiative de l'entretien, mais aussi la responsabilité de ce qui s'ensuivra. À l'opposé, cette autre formule, parfois suggérée : «*Qu'est-ce que je peux faire pour vous ?*» donne à entendre que le thérapeute prendra quelque initiative à l'endroit du problème du consultant. C'est fausser dès le départ la présentation d'une psychothérapie, quand on estime que le consultant joue le rôle principal dans cette expérience.

Le soucieux d'étiquette, qui n'attendait qu'un signal pour s'expliquer, commence à le faire. Et il se peut que le timide et l'anxieux soient aussi capables de s'exprimer après cette intervention.

Quoi qu'il en soit, il serait maladroit de refléter d'emblée la gêne ou l'appréhension d'un interlocuteur sans lui avoir donné la chance de surmonter l'une ou l'autre ou de l'exprimer sans aide.

Le thérapeute inexpérimenté se trouvant en face d'une personne qui rougit en lui donnant la main ou qui lui tend une main mouillée, ou devant une autre visiblement mal à l'aise qui s'asseoit sans un geste, toute resserrée sur elle-même, ou encore devant celle qui triture ses doigts, ses gants ou son sac peut être tenté de se porter à son secours. C'est là un zèle intempestif plus nuisible que secourable.

Il y a des timides et des anxieux qui avouent spontanément leur timidité ou leur anxiété ; il en est d'autres qui sont tout prêts à l'avouer et qui sont reconnaissants quand on les aide à le faire. Mais il y en a aussi et peut-être un plus grand nombre, qui font des efforts inouïs pour vaincre leur malaise en espérant qu'il passera inaperçu. Ils sont humiliés si on le remarque. Ce serait donc une maladresse au début de ce premier entretien que de ne pas leur laisser la possibilité de se tirer d'affaire seuls.

En conséquence, le thérapeute qui ne sait pas devant quel type de timide ou d'anxieux il se trouve, ne relève pas d'abord son malaise. Toutefois, si son interlocuteur ne prend pas la parole après l'invitation textuelle qu'il lui a faite et que son malaise grandit visiblement, le thérapeute intervient : — *Est-ce la nouveauté de la situation qui vous cause un peu d'embarras ?* Le consultant peut réagir de trois manières : il le reconnaît, tente une explication ou persiste dans son silence. Voici comment le thérapeute peut intervenir :

S'il y a aveu du malaise : — *J'ai toujours trouvé difficile de me confier...,* le thérapeute reprend : — *Je peux comprendre que vous soyez mal à l'aise... Ce n'est pas facile d'avoir à parler de soi...* La reconnaissance et l'acceptation de son embarras par le thérapeute sont souvent suffisantes pour que le consultant devienne capable de se confier.

S'il y a tentative d'explication comme celle-ci : — *Je ne suis pas sûr d'avoir pris la bonne décision...,* le thérapeute reflète simplement : — *Vous vous demandez si vous avez pris la bonne décision ? — J'y pensais depuis longtemps sans arriver à prendre rendez-vous, parce que mon mari croit que je n'ai pas besoin de ça, que c'est pour des gens plus malades que moi. Cependant, il ne s'oppose pas. — Ce ne serait pas facile pour vous,* réplique le thérapeute, *de vous passer de l'approbation de votre mari ?*

La première intervention fait savoir à cette interlocutrice que le thérapeute peut comprendre son ambivalence et la seconde l'invite déjà à faire face à son problème de dépendance. Elle répond d'ailleurs à l'invitation en répliquant : — *J'ai toujours besoin d'être approuvée quand j'entreprends quelque chose.*

Le thérapeute averti sait que toutes les personnes qui recourent à ses services le font dans l'ambivalence. Il y a à la fois chez chacune un désir plus ou moins impérieux, selon l'intensité de la détresse, et une gêne, voire une honte de ne pas être capable de s'en sortir seule, comme si c'était un manque de courage. Si paradoxal que ce soit, elles réclament un secours tout en se demandant si elles ne pourraient pas s'en passer, en espérant même qu'on le leur dira.

Cette situation est en outre aggravée par la ténacité des préjugés attachés à la psychiatrie, avec laquelle la psychothérapie est apparentée et souvent confondue.

Le thérapeute saisit donc le moindre indice de cette ambivalence afin d'en provoquer la verbalisation. Cette attention donne à l'interlocuteur le sentiment d'être déjà compris, ce qui favorise évidemment l'amorce de la communication.

Si par ailleurs le consultant persiste dans le silence, comme cela se produit chez de plus grands anxieux, le thérapeute s'assure que ce mutisme ne cache pas une inquiétude bien définie et s'enquiert : — *Y aurait-il quelque chose qui vous préoccupe particulièrement ?* Sur la dénégation de son interlocuteur, il fait exception à la règle qui prohibe les questions au début de cette entrevue. Mais il offre d'abord : — *Voulez-vous que j'essaie de vous aider ?* Le consultant se rend ainsi compte qu'on cherche sincèrement à le secourir plutôt qu'à lui soutirer des secrets. Il faut procéder lentement pour donner à la personne inhibée la chance de dominer son anxiété : — *Est-ce de vous seul qu'il s'agit ?... Souffrez-vous physiquement ou moralement ?... Auriez-vous des ennuis avec votre famille... avec des personnes de votre entourage ?...*

Dès que son interlocuteur devient capable de s'exprimer librement, le thérapeute lui cède l'initiative pour la suite de l'entretien. Mais s'il continue de répondre par signes ou monosyllabes, le thérapeute se demande s'il n'est pas devant quelqu'un qui se présente sans savoir ce qu'est la psychothérapie ou qui aurait été contraint à cette démarche et ne l'aurait pas mentionné. Il s'informe donc et se comporte avec lui comme avec les personnes qui sont dans ces situation.*

La plupart des personnes qui recourent à la psychothérapie de leur propre gré savent les unes pertinemment, les autres plus confusément, ce qu'elles peuvent en attendre.

Cependant, il arrive à des psychothérapeutes de recevoir des consultants qui ignorent la nature de l'aide qu'ils sollicitent et s'en font une représentation fausse ou fantaisiste.

Ainsi, certains viennent avec bonne foi et avec l'espoir de remplacer des médicaments prescrits par des médecins généralistes ou des psychiatres par des « paroles » susceptibles de produire l'effet miraculeux escompté en vain des drogues qu'ils consomment, souvent depuis plusieurs années.

D'autres ne font pas usage de médicaments, mais n'en espèrent pas moins du psychothérapeute une prompte et quasi magique intervention qui fera disparaître en peu de temps un symptôme encombrant.

Voici deux situations exemplaires :

... Une consultante dans la quarantaine, affligée de diverses obsessions, explique au thérapeute : *— Je rencontre un psychiatre dix minutes par deux mois, depuis trois ans. Il renouvelle mes médicaments, mais ça ne donne absolument rien... C'est pour cela que j'ai pensé consulter un psychologue... Je me suis dit : il va me donner des conseils,*

---

* Voir page 133 et suivantes.

parce que je voudrais arrêter de prendre des pilules. Ça fait trop longtemps que j'en prends sans arrêt...

... Un jeune homme de vingt-deux ans avoue d'abord sa nervosité, trop apparente d'ailleurs pour qu'il essaie de la cacher... *Je suis tellement nerveux que ça me rend malade... Je m'en mange les doigts jusqu'aux coudes...* Toutefois ce n'est pas là le motif de sa démarche, mais plutôt son impuissance sexuelle. Il s'explique: *J'ai lu récemment dans un hebdomadaire que l'éjaculation précoce peut se corriger, ce que je ne savais pas avant, et que pour cela je devais voir un psychothérapeute. Je n'ai pas hésité une minute, j'ai sauté sur le téléphone pour avoir un rendez-vous... Ils ont dit* (allusion à l'article de la revue) *que ça pouvait se régler facilement...* Il semble avoir traduit facilement par rapidement, car il s'attend que le thérapeute aura raison de son symptôme en deux semaines.

La méconnaissance de la psychothérapie n'est pas toujours révélée de prime abord. Des consultants, après avoir donné le nom de la personne qui la leur a recommandée, gardent le silence. Et quand on leur demande: *Pourquoi votre ami ou le docteur P. vous a-t-il donné ce conseil,* ils énumèrent leurs symptômes sans plus. Il s'agit le plus souvent de symptômes psychosomatiques chroniques, insomnie, fatigue, maux d'estomac, ce qui ajoute à la confusion.

C'est ainsi qu'insuffisamment renseignés, les uns peuvent se croire dans un bureau médical spécialisé et devant un nouveau docteur qui, lui, posséderait le secret du bon remède. Le thérapeute l'apprend par les questions qui lui sont posées quand il s'informe: — *On vous a dit de quelle façon vous pourriez être aidé ici? — Est-ce que vous êtes docteur, psychiatre?*

Cette dernière situation, évidemment exceptionnelle, ne se présente généralement pas en pratique privée ou dans des cliniques spécialisées. Mais le psychothérapeute qui exerce sa profession dans des centres pluridisciplinaires et en milieu hospitalier peut occasionnellement y être confronté.

Dans ces derniers cas, il s'agit pour le psychothérapeute de présenter d'abord la psychothérapie avant d'inviter les consultants à présenter leur problèmes.

4.2.1.2 Comment présenter verbalement la psychothérapie au début de la première entrevue

La présentation verbale de la psychothérapie au début de la première entrevue se résume souvent à ce que nous appellerons une présentation par la négative; en d'autres mots, elle consiste à dire ce qu'elle n'est pas. Avant de donner toute explication si sommaire soit-elle qui répondrait davantage à ses propres besoins de sécurisation plutôt qu'à ceux du consultant, le psychothérapeute s'assure qu'elles sont vraiment utiles à l'implication du consultant et la limite strictement à cette fin. Autrement, on risque de susciter de nouvelles inquiétudes. Il n'y a pas lieu de donner un cours sur la psychothérapie, le consultant n'en a cure à ce moment.

L'illustration suivante aide à comprendre cette opinion:

... Une consultante déclare à la thérapeute en prenant l'initiative de l'entrevue: — *J'ai un caractère difficile qui me cause beaucoup d'ennuis... mais là je n'en peux plus d'avoir à me dominer tout le temps; je suis au bord de la dépression... Je sais ce que c'est, j'en ai vu des personnes déprimées. Ça ne peut pas continuer comme ça. Mon médecin m'a suggéré la psychothérapie parce que je ne veux pas prendre de pilules.*

La thérapeute qui a des raisons de croire que cette consultante est plus ou moins bien renseignée s'informe: — *Est-ce que l'on vous a dit un peu ce qu'est une psychothérapie? — Je n'en ai pas une idée bien claire. En fait, je sais que c'est différent de la psychiatrie, très différent...* Et comme si ça lui suffisait de savoir cela, elle continue de s'exprimer sans attendre les quelques éclaircissements que la thérapeute s'apprêtait à lui donner.

Beaucoup de consultants, peu renseignés sur la psychothérapie, partagent l'incuriosité de cette personne. Heureux d'avoir appris qu'ils peuvent être aidés, et pressés par le besoin de confier des secrets parfois très lourds, ils le font sans se poser de questions pour peu que le thérapeute se montre disposé à les écouter.

Cependant le thérapeute doit expressément défaire les fausses conceptions que le consultant peut avoir sur la psychothérapie et qu'il a manifestées spontanément ou avec son intervention, dès le début de l'entretien. Cela fait, il peut avoir à ajouter des explications plus ou moins succinctes.

Bien entendu, il n'y a pas de formules toutes faites applicables à chaque situation qui puissent être proposées. Le thérapeute s'inspire des répliques aux reflets qu'il emploie pour amener le consultant à faire part des préoccupations, des inquiétudes ou des attentes qui sous-tendent son ignorance concernant la psychothérapie.

Ces répliques lui suggèrent parfois des images, des métaphores, des comparaisons qui rendent plus saisissante la description d'une expérience thérapeutique.

Voyons comment est intervenu le thérapeute avec cette consultante qui s'attendait de recevoir des conseils en remplacement des pilules dont elle reconnaissait l'inefficacité :

... — *Vous avez constaté,* reflète-t-il d'abord, *que les pilules que vous prenez régulièrement ne vous donnent absolument rien ?*

— *Bien, elles me soulagent un peu... ça m'aide à dormir, mais elles ne m'enlèvent pas mes peurs...*

— *C'est pour obtenir ce soulagement que vous retournez à l'hôpital tous les deux mois afin de faire renouveler vos ordonnances ?*

— *Mon psychiatre dit que je vais chercher ce qu'il faut pour éteindre le feu.*

— *Éteindre le feu ?*

— *C'est comme ça qu'il appelle mes peurs...*

— Et le feu s'amortit, si je comprends bien, mais il ne s'éteint pas... Il continue de couver sous la cendre... Et le moindre souffle le ranime, l'attise et il flambe de plus belle?

— C'est comme ça... ça n'arrête pas...

— Vous m'avez dit que vous vous attendiez à des conseils... c'est sans doute pour savoir comment vous y prendre pour éteindre ce feu?

— Euh... je ne sais pas... oui...

— Je présume que vous en avez reçu des conseils de la part des personnes qui vivent avec vous?

— Ah! oui. Faut pas y penser... Distrais-toi... occupe-toi d'autre chose... Mais, c'est là à chaque instant... ça ne me quitte pas... Ils ne me comprennent pas.

— Et vous non plus peut-être ne comprenez pas la présence en vous de ces peurs qui ne vous laissent aucun repos?

— Non, tout ce que je sais c'est que c'est toujours là...

— En fait, le psychothérapeute ne donne pas de conseils qui n'auraient pas plus d'effet que les pilules que vous prenez... Mais je peux vous aider à rechercher en vous l'origine de ce feu... Seriez-vous prête à entreprendre cette recherche avec moi? Quand nous aurons trouvé ce qui a allumé ce feu et ce qui l'alimente encore aujourd'hui, alors vous saurez comment l'éteindre.

— Qu'est-ce qu'il faut faire?

— Il faut parler beaucoup de soi, d'abord...

— Ça fait trois ans que je suis prise... Je ne vois pas comment je pourrais être délivrée...

— Je peux comprendre que cela vous paraisse impossible... Voulez-vous essayer de me dire par exemple comment les choses se passent dans votre vie actuelle?...

Cette consultante qui sait maintenant qu'elle ne recevra pas de conseils consent à parler d'autre chose que de ses obsessions. Elle le fait cependant avec plus ou moins de convictions. Et c'est de sa relation de dépendance avec son mari qu'il s'agit en premier lieu.

— *J'ai un mari dépareillé qui fait tout pour moi,* dit-elle au thérapeute comme pour lui montrer qu'elle n'a aucune raison d'être affligée comme elle l'est.

Le thérapeute réussira-t-il à motiver cette personne, la suite de l'entretien révélant peu d'aptitude à la prise de conscience et dénonçant la faiblesse d'un moi revendicateur ? Quoi qu'il en soit, en dépit de l'expérience du praticien qui a accueilli cette personne, une longue thérapie de support est vraisemblablement à prévoir avant qu'un travail reconstructif puisse être mis en oeuvre.

Quant à ce jeune consultant qui somme en quelque sorte la thérapeute chez laquelle il se présente, de le mettre en deux semaines en possession de sa pleine puissance sexuelle, il faut évidemment le prévenir que les psychothérapeutes ne sont pas des magiciens. Le court dialogue qui suit montre comment cela peut se faire :

... — *Je peux comprendre,* lui signifie d'abord la thérapeute, *qu'ayant appris que ce symptôme n'est pas incurable, ce qui est vrai, vous ayez été soulagé et que vous soyez pressé de vous en défaire.*

— *Ils ont dit* (les auteurs de l'article qu'il a lu) *qu'il fallait voir un psychothérapeute et que ça pouvait se corriger facilement.*

— *Vous paraissez avoir compris que vous n'auriez qu'à vous remettre entre ses mains et que c'est lui qui ferait tout le travail, est-ce que je me trompe ?*

— *Ils ont dit,* revient-il agressivement à la charge, *que ça pourrait se corriger... ça doit pouvoir se corriger... je viens ici pour le savoir... O.K. ?*

— *Ça peut se corriger, en effet, mais pas aussi magiquement que vous le souhaiteriez et que je voudrais bien pouvoir vous* aider à le faire... N'avez-vous pas confondu «facilement» avec «rapidement»?... Je me demande si quand vous voulez quelque chose, vous ne le voulez pas toujours sans délai et peut-être aussi sans effort?...

— C'est vrai, admet-il, mais buté, il poursuit : Je ne suis pas capable d'attendre...

— Je suis prête à vous aider, si vous le voulez bien, mais encore une fois, pas de la façon quasi miraculeuse dont vous semblez croire que ça puisse se faire. Je ne possède pas de baguette de fée... Mais laissez-moi vous expliquer d'abord : l'éjaculation précoce n'est pas un phénomène isolé dans la personne, mais il est rattaché à d'autres éléments, à d'autres traits, qui ne sont pas toujours les mêmes chez tous ceux qui ont à se plaindre de cet ennui. Il faut tenir compte de ces autres éléments. Il faudrait par exemple, en ce qui vous concerne, rechercher si ça n'a pas à voir avec cette grande nervosité qui vous rend malade comme vous le dites...

— Vous voulez dire qu'il faudrait que je change de la tête aux pieds?

— Vous seriez si peu satisfait de vous pour sauter ainsi à une telle conclusion?

— Je ne suis pas endurable, concède-t-il, je me sens inférieur, ma mère m'a trop gâté et elle me gâte encore... J'aime ça, mais les résultats auraient été meilleurs si je n'avais pas toujours eu tout cuit dans le bec...

Conscient du travail qu'il aurait à faire sur lui-même, habitué à ce que «ça lui tombe tout cuit dans le bec», ce consultant est-il mûr pour entreprendre une psychothérapie? Aura-t-il la persévérance de la mener à une issue satisfaisante? Le thérapeute aura, bien entendu, à revenir avec lui sur sa motivation à la fin de l'entretien.

Deux consultants, qui se présentent dans une clinique, interrogent le psychothérapeute sur son identité professionnelle, l'un spontanément, l'autre après la question suggérée, plus haut, soit : *On vous a dit de quelle façon vous pourriez être aidé, ici ?*

Première situation :

... — *Est-ce que vous êtes docteur ?* s'enquiert un homme dans la trentaine.

— *Vous vous attendiez à être reçu par un docteur ?*

— *C'est parce que je fais de l'insomnie et je prends des médicaments...*

— *Vous vous attendiez à ce que l'on vous en prescrive d'autres ?*

— *Bien, je ne peux pas dormir sans médicaments...*

— *Je ne pourrais pas vous en prescrire, je ne suis pas médecin mais psychothérapeute. Vous pourriez continuer à prendre les médicaments prescrits par votre médecin, tout en commençant à rechercher avec moi ce qui vous empêche de dormir... C'est à cela que peut vous aider un psychothérapeute...*

— *C'est que je suis toujours inquiet de tout, de rien... Je me fais des idées noires... et...*

Deuxième situation :

... — *Est-ce que vous êtes psychiatre ?* demande une consultante...

— *Vous vous attendiez à être reçue par un psychiatre ?*

— *C'est que j'avais peur que l'on me donne des médicaments... J'ai déjà fait une dépression et on m'en a donné, sans me dire que ça ne me guérirait pas... J'ai appris ensuite que c'était un support... des béquilles...*

— *Si je vous comprends bien, vous voulez apprendre à vous passer de ces béquilles ?*

— *Oui, à me tenir debout et à marcher toute seule.*

— *C'est précisément la tâche de la psychothérapie que d'aider quelqu'un à apprendre peu à peu à se tenir debout et à marcher seule... C'est là le secours que vous cherchez?*

— *Oui, et ça fait longtemps que je le cherche...*

— *Ça fait longtemps?*

— *Oui, parce que j'ai toujours trouvé difficile de vivre et...*

Une question posée par un consultant ne doit jamais être prise à la lettre. Elle peut être pour lui le moyen de masquer l'angoisse d'avoir à se présenter. Par ailleurs, une même question peut recouvrir plusieurs significations comme nous venons de le constater. Il ne faut souvent qu'un simple reflet de la part du thérapeute pour dégager ces significations et permettre une présentation sommaire de la psychothérapie mais suffisante pour amener le consultant à exprimer ce pourquoi il demande de l'aide. Par la suite, l'écoute attentive et respectueuse du thérapeute et ses interventions l'accompagnant dans le déroulement de sa communication lui apprendront ce que toute parole n'est pas très puissante à faire sentir.

4.2.2 Le consultant contraint à une demande d'aide

Le consultant contraint à une demande d'aide est quelqu'un en proie à de graves difficultés ou quelqu'un de moins éprouvé mais qui serait mal informé sur le secours que la psychothérapie pourrait lui apporter.

Le premier est incapable de prendre la responsabilité de demander un rendez-vous et le second refuse de le faire. En l'une ou l'autre occurrence, des proches assument cette initiative à leur place.

Il peut s'agir aussi d'un adolescent ou d'une adolescente que des parents ou des éducateurs, inquiets à leur sujet, forcent à consulter.

Trois réactions sont possibles :

a) Le consultant accepte avec satisfaction la décision prise pour lui.

Suffisamment renseigné sur la psychothérapie, persuadé que la cause de ses symptômes est émotionnelle, ou capable d'admettre qu'elle le soit, ou encore confiant dans la personne qui lui offre ce secours, il veut bien en profiter. Il peut en outre être content de n'avoir pas eu à prendre lui-même la responsabilité de sa démarche, ce qui serait à retenir.

b) Le consultant est perplexe face à la décision prise pour lui.

Il ignore peut-être la nature de ses difficultés et ne connaît pas assez la psychothérapie ni ce qu'il peut en attendre, parce qu'on ne lui a pas donné d'explications claires. On a pu l'amener à consulter sous de faux prétextes : visite chez un médecin ou encore, si c'est un adolescent, visite chez un conseiller d'orientation. S'il éprouve le besoin d'être secouru, s'il a confiance dans la personne qui l'oblige à voir un psychothérapeute, il consent à cette démarche avec plus ou moins de confiance et d'espoir.

c) Le consultant rejette la décision prise pour lui.

Cette décision lui paraît inopportune sinon mauvaise à cause de l'opinion qu'il a de lui-même ou de celle qu'il prête aux personnes dont il dépend. Par exemple, on a pu lui dire que ses symptômes psychosomatiques étaient «nerveux». Il en déduit qu'on le croit sans volonté, qu'on le méprise, ou encore qu'on cherche à le forcer à travailler alors qu'il s'en sent incapable. Il pourrait aussi avoir des conceptions ambiguës sur la psychothérapie. Il ne perçoit pas son problème comme étant le résultat de ses propres conflits émotionnels, mais en rejette la responsabilité sur des personnes de son entourage. Par ailleurs, il peut admettre que la décision prise pour lui est bonne, mais il refuse d'accepter qu'un secours lui vienne par l'intermédiaire de quelqu'un dont il ne se sent pas accepté et pour lequel il éprouve des sentiments négatifs.

Ces différentes réactions et les émotions qui les sous-tendent : espoir, peur, honte, hostilité, détresse, sont parfois verbalement exprimées. Les expressions que le consultant emploie pour le faire sont à retenir ; elles révèlent non seulement l'attitude qu'il a envers lui-même et ses difficultés, mais aussi celle qu'il a à l'égard de la personne qui le force à cette démarche et inversement, l'attitude de cette personne envers lui. De plus, on y retrouve souvent des indices sur la qualité de la motivation. Voici quelques exemples :

... Un religieux explique au thérapeute qui l'accueille :

— *Vous devez savoir que mon supérieur a insisté pour que je vienne... mais je suis content. Il y a longtemps que je me débats comme je peux avec mes problèmes sans oser demander de l'aide.*

... Une jeune femme déprimée se présente à une clinique accompagnée par son mari. Elle apporte peu de collaboration. — *À quoi ça sert,* dit-elle au thérapeute qui la reçoit, — *Je me demande ce qu'on peut faire pour quelqu'un qui n'a plus envie de vivre.*

... *Ma femme prétend que j'ai trop travaillé, que c'est ça qui m'a rendu fou,* dit au thérapeute un homme d'affaires d'environ soixante ans. *Moi, je pense que j'ai été volé... C'est ma femme qui a voulu que je vienne ici. Qu'est-ce qu'il faut faire,* interroge-t-il désespérément en fondant en larmes.

... *C'est mes parents qui se plaignent,* dit un adolescent frondeur au thérapeute qui l'accueille... *Moi, je ne voulais pas venir... Qu'ils règlent leurs problèmes !*

Mais le plus souvent, le consultant forcé de demander de l'aide ne formule pas spontanément sa réaction et les sentiments qui y sont rattachés. Accepte-t-il volontiers de le faire, il ne pense pas à s'en ouvrir, quand il est trop inhibé par une anxiété sans rapport avec la décision que l'on a prise à sa place. Quant à celui qui est perplexe devant cette contrainte, et à celui qui la rejette avec ressentiment, non seulement ils ne font pas toujours part de leurs réactions, mais encore cherchent-ils à les dissimuler, s'ils ont peur de la personne qui leur impose cette consultation, ou s'ils redoutent qu'il y ait une connivence entre elle et le thérapeute. De sorte qu'il est difficile pour celui-ci de déterminer si le silence de son interlocuteur, les malaises qu'il observe dans sa posture ou son comportement, sont dus à la présente situation, anxiogène par elle-même, ou à l'obligation qui lui est faite.

Quoi qu'il en soit, le thérapeute n'invite pas une personne pressée par quelqu'un d'autre de requérir ses services à s'expliquer sur le motif de la consultation, sans savoir comment elle réagit à cette pression, si elle est disposée à profiter du rendez-vous pris pour elle ou si elle pourra éventuellement le devenir, quand ses réticences ou ses sentiments négatifs auront été reconnus, clarifiés et acceptés.

4.2.2.1 Comment aider un consultant à exprimer sa réaction à la contrainte imposée

Quand le consultant contraint de demander de l'aide ne prend pas la parole le premier, le thérapeute qui est au courant de la situation intervient de cette façon-ci, par exemple : — *Je sais que c'est votre mari, votre femme, vos parents ou votre sœur, qui désirait que vous veniez me voir* (ou nous voir, s'il est reçu dans une clinique)... La nuance acoustique de la réponse verbale, si laconique que celle-ci puisse être, donne déjà quelque indication qui oriente le thérapeute. Il y a plusieurs façons de répondre: — *Oui c'est mon mari, ma femme, ma mère, qui voulait que je vienne.*

Si l'interlocuteur se contente d'acquiescer, le thérapeute fait un autre pas : — *Est-ce que quelque chose de particulier vous inquiéterait?* ou : — *Est-ce que vous avez manifesté d'une façon ou d'une autre le désir d'être aidé pour que l'on ait pensé à vous imposer cette démarche?* Devant une personne enfermée dans un mutisme apparemment irréductible, il demande : — *Vous a-t-on dit de quelle façon vous pourriez être aidé par la psychothérapie?* S'il y a des signes d'hostilité : — *La décision de votre mari, de votre femme, de vos parents, vous aurait-elle pris au dépourvu?*...

ou — *Avez-vous pu en discuter à votre aise avec lui... avec elle... avec eux?... Avez-vous eu le temps d'y penser suffisamment avant que ce rendez-vous soit fixé? Vous avez peut-être pensé à une autre façon de sortir de vos difficultés avant que celle-ci ne vous soit imposée? Et: — Je pourrais comprendre que vous soyez ennuyé, contrarié même et peu disposé à dire pourquoi vous êtes ici...*

En définitive, il s'agit pour le thérapeute, d'une part, de persuader son interlocuteur que c'est son droit de ne pas partager l'opinion de la personne qui l'a obligé à consulter et, d'autre part, de lui faire entendre que sa réaction quelle qu'elle soit est acceptable.

Le thérapeute procède lentement en pareille circonstance. Il se garde bien d'interpréter tout indice dans l'attitude du consultant qui lui paraîtrait révélateur de quelque sentiment que ce soit. Par exemple, à cause d'un mouvement brusque, voire agressif, il ne conclut pas au rejet de la contrainte, encore moins traduit-il ce signe comme ceci: — *Vous êtes fâché que l'on vous ait imposé cette démarche?* Une manifestation d'agressivité, on le sait, peut être une manifestation de gêne, de crainte.

Un reflet maladroit, à plus forte raison un reflet inexact risque de bloquer un consultant anxieux et de renforcer l'opposition de celui qui refuse l'obligation qu'on lui impose mais ne serait pas prêt à l'avouer.

Si plus d'une question comme celles que nous proposons doit être employée avant que le consultant en arrive à s'expliquer, le thérapeute les coupe de pauses suffisamment longues pour permettre à son interlocuteur de maîtriser son émotion et de prendre la parole.

Les quelques situations qui suivent, tirées de relevés de premières entrevues, témoignent des bons résultats qu'on peut obtenir par cette façon d'intervenir.

... Un célibataire dans la quarantaine, qui a été hospitalisé à la suite d'une tentative de suicide, se présente à un rendez-vous qu'une parente, inquiète de son état dépressif, a sollicité pour lui. Apathique, affalé dans le fauteuil qu'on lui a indiqué, il ne prend pas l'initiative de l'entrevue. Le thérapeute intervient : — *Votre cousine m'a dit au téléphone que vous aviez besoin d'aide...* En desserrant à peine les dents, il réplique : — *Si elle vous l'a dit, c'est pour cela que je viens...* Après une pause que le thérapeute respecte, il ajoute désabusé : — *Mais ça ne marchera pas... je sais que ça ne marchera pas, ça n'a jamais marché dans ma vie...*

La seule venue de ce consultant témoigne cependant d'une velléité d'acceptation du secours offert et sans doute d'un secret espoir de trouver quelqu'un qui puisse l'aider à sortir de sa détresse. Son insistance à la fin de l'entretien, pour en obtenir un deuxième prouve que cette velléité s'est transformée en un désir non équivoque de faire sienne l'initiative prise pour lui.

... Un collégien, contraint par ses parents à une consultation psychothérapique, sur l'avis du directeur de son école, reste silencieux quand la thérapeute lui demande ce qui l'amène. Mais il lui coupe la parole avec agacement, quand ensuite elle veut poursuivre : — *Votre mère nous a fait savoir...* — *Oui c'est ma mère* et il en reste là.

Visiblement inquiet, il promène son regard autour de lui, puis finalement, avec insistance, le fixe sur la thérapeute, sans se décider à ouvrir la bouche. Celle-ci reflète son attitude : — *Vous paraissez inquiet ?* — *Est-ce qu'un rapport,* bredouille-t-il, *sera envoyé au directeur ?... Et... et... est-ce que mes parents... ma mère ?...*

Il est toujours possible que les consultants dépendant des personnes qui les poussent à demander de l'aide aient des doutes sur le caractère confidentiel des entretiens sans toujours oser les exprimer, d'où la nécessité pour les praticiens d'être attentifs à cet aspect. — *Je comprends,* lui répond donc la thérapeute, *que vous n'aimeriez pas que vos parents, votre mère, et votre directeur apprennent sur vous des choses que vous ne seriez pas prêt à leur confier*

144

vous-même. Et elle interroge : — *Auriez-vous des raisons particulières d'être inquiet ?* S'enhardissant, son jeune interlocuteur lui fait part de la légitimité de sa crainte et du ressentiment qu'il a pour sa mère : — *Elle ne respecte pas mes secrets... Elle fouille dans mes papiers et... elle voudra savoir ce que je vous dirai...*

Rassuré sur la discrétion qui est de rigueur non seulement pour le premier entretien mais aussi pour ceux qui le suivront éventuellement et que, conséquemment, les parents, les éducateurs ne sont jamais mis au courant de ce qui est confié à un psychothérapeute, cet étudiant consent à dire pourquoi le directeur de son collège a recommandé une psychothérapie.

... Une adolescente, enfermée dans un silence dont elle ne paraît pas prête à sortir, ne réagit pas quand la thérapeute lui dit : — *Vous savez sans doute que je suis au courant que c'est votre mère qui a insisté pour que nous vous recevions ?* Son interlocutrice reste muette. — *Vous n'étiez peut-être pas disposée à venir à ce rendez-vous ?* Toujours pas de réponse. — *Est-ce que votre mère vous a expliqué que vous pourriez être aidée par la psychothérapie ?* — *Ma mère m'a dit que je venais chez un docteur...* La thérapeute reprend : — *Vous soupçonnez depuis un moment, je pense, qu'il y a méprise ?* Silence. — *Vous n'êtes pas chez un docteur mais dans une clinique de psychothérapie. Je suis psychologue... Vous avez peut-être le sentiment d'avoir été trompée par votre mère ?* Pas de réaction. — *Elle n'est sans doute pas très au courant de ce qu'est la psychothérapie, et elle vous a donné l'explication qui lui est apparue comme la plus facile, sinon la plus adroite, préférant s'en remettre à nous...* Pas davantage de réaction. La thérapeute reprend donc : — *Votre mère m'a dit que c'est votre institutrice qui lui a suggéré une consultation... pause... Celle-ci ne vous aurait pas dit comment la psychothérapie pourrait vous secourir ?...* — *Un peu... pause... — Je peux comprendre que vous vous sentiez prise au dépourvu... Peut-être aimeriez-vous en reparler avec votre mère et revenir un autre jour ?* Dénégation. — *Vous ne seriez pas capable d'en reparler avec elle?* Sourire. — *Elle finit toujours par faire ce que je veux...* — *Dans ce cas, voulez-vous que nous essayions de regarder ensemble pourquoi votre institutrice a conseillé à votre mère de vous envoyer ici? Vous pourrez ensuite décider vous-même de profiter ou non de ce rendez-vous.*

Cette étudiante commence alors à expliquer que de fréquents maux de tête l'empêchent de travailler...

Une jeune femme se présente à un rendez-vous sous la pression exercée sur elle par son mari. Visiblement hostile, elle défie le thérapeute du regard et ne prend pas l'initiative de l'entrevue. Celui-ci doit donc le faire : — *Votre mari m'a confié au téléphone que c'est votre médecin, le docteur X, qui vous a conseillé une psychothérapie.*

— *Oui, c'est lui,* répond-elle agressivement. *Il m'a dit qu'il ne peut pas me guérir. Ça fait trois mois de ça...*

— *Sa recommandation ne vous a pas paru acceptable, puisque vous avez mis tout ce temps à y donner suite et encore faut-il que votre mari vous y force.*

— *Il m'a dit,* explique-t-elle avec dépit, *de voir un psychiatre.*

— *Qu'est-ce que vous redoutiez et redoutez peut-être encore aujourd'hui?*

— *Je me suis déjà fait dire que j'étais déséquilibrée, je ne voulais pas me le faire répéter.*

— *Je peux comprendre que vous ayez été bouleversée au point de ne pas accepter sa recommandation en dépit de vos souffrances. Votre médecin n'a sûrement pas prévu que vous comprendriez les choses de cette façon, sans quoi il vous aurait donné plus d'explications... Il arrive que l'on confonde psychiatrie et psychothérapie. Vous êtes ici dans une clinique de psychothérapie et je suis psychothérapeute.*

Sans faire attention à ces précisions, elle n'en a cure vraisemblablement, elle reprend :

— Je sais que c'est anormal d'être comme je suis, mais je ne suis pas folle...

— Non, bien sûr!... Seriez-vous prête à me parler de ce que vous considérez comme «anormal» dans votre façon d'être... Après, nous verrons mieux l'un et l'autre si la psychothérapie peut vous être utile.

On constate, en poursuivant la lecture du compte rendu de cet entretien, que délivrée de ses sentiments hostiles et plus spécialement de la honte qu'elle éprouvait à cause de fausses conceptions sur la psychothérapie, cette consultante peut exprimer ses besoins de dépendance dont l'insatisfaction lui cause de graves symptômes psychosomatiques.

Il est plus difficile de réduire la résistance d'un consultant qui rejette la décision prise pour lui à cause des sentiments négatifs qu'il nourrit pour la personne qui la lui impose.

Voici comment une psychothérapeute a accueilli cet adolescent qui déclare abruptement en entrant dans son bureau :

— C'est ma famille qui se plaint, moi, je ne voulais pas venir...

— Je m'aperçois que vous n'êtes pas bien content qu'on insiste pour que vous veniez nous voir...

— Ils perdent leur temps (ses parents).

— Je peux comprendre votre refus... Il y a des étudiants qui viennent nous consulter pour certaines difficultés dans leurs études, dans leur vie ou dans leurs relations avec leurs parents, leurs professeurs, leurs compagnons, mais ils viennent de leur plein gré, ce sont eux qui demandent à venir parler de leurs problèmes. Vous ne seriez pas venu si on ne vous avait pas forcé de le faire... Je pourrais comprendre que vous ayez de bonnes raisons pour trouver cette décision inacceptable... Vous ne devez pas vous croire obligé de causer avec moi et de me dire pourquoi vous êtes ici... D'ailleurs, il n'est pas sûr que la psychothérapie puisse être utile pour vous... Et si elle pouvait l'être, il ne faudrait pas que

vous l'acceptiez parce que vos parents l'exigent, mais parce que vous-même croirez y trouver quelque profit.

Surpris de constater que sa réaction est comprise et respectée et que le thérapeute n'essaie pas de la modifier en faisant valoir les avantages qu'il y aurait pour lui à se rendre au désir de ses parents, ce garçon se montre moins agressif et manifeste un timide désir de collaborer :

— Je peux essayer de vous dire pourquoi ils m'envoient.

Le thérapeute prudent n'accepte pas trop vite ce désir et propose :

— N'aimeriez-vous pas réfléchir encore et revenir un jour où vous vous sentirez tout à fait prêt ?

Son interlocuteur, insistant sur sa disposition à profiter sur-le-champ de la situation, le thérapeute cède :

— Nous pouvons essayer de déterminer ensemble pourquoi vos parents ont pris ce rendez-vous pour vous et quelles seraient de votre côté les raisons qui vous inciteraient à en bénéficier.

Le respect de leur liberté et de leur personne pourrait étonner de jeunes consultants qui se trouveraient dans une situation semblable à celle de cet adolescent. Ils ne sont pas habitués à ce qu'on agisse ainsi avec eux. Toute leur vie ils ont dû se soumettre bon gré mal gré à ce que l'autorité attendait d'eux. Il faut comprendre qu'ils auront peut-être envie de mettre à l'épreuve l'attitude nouvelle pour eux du thérapeute et conséquemment de s'obstiner dans leur refus de collaborer. Tout thérapeute en l'occurrence agréera ce refus et même aidera à le maintenir en veillant à ce que son interlocuteur se sente en sécurité et n'éprouve pas de sentiment de culpabilité. C'est la seule façon pour un praticien de prouver qu'il est sincère : On n'est pas toujours prêt, pourra-t-il dire, à se faire aider parce que d'autres personnes nous y forcent, même si on en sent le besoin ; on aime bien pouvoir en décider par soi-même.

Rien ne s'oppose à ce qu'une entrevue avec tout consultant plus ou moins bien disposé se limite à l'assurance qu'une demande personnelle de rendez-vous ultérieure sera bien reçue.

Il est inutile d'essayer par des exhortations ou de la persuasion, de «vendre» la psychothérapie à qui que ce soit dans le premier entretien. On ne ferait que renforcer la résistance. En insistant de pareille façon le thérapeute obtiendrait probablement des renseignements sur le problème de son interlocuteur, mais il n'établirait avec lui aucun rapport de compréhension. Conséquemment, ce premier entretien n'atteindrait pas son principal but.

La situation suivante rend compte de la mésaventure survenue à un thérapeute, plein de bonne volonté mais manquant d'expérience. Il a tenté à grands efforts de motiver un adolescent contraint de se présenter à un rendez-vous, en faisant valoir les bienfaits d'une psychothérapie. En lisant le relevé de l'entrevue, on constate que celle-ci s'est terminée dans l'agressivité et l'inacceptation réciproque. Au cours de l'entretien, ce garçon a dit: — *Ma mère essaie de m'intéresser à toutes sortes de choses et ça «m'emmerde»*. Le thérapeute n'a pas saisi le message. Il ne s'est pas rendu compte à quel point son insistance a «emmerdé» ce garçon. Il a obtenu, à force de ténacité, des informations sur lui, sur ses difficultés scolaires, mais il n'a pas su lui communiquer le sentiment d'être compris et accepté dans sa réaction négative. Ce jeune consultant qui a pris congé sans avoir reçu son «échantillon» de psychothérapie n'as pas répondu à la deuxième convocation. Comment s'en étonner?

La règle technique exigeant que l'on respecte la liberté du consultant peut parfois paraître pénible à observer pour un thérapeute débutant, surtout s'il pratique dans une institution. Il aura peur qu'on lui reproche de n'avoir pas insisté suffisamment pour retenir quelqu'un qui se serait peut-être engagé s'il avait été accueilli par un praticien expérimenté. D'un autre côté, il pourrait se reprocher de n'avoir pas su gagner la confiance d'une personne en détresse qui aurait dû être secourue. Ainsi, son anxiété ou son zèle de néophyte pourrait-il l'inciter à imposer à la consultante une psychothérapie qu'elle ne désire pas. C'est une manière de faire qui éconduit plus sûrement qu'aucune autre.

4.3 Trois procédés contre-indiqués

4.3.1 La première entrevue ne doit pas être structurée

Sans utiliser à la lettre une méthode d'enquête, des thérapeutes mal à l'aise devant un consultant inhibé peuvent être enclins à structurer l'entrevue au point de présenter une sorte de canevas des informations qu'il s'attend de recueillir, quitte à le laisser libre d'y répondre à sa guise. Un tel procédé peut faire baisser l'anxiété du praticien, mais il n'allège en rien celle de son interlocuteur.

Le fait de structurer l'entrevue limite la spontanéité de l'interlocuteur. Loin de le mettre à l'aise, cette limitation créerait chez lui de la perplexité, de la crainte. Osera-t-il dire son problème, s'il ne trouve pas où l'insérer dans le plan proposé? Il pourrait aussi avoir peur de ne pas dire assez ou au contraire d'en dire trop. Il fera peut-être des efforts inouïs pour se remémorer et rapporter des faits qui sont pour lui sans importance, et laissera tomber ceux qu'il lui paraîtrait nécessaire de dire pour se faire comprendre.

En structurant cette entrevue, même avec peu de rigueur, le thérapeute peut obtenir une abondance de renseignements concernant la personne, mais il ne pourra pas affirmer qu'il a été mis au courant du problème essentiel ou considéré comme tel par l'intéressé. D'autre part, il ne connaîtra pas l'ordre d'importance que son interlocuteur accorde à ses symptômes physiques et psychiques et à ses autres difficultés.

Enfin comment croire qu'une personne anxieuse à qui on propose un cadre à l'intérieur duquel elle aura à inscrire et ses symptômes, et des renseignements sur sa famille, se sentira accueillie pour elle-même? Au lieu de repartir en emportant comme un espoir son échantillon de psychothérapie, ne quittera-t-elle pas le thérapeute profondément déçue? Elle serait, pour utiliser une comparaison, dans la condition de quelqu'un qui, se rendant chez un ami pour y mettre en garde un objet précieux, se verrait soudain débarrassé par cet ami de tous les autres objets qu'il porte sur lui sauf de celui qu'il voulait précisément lui confier.

Il apparaît évident que l'emploi d'un schéma préalable est de nature à compromettre les deux objectifs de l'entrevue.

4.3.2 Des propos étrangers à la situation ne doivent pas y être introduits

Devant le mutisme d'un consultant anxieux, le thérapeute inexpérimenté pourrait avoir la tentation au début de l'entrevue d'échanger avec lui des propos anodins, étrangers à la situation, soi-disant pour le mettre à l'aise. Ainsi, à une mère de famille, il s'informerait d'emblée combien elle a d'enfants, si ça va bien avec eux... À une jeune femme, à un jeune homme, il parlerait de leur métier, de leur profession...

Ce procédé peut être inspiré par une bonne intention, mais il est le fait de l'anxiété d'un thérapeute redoutant plus ou moins sa maladresse et qui se comporte comme s'il espérait que l'interlocuteur mal à l'aise sorte seul de l'impasse dans laquelle ce verbalisme les enlise davantage l'un et l'autre. Ce praticien ne comprend pas ce que peut ressentir le consultant, et s'il le comprend, il est incapable d'y faire face. Il faut savoir se mettre dans la peau de quiconque a lutté pendant des semaines, des mois, avant de consulter un psychothérapeute et qui, enfin décidé à le faire, sent monter en lui des émotions qui l'inhibent; on peut alors comprendre l'effet que pourrait avoir sur lui un échange de propos en dehors de ses préoccupations actuelles, c'est-à-dire des difficultés pour lesquelles il se présente et de celles qu'il éprouve à les exprimer.

Loin de l'aider, ce bavardage de mauvais aloi augmenterait la détresse d'une personne peu sûre d'elle-même et risquerait de la rendre hostile en lui donnant l'impression de ne pas être prise au sérieux.

Par ailleurs, un consultant plus critique ne manquerait pas de saisir, s'il n'est pas trop anxieux, l'effort que fait le thérapeute pour vaincre son propre malaise. La confiance qu'il est prêt à mettre en lui n'en serait-elle pas ébranlée?

4.3.3 Le thérapeute ne cède pas au désir de la personne qui demande à être interrogée

Des consultants, après l'invitation du thérapeute à prendre la parole les premiers, expriment parfois le désir d'être interrogés:

... J'aimerais mieux que vous me posiez des questions... peuvent-ils dire ou: *— Je m'attendais à ce que vous me posiez des questions.*

Le thérapeute cherche encore l'émotion sous cette demande: *— Vous aimeriez mieux être questionné?* On peut lui répliquer: *— Ce n'est pas comme cela?...* Après quoi le thérapeute répond: *— Habituellement, je m'attends à ce que la personne explique elle-même le but de sa visite.* L'interlocuteur peut encore ajouter: *— Ça me serait plus facile... Je ne sais pas ce qu'il faut dire...* Le thérapeute poursuit: *— Je peux comprendre que cela vous paraîtrait plus facile...* Et: *— Vous pouvez dire la première chose qui vous vient à l'esprit, c'est la meilleure.*

Si après ce court échange, le consultant ne s'engage pas, le thérapeute se comporte avec lui comme avec les anxieux coincés dans un mutisme difficile à vaincre.

Nous avons beaucoup insisté sur le début de cette première entrevue, parce que son succès dépend en grande partie de la façon dont les résistances initiales sont détectées et résolues. C'est le moment par excellence pour la personne qui se présente de percevoir la différence entre l'accueil empathique d'un psychothérapeute et celui d'autres professionnels qu'elle a pu consulter jusqu'ici pour ses problèmes.

Dans l'introduction à un livre posthume de Sullivan sur l'entrevue psychiatrique, Otto Allen Will écrit que très peu de personnes, à quelque rang social qu'elles appartiennent, se présentent à quelqu'un sans une appréhension considérable et une peur d'être rejetées. Ce sont là des obstacles à la communication. Leur prise en considération doit constituer l'un des principaux objectifs de toute entrevue[3].

De son côté, Wolberg fait remarquer que beaucoup de personnes se sentent perdues durant la première entrevue, parce que le thérapeute n'a pas porté attention à leur résistance à accepter un secours que pourtant elles requièrent[4].

3   Harry Stack Sullivan, N.D., The Psychiatric Interview, N.Y. W.W. W. Norton & Co., Inc., 1954, Introduction, p. 12.

4   Lewis R. Wolberg, op. cit., New York, Green & Stratton, 1re éd., 1954, p. 160.

CHAPITRE 5

Le déroulement de l'entrevue

5.1 La communication du consultant

La communication du consultant englobe l'ensemble des propos qu'il tient spontanément sur ses symptômes ou sur ses problèmes, sur le facteur précipitant sa demande d'aide et sur lui-même, soutenu en cela par les attitudes et les interventions appropriées du psychothérapeute.

Cette partie de l'entrevue en constitue le corps principal. Elle devrait occuper dans la majorité des cas, les trois quarts du temps alloué pour cet entretien. Le thérapeute se garde à ce moment d'introduire tout thème étranger aux dires de son interlocuteur.

Invités à prendre la parole et l'initiative de l'entrevue, après avoir été libérés, s'il y a eu lieu, des résistances qui les inhibaient, la plupart des consultants commencent par dire pourquoi ils en sont venus à cette démarche ou pourquoi de tierces personnes les y ont incités.

Ils décrivent d'abord leur symptôme principal ou leur problème le plus grave, ou ce qu'ils considèrent comme tel. Il s'agit alors de symptômes somatiques ou psychiques d'une nature ou d'une autre, de difficultés dans leur vie personnelle, dans leur vie conjugale, professionnelle ou dans leur milieu de travail.

Ils continuent généralement de s'exprimer en mentionnant les moyens qu'ils ont pris pour s'en sortir ou ceux qu'on leur a conseillé de prendre. Voici quelques situations:

... Une étudiante, première année d'université, confie: *Moi, mon problème, c'est que j'ai mal à la tête... C'est si fort par moments que ça me porte à pleurer...*

Et elle décrit des migraines térébrantes qu'elle relie à ses «idées noires», cause de fréquentes insomnies. Le médecin consulté lui prescrit des médicaments qui la soulagent à peine. Elle est si désespérée qu'il lui arrive de penser à en finir. C'est à la suggestion d'un copain, ayant lui-même bénéficié des services de la clinique où elle se présente, qu'elle a demandé ce rendez-vous.

... Monsieur N., marié, deux enfants, assistant-infirmier, s'éveille chaque matin avec des «boules» dans la gorge et le cœur serré. Il explique que les médicaments qu'il prend depuis dix ans lui permettent de faire sa journée. Des exercices de relaxation qu'on lui a conseillés récemment, ont amélioré son état, prétend-il, mais il n'arrive pas à se passer de ses pilules. Un camarade de travail lui a dit: «Il faut que tu voies un psychologue... Tu ne vas pas passer ta vie sur les pilules...»

... *Je suis bien nerveux,* commence par dire un homme marié, père d'un garçon de trois ans. Sur l'avis du médecin de la compagnie, il a vu un psychiatre qui lui a dit qu'il n'avait rien, que ça se passerait en travaillant... Ça ne s'est pas passé... Il se présente maintenant chez le psychothérapeute conseillé par un beau-frère qui avait des malaises comme les siens, pires peut-être encore, et qui va mieux. Il poursuit en parlant de ses phobies: *J'ai peur, j'ai peur... je ne suis même pas capable d'aller dans des endroits où il y a du monde*[1]...

---

1 *Appendice 1, pages 261-262.*

... Une jeune femme célibataire, technicienne de laboratoire dans un hôpital, a sollicité ce rendez-vous après avoir «osé» enfin parler à son médecin des compulsions qui l'affligent bien davantage que les malaises fonctionnels pour lesquels elle le consulte... Je me suis dit : *Je suis trop jeune pour rester comme ça, si encore j'étais une personne âgée!* Le médecin lui a expliqué que ses symptômes somatiques pouvaient être reliés à ses symptômes compulsionnels. Il lui a recommandé une psychothérapie. *J'ai un manque de confiance en moi que je ressens dans tout ce que je fais... Je suis excédée par le besoin de contrôler cent fois tout ce que je fais : ai-je poussé le bouton de la télévision avant de partir, tourné les clefs de la cuisinière, bien fermé la porte? À mon travail, c'est pareil, il faut que je revienne sans cesse sur mes pas pour vérifier ceci ou cela...* Enfin, elle avoue cette compulsion plus gênante, qui la contraint à regarder sous son lit, sous les meubles de sa chambre, le soir avant de se coucher et même sous sa chaise pendant le jour, en quelque lieu que ce soit, pour s'assurer qu'il ne s'y trouve pas quelque chose qu'elle aurait perdu. Elle parle ensuite des moyens ingénieux qu'elle s'évertue à prendre pour ne pas éveiller l'attention sur ses manèges : *J'en ai assez de cette tyrannie...*

... Une dame dans la quarantaine s'exprime spontanément ainsi : *Je vais commencer par vous dire que j'ai fait en quatre ans, quatre séjours en psychiatrie... À ces moments-là, je ne pouvais plus vivre «ça» dix minutes de plus... Moi, mon problème, je peux vous le résumer en deux mots, c'est mes cheveux et mes taches...* Peur morbide, obsédante de perdre ses cheveux complètement et de voir se multiplier des taches brunes sur son visage. C'est par un camarade de travail de son mari, que ce dernier et elle ont appris que la psychothérapie pouvait l'aider.

... Madame V., mariée. Le mari est gentil, mais il serait peu attentif à elle. La situation matérielle est modeste. Elle travaille à l'extérieur. Son emploi est bien rémunéré. Elle confie d'emblée, à la thérapeute qui l'accueille, qu'elle est à la recherche de son identité : *Je ne sais pas qui je suis, ni où*

157

je vais... Je me suis toujours laissé entraîner par les
événements... Je ne trouve pas goût à la vie... Il me semble
que j'aurais le droit d'être heureuse moi aussi...

Elle précise, en réponse à la thérapeute qui lui demande ce
qui la rend malheureuse : «*Bien, je ne suis pas malheureuse,
je suis triste... C'est en moi que c'est triste, triste... Avant je
faisais de grosses crises de tristesse, j'avais envie de me tuer...
maintenant c'est fini... J'ai réussi à dépasser ça, mais je
continue à souffrir d'insécurité, à avoir peur de dépenser de
l'argent... de tout... Il est temps que je me réveille... Je ne
veux plus que mes enfants continuent à me ménager, comme
ils le font.*

... Une étudiante, de moins de trente ans, d'allure désinvolte,
mariée, divorcée, remariée, mère d'un jeune enfant, déclare
en entrant dans le bureau avant même de s'asseoir : *Moi, j'ai
surtout un problème d'agressivité... Je deviens agressive
pour rien... C'est vraiment instinctif... Je perds tout
contrôle... Je casse tout... Je dis des choses abominables... Il
m'arrive même de me battre avec quelqu'un... J'aime ça
«taper»... Je fais toujours ça en public... jamais quand il n'y a
personne autour ou quand je suis seule avec mon mari... mais
je l'attaque, lui aussi, en public... Je le dénigre, je l'humilie...
Je sais que c'est ridicule de faire ça... Si je voyais les autres agir
ainsi...*

... *Je sais que c'est moi qui dois parler,* dit madame C. :
*D'abord, j'ai trois enfants : ils ont onze, neuf et six ans. Je suis
impatiente avec eux, agressive même... J'exige peut-être
trop d'eux... Je me fâche quand ça ne veut pas manger, se
ramasser, etc. Avec mon mari, je suis toujours en discussion... Il me fait des reproches sur tout ce que je fais et
ne fais pas... et je me défends mal... Je lui en fais aussi... C'est
une situation qui ne peut pas durer...* C'est ainsi que débute,
sans ambages, l'entretien avec cette dame dans la trentaine.
Avocate, elle a suspendu sa pratique professionnelle à la
naissance de son premier enfant, parce que son mari le lui a
demandé avec insistance... C'est à la suggestion d'une
parente de celui-ci qu'elle a décidé de se faire aider... *Je sens*

que je n'en sortirai pas toute seule... Mon mari a reçu le même conseil, et il le suivra... Il est désireux de voir se dissiper les malentendus qui existent entre nous. Ces malentendus seraient la cause de leurs agressivités réciproques, ce dont on les a persuadés.

Certains consultants présentent d'abord ce qui peut être considéré comme un problème-prétexte. Ils ne déclarent pas leur symptôme principal ou ce qu'ils regardent comme leur plus grande difficulté. Souvent, ils ont honte de l'un ou de l'autre, à cause de l'idée qu'ils s'en font. Ce n'est qu'au cours de l'entrevue qu'ils la dévoileront, ou parfois, ils repartent sans l'avoir fait, réservant l'aveu pour les entrevues ultérieures. C'est une situation plus fréquente quand les consultants sont accueillis dans une clinique, et savent que la personne qui les reçoit ne sera pas nécessairement leur thérapeute.

L'orientation vers tel ou tel travail ou profession est le problème-prétexte le plus courant.

Un étudiant en troisième année universitaire n'est pas sûr, dit-il, d'avoir bien choisi sa future profession : *Plus j'avance, plus l'intérêt diminue... Nous avons commencé la pratique et j'ai l'impression que ça ne me dit rien... Cependant,* ajoute-t-il, *je me demande si cela ne serait pas dû à des difficultés psychologiques... J'ai un complexe d'infériorité... Je suis mal à l'aise avec les gens... et comme, dans ma profession, j'aurai affaire à beaucoup de personnes... C'est peut-être ça qui me fait peur...*

On rencontre aussi des motifs en apparence insuffisants pour justifier une demande de psychothérapie, par exemple l'urgence d'une décision à prendre. Ces motifs cachent parfois de grandes détresses.

C'est une décision que j'ai à prendre qui m'amène ici..., dit, en débutant, une jeune femme... *et je dois la prendre d'ici deux mois... puis je ne me sens pas capable de la prendre seule... je veux quitter la ville et m'en aller je ne sais pas trop où... parce que j'ai peur de me marier et je ne veux pas... Si je reste ici, je vais me marier...*

Des inhibitions totales ou partielles, un mauvais fonctionnement et des pratiques aberrantes sur le plan sexuel sont rarement mentionnés dans l'entretien initial. Cependant, il y a des cas d'exception. De jeunes personnes, mieux averties de la réversibilité de tel ou tel symptôme, n'en font pas grand mystère.

Une étudiante, affichant une attitude «libérée» vis-à-vis la sexualité, déclare spontanément à la thérapeute qui l'accueille : *Même si ça ne me gêne pas d'avoir des relations sexuelles avec des garçons, je suis «frigide» comme ma mère... Ma mère m'avait confié son problème... C'est la psychologue du collège qui m'a dit de venir vous voir...*

Cette jeune personne a cru, comme beaucoup de gens d'ailleurs, qu'une certaine liberté ou une sorte d'apprentissage pouvait amener un fonctionnement sexuel normal. À son corps défendant, elle a appris que des résistances intérieures pouvaient entraver ce fonctionnement. Freud avait indiqué que la puissance de l'instinct n'a pas toujours raison de ces résistances qui ont été amorcées à l'une ou l'autre phase du développement précoce de la personnalité[2]. Sous la pression d'une intense angoisse, de jeunes consultants déballent en vrac tous leurs symptômes, y compris ceux qui se manifestent sur le plan sexuel.

Un jeune universitaire, en première année, parle d'abord d'un blocage intellectuel : *À mesure que le premier trimestre avançait, je suis devenu de plus en plus tendu, anxieux... Puis, j'ai paniqué. Je ne pouvais plus assister à mes cours... J'ai vu un médecin qui m'a donné des «calmants»... mais rien n'a débloqué...* Et sans pause, il enchaîne : *Puis j'ai eu des problèmes d'homosexualité...* Il rajoute : *Au premier*

---

2 Sigmund FREUD, «À propos de psychanalyse dite sauvage», (La Technique psychanalytique), Paris, Presses universitaires de France, 1970, p. 38.

160

trimestre, j'ai eu une relation sexuelle avec une fille... ça n'a pas marché et ça m'a découragé encore plus...

Au service de santé de son école et dans un hôpital où il a cherché du secours, il n'y avait pas de disponibilités pour de nouveaux patients. *J'étais à bout,* dit-il, pour s'excuser d'avoir avalé dans la même soirée le contenu de la bouteille de pilules prescrites par un médecin. Le lendemain, un copain, découvrant sa détresse, lui a signalé l'existence de la clinique où il est présentement reçu.

Cet étudiant n'est pas le seul à vivre une aussi angoissante situation. En butte à des problèmes familiaux qui ont entravé le développement normal de leur personnalité, bien des jeunes sont comme lui, victimes de l'ignorance ou de l'inattention de professionnels qui les renseignent ou les conseillent mal.

... C'est dans mon milieu de travail, que ça ne va pas. Il s'agit ici d'une femme mariée, divorcée, ayant un enfant. Elle se sent persécutée par un compagnon de travail, un homme marié, du même âge qu'elle. Ce dernier la harcèle avec des propos grossiers, tout le long du jour, et lui fait des «avances inconvenantes»; il menace de la desservir auprès de l'administration...

La tension angoissante qu'elle vit l'a conduite chez un médecin qui lui a prescrit des tranquillisants et des somnifères, car son agressivité croissante lui fait perdre le sommeil : *Je passe mes nuits à l'engueuler* (le compagnon de travail harcelant), ce qu'elle n'ose pas faire quand elle est devant lui. L'infirmière de l'institution où elle travaille, à qui elle s'est confiée, lui a conseillé de consulter un psychothérapeute.

Les personnes qui savent intuitivement, ou qui ont acquis la conviction intellectuelle, que tout symptôme si douloureux, si entravant soit-il, n'est pas le véritable problème mais seulement son signalement ou son expression symbolique, ne parlent pas d'abord de leurs symptômes. Elles expliquent plutôt comment elles ont appris l'existence de la psychothérapie, décrivent l'incident qui a été le facteur déterminant dans leur décision à y recourir, mentionnent le temps que cette décision a mis à mûrir et font part de l'appréhension qu'elles ont à la mettre en oeuvre.

D'autres se présentent avec une évidente réticence. Elles ont eu des expériences thérapeutiques désastreuses et elles redoutent de nouveaux avatars. Invitées à s'exprimer, elles commencent par raconter leur mésaventure.

Les consultants qui suivent le conseil de tierces personnes commencent souvent l'entrevue en exprimant leurs réactions à cette recommandation; ce conseil a peut-être soulevé en eux des résistances qu'on doit tenter de résoudre dès le début de l'entrevue.

Il y a aussi des consultants qui sont incapables de circonscrire suffisamment leurs malaises pour en faire une description cohérente. Ils peuvent être inhibés, comme on a dit, par la situation anxiogène actuelle ou parce qu'ils sont dans un état de confusion dont ils ont du mal à émerger.

L'invitation tacite ou verbalement formulée par le thérapeute à prendre la parole, les laisse d'abord cois. En général quand ils commencent à s'exprimer — le thérapeute se gardant bien d'intervenir — c'est pour dire leur embarras : *Qu'est-ce qu'il faut dire quand tout est à dire?* finit par murmurer cette personne qui paraît déprimée. *Je n'ai pas de problème,* dit cette autre qui résume ainsi sa situation : *Je suis le problème...*

Quand le thérapeute, après avoir reflété l'une ou l'autre expression d'embarras, leur mentionne qu'il n'est pas important de dire une chose plutôt que l'autre, ces consultants se résolvent soit à décrire leur état d'âme, soit leurs conditions de vie actuelle ou passée.

— *Je me déteste, je ne suis pas contente de ce que je suis, de ce que je fais... qu'est-ce qu'on peut faire avec une «loque» comme moi?*

162

— Je suis mal dans ma peau... je l'ai toujours été... je suis mal à l'aise avec tout le monde...

— J'ai vécu avec un homme quelques années... J'ai fini par me décider de le laisser... je me sentais exploitée... Maintenant, je fréquente quelqu'un que j'estime... mais j'ai peur que lui aussi abuse de moi...

— J'ai grandi dans un milieu où il y avait beaucoup de problèmes... mes parents ne s'entendaient pas...

Si le thérapeute sait écouter sans interruption maladroite, s'il sait soutenir un silence qui se prolonge quelque peu, les consultants en viennent souvent d'eux-mêmes à dire quand ont débuté leurs malaises, à quelle époque de leur vie et à quelle occasion. Quelques-uns expliquent aussi à quelle cause ils les attribuent, sans que, bien entendu, celle-ci soit nécessairement la bonne. Ils en arrivent ainsi naturellement à parler de leur famille, de leur enfance, de leur adolescence, de leurs années d'études et de l'un ou l'autre aspect de leur vie actuelle, familiale, conjugale, sociale ou professionnelle dans lequel ils se sentent plus particulièrement entravés.

Le thérapeute recueille ces informations, il note avec soin, — il en connaît la valeur — les premiers mots, les premières expressions, et les locutions caractéristiques que son interlocuteur emploie pour se présenter, décrire ses symptômes ou raconter son histoire. Il est attentif aux indices qui s'offrent à son observation et qui infirmeront ou confirmeront les critères d'indication ou de contre-indication d'une psychothérapie contenus dans les propos du consultant.

Toutefois, le thérapeute qui limiterait son activité à cette tâche n'atteindrait que le second but de la première entrevue. Pourtant celui-ci le cède en importance au premier qui est, on le sait, la présentation de la psychothérapie.

C'est davantage à ce moment que le consultant peut faire l'expérience de la psychothérapie à travers en quelque sorte la présence du praticien. Cette présence se manifeste par un savoir-faire professionnel spécifique constitué d'interventions verbales à utiliser à bon escient ou dont l'à-propos est induit par les besoins de l'interlocuteur. La nature de ces interventions ou réponses du praticien à la communication du consultant est déterminée par des attitudes humaines qui leur donnent leur tonalité, leur coloration, leur portée et, partant, leur efficacité thérapeutique.

Ces attitudes ou dispositions psychologiques du thérapeute sont inhérentes à sa personne, elles caractérisent de façon générale son comportement; elles ne sont pas conditionnées par les besoins du moment.

Ces attitudes ne sont pas innées, mais elles découlent des convictions du thérapeute, de sa croyance à la capacité de toute personne qui recourt à la psychothérapie de résoudre ses difficultés par ses propres moyens, de prendre conscience de ses ressources profondes, pourvu qu'elle trouve un point d'appui approprié. C'est là la foi dans la force curative de la nature, professée par Hippocrate.

5.2 Les attitudes du psychothérapeute

Les attitudes du psychothérapeute ne font pas l'objet de rubriques particulières dans les œuvres de Freud. Elles sont cependant mentionnées dans des écrits et communications à des congrès de psychanalyse rassemblés sous le titre *La Technique Psychanalytique*[3].

On en a retenu surtout la comparaison avec le miroir reflétant les dires de l'interlocuteur et le conseil d'adopter l'attitude détachée du chirurgien. Si la comparaison avec le miroir est toujours acceptée, moyennant certaines réserves, — le thérapeute devant participer à l'expérience du consultant tout en l'observant —, on conteste le conseil concernant l'attitude «détachée». Cependant, on oublie le contexte dans lequel il était donné. Les premiers psychanalystes, médecins pour la plupart, transposaient semble-t-il, du moins certains d'entre eux, sans discernement

---

3 Sigmund FREUD, *op. cit.*, p. 65-69.

dans leur nouvelle profession leur façon familière de traiter leurs patients. L'intention de Freud, on l'a expliqué, était de signaler certains écarts et de prévenir des abus qui ont parfois cours encore aujourd'hui.

Quant à l'expression «neutralité bienveillante», traditionnellement employée pour définir l'attitude de l'analyste, elle ne figure pas dans les textes de Freud; LaPlanche et Pontalis le soulignent. Ils précisent aussi que cette expression «ne qualifie pas la personne réelle de l'analyste, mais sa fonction et qu'elle constitue alors une recommandation technique[4]».

Après Freud, les auteurs de livres sur la psychanalyse et sur la psychothérapie analytique, qui parlent spécifiquement des attitudes du thérapeute, le font à l'intérieur de chapitres intitulés grosso modo «Le psychanalyste» ou «Le psychothérapeute», dans lesquels ils traitent aussi des qualifications du praticien. Tel est le cas de Sharp, Reichmann, Anna Freud, Wolberg, Greenson.

L'ouvrage de Rogers et Kinget est le seul à contenir un exposé exhaustif et structuré sur les attitudes que l'on s'attend à retrouver chez tous les psychothérapeutes efficaces, quelle que soit leur orientation[5].

Dans le deuxième chapitre d'un volume intitulé *Client-Centered Therapy*, Rogers déplorait que l'on ait considéré son approche thérapeutique non directive comme une simple méthode ou une technique. Ce malentendu, attribuable selon lui, au fait que ses premières présentations tendaient à mettre l'accent sur la technique, était responsable d'un trop grand nombre d'échecs essuyés par les praticiens de son école. Rogers met alors en œuvre avec ses disciples

---

4 Jean LaPLANCHE et J.P. PONTALIS, *Vocabulaire de la psychanalyse*, Presse universitaire de France, Paris, 1968, pp. 266-267.
5 Carl ROGERS et G. Marian KINGET, *Psychothérapie et relations humaines*, Presses universitaires de Louvain, Louvain, 1965, Vol. I.

des investigations dans le but de repérer les facteurs d'efficacité dans les interventions thérapeutiques[6].

Les conclusions de ces investigations seront corroborées par des recherches entreprises par d'autres écoles de psychothérapie[7].

Les résultats convergents de ces travaux ont permis à Rogers d'affirmer que les attitudes du thérapeute, notamment son *respect* pour le consultant, sa *compréhension empathique,* son *authenticité* ou sa *congruence* dans son rapport avec ce dernier et la capacité de manifester ces attitudes, sont des facteurs décisifs en psychothérapie.

5.2.1 Le respect

Le *respect* dont il est question est différent, comme le précise Kinget, du respect «civil élémentaire porté à un individu en vertu de quelques mérites, qualité ou dignité qu'il aurait acquise...» ; il n'est pas non plus assimilable à celui que tout professionnel accorde d'emblée à la personne qui le consulte et dont il doit préserver la dignité. Il s'agit d'un respect plus profond, entièrement gratuit, pour un être «unique», en plus ou moins grand désarroi, mais néanmoins capable par lui-même de redressements, pourvu qu'on lui apporte l'aide qu'il requiert[8].

Freud a implicitement mentionné ce respect, dans un écrit à l'adresse des premiers psychanalystes, leur faisant une mise en garde contre ce qu'il appelait «l'orgueil thérapeutique» et «l'orgueil éducatif[9]».

---

6 Carl R. ROGERS, *Client-Centered Therapy,* New York, Houghton Company, Boston, 1951, chap. 2 «The attitudes and orientations of the Counselor», pp. 19-20.
7 Carl R. ROGERS, *Le Développement de la personne,* Paris, Éditions Dunod, 1967, pp. 31-39.
8 Carl ROGERS et G. Marian KINGET, *op. cit.,* pp. 142-143.
9 Sigmund FREUD, *op. cit.,* p. 70.

Dans une communication au cinquième congrès de psychanalyse, il exprime la même préoccupation : « Nous avons catégoriquement refusé », a-t-il déclaré, « de considérer comme notre bien propre le patient qui requiert notre aide et se remet entre nos mains. Nous ne cherchons ni à édifier son sort ni à lui inculquer nos idéaux, ni à le modifier à notre image avec l'orgueil d'un créateur[10]. »

Le respect envers le consultant dépend de celui que le thérapeute doit avoir pour lui-même. Comment respecter autrui, se demandent Carkuff et Berenson, ses sentiments et ses expériences, quand on ne se respecte pas soi-même et qu'on ne respecte pas ses sentiments et ses expériences propres[11] ?

Ce respect que Rogers a appelé « acceptation inconditionnelle » ou « considération positive inconditionnelle » implique une tolérance, un intérêt véritable, une attention chaleureuse, un amour désintéressé, oblatif, non captatif ou non possessif et non manipulateur[12].

Cette acceptation dénuée de toute critique, évaluation ou jugement moral de la part du thérapeute, amène peu à peu le consultant à s'apprivoiser à lui-même, à consentir à explorer avec courage son monde intérieur dans ses aspects positifs aussi bien que négatifs.

Le respect pour le consultant ne va pas nécessairement de soi, on doit le reconnaître. Qu'il le veuille ou non, signale Wolberg, le thérapeute ne pourra pas toujours se défendre contre des préjugés concernant tel aspect de la personnalité du consultant. Il pourrait être rebuté par certaines de ses pulsions ou actions passées ou actuelles. C'est l'empathie du thérapeute qui le rend capable de respecter le consultant[13].

---

10 Sigmund FREUD, *ibid*, p. 138.
11 Robert R. CARKUFF et Bernard G. BERENSON, *Beyond Counseling and Therapy*, second edition, New York, Holt, Rinehart and Winston, U.S.A., 1977, p. 10.
12 Carl ROGERS et G. Marian KINGET, *op. cit.*, p. 145.
13 Lewis R. WOLBERG, M.D., *The Technique of Psychotherapy*, Grune & Stratton, N.Y., 1954, p. 329.

Kinget explique: «Quand les éléments négatifs, «condamnables» du consultant sont perçus, selon l'optique de ce dernier, c'est-à-dire dans l'enchevêtrement des circonstances telles qu'elles étaient perçues et vécues par le client, ce comportement devient parfaitement cohérent, presque nécessaire. Dès lors, il devient psychologiquement, sinon moralement, acceptable. Ce qui, de l'extérieur paraît singulier, destructif ou pervers, en arrive à être vu comme l'âpre défense d'un être menacé au-delà de ses capacités de résistance[14].»

Notons encore que «acceptation positive inconditionnelle» ne signifie pas approbation; il arrive que l'on confonde l'une et l'autre.

5.2.2 L'empathie

L'empathie est un terme que l'on retrouve sous la plume de tous les auteurs qui ont écrit sur la pratique de la psychanalyse et de la psychothérapie et pour cause! L'empathie est, chez le thérapeute, l'attitude essentielle et «de loin la plus importante», insiste Greenson[15] puisque c'est elle qui donne accès au monde intérieur du consultant.

Kinget la définit comme étant «la capacité de s'immerger dans le monde subjectif d'autrui et de participer à son expérience dans la mesure où la communication verbale ou non verbale le permet... Par la compréhension empathique, le thérapeute se met à la place du consultant, il le perçoit comme ce dernier se perçoit lui-même et il voit le monde comme à travers ses yeux à lui[16]».

Il ne faut pas, prévient Kohut, «mythologiser» l'empathie, cette attitude que certains possèdent à un haut degré et dont d'autres paraissent dépourvus. Elle n'est pas un don du ciel imparti à quelques rares privilégiés. Pour l'individu moyen,

14 Carl ROGERS et G. Marian KINGET, op. cit., p. 147.
15 Ralph R. GREENSON, Technique et pratique de la psychanalyse, Presse universitaire de France, Paris, 3e éd., 1972, pp. 419 et suiv.
16 Carl ROGERS et G. Marian KINGET, op. cit., pp. 197 et 204.

le savoir, explique-t-il, et l'apprentissage font toute la différence, plutôt que le fait d'être particulièrement doué[17].

En fait, chacun a une certaine aptitude à percevoir ce qui se passe dans l'autre, à voir si celui-ci est à l'aise ou non dans une situation donnée, à sentir si telle parole l'a réconforté ou blessé, enfin à saisir le message implicite d'une communication verbale ou non verbale, même si celui qui émet le message n'en est pas toujours pleinement conscient.

Toutefois, capable par son empathie d'éprouver les sentiments de son interlocuteur comme s'ils étaient siens, le thérapeute empathique ne s'y identifie pas totalement. «C'est la qualité des sentiments qui est partagée, précise Greenson, non la quantité[18].»

Ainsi la mère empathique ressent dans certains pleurs de son bébé l'angoisse dont il est assailli, parce qu'elle sait ce qu'est l'angoisse, pour l'avoir déjà éprouvée ; mais elle ne la revit pas dans le moment même, ce qui la rendrait impuissante à venir en aide à son enfant. Ainsi une identification totale avec le consultant condamne le thérapeute à l'impuissance, avertit Sharp[19]. Il en résulte alors une situation sans issue.

Cette sensibilité altérocentrique est le corollaire d'une sensibilité à soi, d'une habitude précoce d'introspection, issue d'une curiosité pour les phénomènes dont on est habité et du désir de les comprendre.

L'empathie est encore à distinguer de l'intuition. Greenson précise qu'elle est «une fonction du moi d'expérience, alors que l'intuition est une fonction du moi d'observation[20]». Par l'empathie, le thérapeute entre en

---

17 Heinz KOHUT, *How does Analysis Cure?* London, The University of Chicago Press Ltd., 1984, p. 82.
18 Ralph R. GREENSON, *op. cit.*, p. 434.
19 Ella Freemann SHARP, *Collected Papers on Psycho-Analysis*, The Hogarth Press, London, 1950, p. 118.
20 Ralph R. GREENSON, *op. cit.* p. 419.

contact étroit avec le monde émotionnel du consultant et par l'intuition, il se rapproche de son mode de pensée.

Attitude affective, l'empathie est affinée par la souffrance personnelle et par l'approfondissement de la connaissance de soi. Apanage d'une intelligence créatrice, l'intuition est avivée par la culture et par l'acquisition d'un savoir spécialisé.

L'empathie est l'agent curatif par excellence, l'intuition, l'agent diagnostic, qui n'a d'effet curatif que dans son rapport avec l'empathie. C'est l'empathie qui vérifie la justesse de l'observation et c'est elle qui indique si cette observation peut être communiquée efficacement. Empathie et intuition se relaient dans tout processus thérapeutique.

5.2.3 L'authenticité

L'authenticité du thérapeute est un facteur d'efficacité thérapeutique dont l'importance est liée au respect inconditionnel pour le consultant et à la compréhension empathique.

Rogers désigne par le terme congruence cette authenticité à cause de la notion d'accord qu'il implique, car il s'agit de signifier la concordance entre ce que la personne vit, la conscience qu'elle a de ce vécu et ce qu'elle en communique implicitement ou explicitement[21].

L'accord entre ces trois éléments n'existe pas forcément. Ainsi, on peut être en colère et le manifester d'une façon ou d'une autre — expression physionomique, comportement, paroles —, sans en être conscient, au point de soutenir qu'on n'est pas en colère, et cela au vu et au su de personnes à même de constater cette colère.

On peut être ennuyé par la visite d'une personne, en avoir conscience et néanmoins la recevoir avec une apparente

---

21 Carl R. ROGERS, Le développement de la personne, op. cit., p. 238.

cordialité. En pareil cas, la feinte causera évidemment un malaise entre les deux interlocuteurs.

Des parents protestent de leur amour pour leurs enfants, inconscients des sentiments contradictoires avec lesquels ils les ont accueillis à leur naissance, sentiments qui ont perduré et sont la cause de conflits.

Précisons qu'il ne faut pas confondre authenticité et sincérité. On peut être sincère et ne pas être vrai, non seulement avec les autres, mais aussi avec soi. D'ailleurs l'expérience apprend qu'il est plus facile de se duper soi-même que de duper les autres.

En psychothérapie, le thérapeute a l'obligation inéluctable d'être vrai, ou au moins de s'appliquer constamment à l'être. Comment prétendre pouvoir aider quelqu'un à devenir lui-même aussi pleinement que possible si le thérapeute n'est pas une personne authentique?

Rogers écrit, dans *Le Développement de la personne,* que le thérapeute doit être exactement ce qu'il est et non pas une façade, un rôle, une prétention[22]. Ailleurs, il explique: «Si le thérapeute croit qu'il éprouve des sentiments qu'il est censé éprouver — considération positive inconditionnelle et compréhension empathique — alors qu'en réalité il n'éprouve que malaise et angoisse, il ne réalisera pas l'accord interne nécessaire à l'efficacité thérapeutique[23].»

Devenir une personne congruente ou authentique, est une «ascèse» longue et difficile, écrit Pages. Elle débute par une psychothérapie dont peu de gens désirant aider les autres peuvent se dispenser[24].

Par la suite, le thérapeute en exercice continue de se tenir au clair avec ses sentiments et de s'assurer qu'il respecte

22 Carl ROGERS, *op. cit.,* p. 203.
23 Carl ROGERS et G. Marian KINGET, *op. cit.,* p. 202.
24 Carl R. ROGERS, *op. cit.,* préface p. IX.

vraiment le consultant et que son empathie s'exerce sans brouillage important.

Des indices plus ou moins sensibles dans le cours des séances thérapeutiques gardent sa vigilance en alerte. Par exemple, il peut se surprendre à terminer abruptement sans raison la séance d'un consultant, à prolonger indûment, par exception ou plus régulièrement, celle d'une autre personne, à ressentir une émotion gênante, soit un intérêt ou une curiosité trop vive, soit un ennui, une impatience ou même une hostilité pouvant s'extérioriser. Ou il prendra conscience qu'il a donné, à l'encontre des principes qu'il professe, un conseil et a insisté pour que son interlocuteur l'accepte.

Cependant, l'obligation d'identifier pour lui-même ses propres sentiments afin qu'ils n'affectent pas le cheminement thérapeutique du consultant, ou afin de le redresser s'il y a écart, n'implique pas que le thérapeute doive invariablement et sans discernement les communiquer à son interlocuteur. Ce serait mal comprendre évidemment ce concept d'authenticité. Selon Reichmann, le consultant a bien assez de ses problèmes sans que le thérapeute lui fasse partager les siens, en cherchant par des aveux subtils — dont son interlocuteur n'a cure — à se faire rassurer ou pardonner en quelque sorte. Le consultant n'a pas à être le confident du thérapeute et la thérapie n'est pas destinée au thérapeute, mais au consultant[25].

Toutefois, quand des malentendus ou des erreurs plus importantes menacent de provoquer la rupture du lien entre le consultant et le thérapeute, ou quand des sentiments nuisibles chez celui-ci sont perçus et même signalés sans équivoque par son interlocuteur, alors le praticien n'a pas le choix. Il les avoue en toute simplicité, sobrement, s'employant plutôt par des reflets à aider le consultant à verbaliser ses sentiments par rapport à cette situation.

---

25 Frieda FROMM-REICHMANN, *Principals of Intensive Psychotherapy*, The University of Chicago Press, 1950, p. 19.

L'important, précise Rogers, est que «le thérapeute soit pleinement lui-même, au moment de son entretien avec le consultant, autrement il n'y aura pas de phénomène thérapeutique. Ce n'est que sur cette base limite qu'il est possible de concevoir que des êtres imparfaits puissent être capables d'offrir une assistance d'ordre thérapeutique à d'autres êtres imparfaits[26]».

Ces notions sur les attitudes du psychothérapeute sont évidemment sommaires; nous engageons les thérapeutes débutants à se rapporter aux ouvrages cités.

Revenons à notre propos pour nous interroger sur les attitudes du thérapeute par rapport à la première entrevue. Nous nous placerons du côté de la personne qui consulte, nous demandant quelles attitudes elle espère trouver chez le thérapeute qui l'accueillera.

5.2.4 Les attitudes du psychothérapeute dans la première entrevue

Les personnes qui se présentent à nous, thérapeutes, ont-elles des besoins et des attentes communes?

On peut répondre qu'en effet toutes s'attendent à ce qu'on leur manifeste d'abord et avant tout du respect pour elles-mêmes et pour leurs souffrances ou leurs difficultés. Celles-ci ont pu jusqu'à maintenant être plus ou moins prises en considération, voire être ridiculisées ou méprisées par leur entourage et même par des praticiens de différentes disciplines auxquels ces consultants se seraient adressés préalablement.

Le thérapeute témoigne de son respect par sa disposition et sa capacité à écouter.

... Une consultante dit à son thérapeute, après quelques rencontres: *À la première entrevue, je vous surveillais...*

---

26 Carl R. ROGERS et G. Marian KINGET, *op. cit.*, p. 204.

J'avais peur de vous effrayer avec ce que j'avais à raconter...
Vous ne pouvez pas savoir à quel point j'ai été soulagée de ne
découvrir, à mesure que j'avançais dans mes confidences,
aucun indice de peur sur votre visage... Cette consultante
avait essuyé plusieurs déboires, dans sa recherche d'aide
auprès d'autres personnes. Un psychiatre avait pour sa part
refusé de l'écouter en lui disant « qu'il ne fallait pas ressasser
de vieux souvenirs — alors qu'elle en était étouffée — et
que mieux valait les oublier ». Un psychologue, consulté par
la suite, l'ayant à peine écoutée, lui avait donné des
explications et des conseils « dérisoires ».

Le respect que le thérapeute doit témoigner au consultant
aussi bien dans la première entrevue que dans les entrevues
subséquentes, exclut toute sollicitude outrée, une bonté ou
un apitoiement qui cachent souvent des sentiments
d'insécurité chez le thérapeute. Pareilles attitudes
« tutélaires » infantilisent la personne qui en est l'objet en lui
donnant le sentiment « d'être regardée de haut », selon
l'expression d'une consultante.

Le thérapeute évite toute familiarité gestuelle ou verbale
qui, sous prétexte de mettre un consultant à l'aise, peut
l'inquiéter et risque même de l'angoisser.

... Une jeune consultante, après un certain temps de travail
thérapeutique, faisait part à la thérapeute de la crainte qui
l'animait tout au long de la première entrevue : *J'avais très*
peur que vous me touchiez...

Les thérapeutes débutants devraient aussi se convaincre
qu'il est imprudent de sacrifier à l'habitude socialement
répandue du tutoiement ou de céder au consultant qui lui
demande de le tutoyer, comme cela se présente parfois. Il
peut s'agir de la part de ce dernier, soit d'une vaine tentative
pour vaincre son anxiété, pour se donner l'illusion d'un faux
rapprochement, soit d'un désir de manipuler le thérapeute.
Celui-ci en l'occurrence aide le consultant à explorer les
sentiments qui sous-tendent cette demande.

... Un adolescent, après un certain nombre de rencontres, dit à son thérapeute, avec une grande émotion : *J'ai décidé aujourd'hui de vous remercier de ne pas m'avoir tutoyé... Vous m'avez placé ainsi sur un plan d'égalité avec vous... Je me suis senti considéré comme un adulte... Dans ma famille, on me traite encore malgré mes seize ans comme un bébé... On ne me consulte même pas pour les décisions qui me concernent...*

Il y a un équilibre pas toujours facile à établir et à sauvegarder entre ce qu'il est convenu d'appeler « l'intimité thérapeutique » et la « distance thérapeutique ».

Le consultant est réconforté par la cordialité, voire la chaleur de l'accueil que lui fait le thérapeute, et il est rassuré par la sobriété et la simplicité avec lesquelles elle lui est manifestée.

Les consultants s'attendent aussi de se trouver devant un thérapeute sensible aux sentiments qui les animent vis-à-vis cette démarche qu'ils font : Honte ou répugnance, à cause de préjugés dont ils ne sont pas affranchis, hostilité chez ceux qui sont contraints à consulter, angoisse d'avoir à dévoiler devant une personne étrangère des secrets qu'ils n'ont jamais confiés à quiconque.

Les consultants espèrent aussi que l'ambivalence dans laquelle ils sont par rapport à ce secours sera comprise par le thérapeute. On peut être désireux de s'engager dans de nouvelles avenues, sans être tout à fait prêt, et être tenté de rebrousser chemin, même si on a pris conscience de s'être fourvoyé dans celui que l'on a emprunté. Accueilli par un praticien libre de tout zèle thérapeutique pathologique, de cette « furor sanandi », dont parlait Freud, toute personne, après ce premier entretien, devrait se sentir libre de poursuivre son projet ou d'y renoncer.

Des consultants, incapables de verbaliser ces sentiments, sauront gré au thérapeute de les aider à le faire. Par contre, d'autres capables de s'exprimer quand même, apprécieront la réserve et le tact du thérapeute qui témoignera de son empathie par sa seule façon d'écouter sans interventions superflues.

Le consultant veut être compris, dès ce premier entretien, même au-delà des mots qu'il emploie pour parler de lui et de ce qui le concerne, mais il ne veut pas non plus se sentir trop transparent, même aux yeux d'un praticien expérimenté, indique Fisher. Cet auteur fait remarquer en outre que ce n'est pas seulement le thérapeute médiocre qui peut, par moments chercher à impressionner son interlocuteur par l'acuité de sa sensibilité empathique — et pire encore, ajouterons-nous, par ses connaissances psycho-dynamiques[27].

Carkuff et Berenson nous préviennent avec raison que la manifestation prématurée d'une trop grande empathie, par des reflets du sentiment exprimé, peut avoir un effet délétère plutôt que bénéfique au début du processus thérapeutique, à plus forte raison dans la première entrevue. Pareille manifestation risque de créer trop de tension ou une trop grande anxiété chez le consultant. Toute personne en détresse est naturellement inquiète, sceptique, et souvent méfiante ; on ne saurait la traiter avec trop de ménagement et de discrétion, dans cette première rencontre[28].

La recommandation la plus importante à faire au thérapeute débutant, c'est d'être lui-même. Qu'il sache que son interlocuteur détectera le moindre artifice employé pour masquer son insécurité. La meilleure attitude est celle qui se traduirait dans ces mots, qui n'ont évidemment pas à être formulés : « Je vous écoute avec intérêt ; j'essaie de vous comprendre ; je suis disposé à vous aider... »

Cette attitude, prise spontanément par certains stagiaires, pallie dans une certaine mesure, leur inexpérience et explique le succès de leurs premières entrevues.

---

27 V.E. FISHER, op. cit., p. 6.
28 Robert R. CARKUFF et Bernard G. BERENSON, op. cit., p. 8.

5.3 Les interventions du psychothérapeute

5.3.1 Remarques générales

S'il y a donc une attitude conforme aux attentes de tous les consultants, le thérapeute doit cependant adapter la nature et le nombre des interventions à chaque situation. Affirmer cela, c'est dire que les interventions ne doivent pas être inspirées ou commandées par les besoins du thérapeute ou par ses réactions personnelles.

L'anxiété du thérapeute provenant de son insécurité pourrait l'induire soit à une activité superflue, sinon nuisible, soit à une trop grande passivité qui serait excessivement frustrante dans une première entrevue. Le thérapeute évitera de prendre ses réactions émotives pour une technique rationnelle qui serait «sa technique». Il intervient donc à la fois avec prudence et ménagement mais aussi avec audace quand les besoins de l'interlocuteur le requièrent.

Le silence et le langage ne sont pas des procédés qui s'excluent l'un l'autre, et ils ne doivent pas être des moyens de défense. Ils sont tour à tour des procédés efficaces qui doivent être utilisés à bon escient par le thérapeute.

Il y aurait, en général, plus de tendance à trop parler qu'à s'abstenir de le faire. Dollard et Miller, dans un ouvrage cité par Gill et al., constatent que beaucoup de thérapeutes parlent trop et trop facilement au lieu d'écouter, qu'ils interrompent leur interlocuteur sans raison, le rassurent sans nécessité, paraphrasent ses énoncés ou les accompagnent de murmures d'assentiment sans que ce soit utile[29].

Ici, il importe encore de signaler, comme l'ont fait les auteurs cités plus haut, l'équivoque contenue dans le mot «activité» par rapport à l'entrevue thérapeutique. Le thérapeute «actif» n'est pas nécessairement celui qui est

---

29 Merton GILL, M.D., et al., *The Initial Interview in Psychiatric Practice*, New York, International Universities Press, Inc., 1954, p. 45.

directif. Dans la thérapie non directive, le thérapeute parle beaucoup mais il ne dirige rien ; il aide le sujet en reflétant ses énoncés et les émotions qui les sous-tendent ; il l'aide aussi à diriger lui-même l'entrevue. Par contre, un thérapeute pourrait parler beaucoup et être inutile : ce n'est ni le but qu'il se propose, ni les besoins de son interlocuteur qui commandent ses interventions, mais ses propres besoins émotionnels. Son activité serait comparable à celle de la mouche du coche. Par contre un thérapeute, par un simple froncement de sourcils, pourrait orienter le cours de l'entretien. Ce serait une activité directrice. Le nombre des interventions dans une entrevue thérapeutique ne serait donc pas un indice sûr de quoi que ce soit[30].

5.3.2 Précisions terminologiques

À ces remarques générales, il convient d'ajouter des précisions terminologiques concernant les interventions verbales employées par les praticiens au cours du processus psychothérapeutique.

Les interventions dont font état, aujourd'hui, les écrits sur la pratique, ont été utilisées depuis l'avènement de la psychanalyse sans que des appellations spécifiques leur aient été départies. Elles étaient toutes indistinctement désignées par le terme «interprétation», impropre à qualifier la plupart d'entre elles. «Interprétation» est un terme présomptueux, reconnaissait Menninger dans un ouvrage publié en 1958, inconsidérément appliqué à toute réponse verbale faite par l'analyste au cours de la thérapie. Il suggérait que la participation active occasionnelle du thérapeute soit plus justement nommée «intervention[31]». Ce terme générique, mieux approprié, ne rend toutefois pas compte de la variété des réponses utilisées en thérapie psychologique.

30 Merton GILL, M.D. et al., idem, p. 45.
31 Karl MENNINGER, M.D., Theory of Psychanalytic Technique, New York, Basic Book, Inc., 1958, p. 129.

Cependant, au cours des années quarante, Carl Rogers avait commencé à établir des distinctions entre les différentes interventions. En privilégiant systématiquement certaines réponses verbales par opposition à l'emploi inconsidéré et abusif de l'interprétation, non pas du terme mais du procédé lui-même, il créait une pratique originale et enrichissait du même coup la nomenclature des interventions.

Selon Bibring, c'est Rogers qui a introduit dans le vocabulaire de la psychothérapie le mot «clarification»[32]. L'emploi de ce terme était à l'origine mal dégagé sémantiquement du terme «interprétation», de même que le concept, comme le démontrent, remarque l'auteur, certaines expressions retrouvées dans l'un de ses premiers ouvrages dont celle-ci: «... where the interpretation is merely a clarification...[33]» Cette appellation désignait cependant sans équivoque, dans l'esprit du créateur de la psychothérapie centrée sur le client, à la fois le rôle du thérapeute — qui est de clarifier et d'objectiver les sentiments du client pour l'amener à une meilleure connaissance de lui-même — et les procédés appropriés à ce rôle. Ces procédés: reconnaissance par le thérapeute des sentiments exprimés, sous-tendus ou impliqués dans la communication de l'interlocuteur, ou écho qu'il en donne, ou révélation des liens existant entre les uns et les autres, ont été groupés par la suite sous le terme générique de «reflet».

On trouve, aujourd'hui, la définition et la description des différentes modalités du reflet, non seulement dans les ouvrages de l'école rogérienne, mais aussi dans les ouvrages des théoriciens d'autres écoles sans que la référence relative à cette étiquette originale soit toujours mentionnée.

---

32 Edward BIBRING, M.D., *Psychoanalysis and The Dynamic Psychotherapies*, *Journal of the American Psychoanalytic Association*, Vol. 2, 1954, p. 754.
33 *Ibid*, p. 755.

Wolberg, pour sa part, dans l'énumération qu'il fait des réponses verbales utilisées par le thérapeute pour provoquer la prise de conscience, inclut le reflet sous toutes ses formes[34].

De son côté, Langs, dans un ouvrage plus récent, a retenu le terme «clarification». Il distingue en fait deux sortes de clarifications dont les descriptions sont superposables à celle du reflet-réitération et du reflet-élucidation[35].

Dans les dernières décennies, un nouveau terme est apparu dans les écrits de certains analystes ou de praticiens d'autres écoles. Il désigne cependant une intervention usitée avant la lettre ; il s'agit de la confrontation. On retrouve à la fois le terme et une description de ce procédé chez Menninger qui le propose pour accélérer le processus thérapeutique[36].

Greenson en fait abondamment état et lui donne préséance sur la clarification, dans l'énumération des procédés analytiques visant à approfondir la prise de conscience[37].

Langs, déjà cité, consacre à l'usage de la confrontation un chapitre presque aussi important que le chapitre sur l'interprétation[38].

Hétu, dans un livre récent, fait une étude intéressante sur la confrontation, cette intervention plus «bousculante» que le reflet rogérien, et que privilégient, comme il le mentionne, certains tenants d'écoles américaines, particulièrement les gestaltistes et ceux qui préconisent l'approche émotivo-rationnelle[39].

Au sens propre des mots, la clarification et la confrontation sont des interventions interprétatives. Interpréter c'est, selon

34 Lewis R. WOLBERG, op. cit., p. 176 et suiv.
35 Robert LANGS, M.D., The Technique of Psychoanalytic Psychotherapy, Vol. 1, 4e éd., New York, Jason Aronson, Inc., 1981, p. 391.
36 Karl MENNINGER, M.D., op. cit., pp. 128-129.
37 Ralph R. GREENSON, op. cit., pp. 53-54.
38 Robert LANGS, M.D., op. cit., pp. 419-450.
39 Jean-Luc HÉTU, La relation d'aide, Édition du Méridien, 1982, pp. 81-95.

les définitions classiques, donner une explication claire à une chose obscure. Cependant, ces deux interventions ne doivent pas être confondues avec l'interprétation au sens psychanalytique du mot. Les démarcations terminologiques ont par voie de conséquence entraîné des distinctions quant à l'objet de l'une et de l'autre.

Ces distinctions, Bibring les avait établies, dans la communication déjà citée. Sans dissocier confrontation et clarification, il différenciait deux niveaux de prises de conscience, les unes pouvant être l'effet de la clarification, les autres de l'interprétation. Le premier type d'intervention ayant comme visée le matériel conscient et pré-conscient, et le second, le matériel inconscient[40].

Considérées comme agents curatifs de valeur limitée, pour employer les termes de Bibring, la clarification et la confrontation sont subordonnées à l'interprétation, au moins en psychothérapie analytique. Elles la précèdent et en préparent la formulation d'appoint.

5.3.3 Les interventions dans la première entrevue

Toutes les interventions n'ont pas le même impact. En conséquence, on peut les diviser en deux groupes. Les interventions du premier groupe sont considérées comme propres à faciliter la communication, tandis que celles du deuxième groupe ont pour fonction plus explicite de provoquer des prises de conscience de différents niveaux. L'emploi inapproprié de ces dernières interventions au cours du processus thérapeutique peut engendrer des résistances qui le ralentissent et parfois le compromettent. Aussi cet emploi doit-il être régi par des règles de prudence qui doivent être appliquées évidemment avec plus de rigueur dans la première entrevue. Par contre, les interventions du premier groupe sont à privilégier. Pour plus de commodité, nous qualifierons de «mineures» les interventions du premier groupe et de «majeures» celles du deuxième.

---

40 Edward BIBRING, op. cit., pp. 756-759.

Les exemples d'interventions mineures qui illustrent les espèces les plus importantes d'entre elles sont empruntés au contenu de la première entrevue rapportée en appendice. Le lecteur aura cependant intérêt à les relire dans leur contexte pour en apprécier les effets sur la communication.

5.3.3.1 Les interventions mineures

A) Les murmures du genre : Mm Mm.

B) Les signes tacites d'assentiment et toutes expressions physionomiques appropriées aux dires de l'interlocuteur.

C) Quelques mots témoignant de l'intérêt du thérapeute pour ce que le sujet exprime, par exemple : *Je vois..., Je crois comprendre.* Aussi, de légères interrogations : *Vraiment ?... C'est ainsi ?...* ou : *C'était ainsi ?...*

D) La répétition des derniers mots de l'interlocuteur, quand une pause s'établit et risque de se prolonger dans le malaise.

> C— *Bien, je me suis marié à l'été, puis dans le temps des Fêtes, bien j'ai commencé à avoir mal à l'estomac... Là ma femme est «tombée» enceinte... c'est une affaire que j'avais pas pensé... j'avais peur des responsabilités... je trouvais ça énorme, avoir un enfant...* — pause —
>
> T— *Vous avez trouvé ça énorme, la pensée d'avoir un enfant ?...*
>
> C— *Ah oui ! il me semble que c'était une affaire qui m'écrasait... etc.*[41]-

Autre exemple :

Après des commentaires sur un examen médical, le consultant s'explique comme suit :

> C— *Je ne le savais pas... (que j'étais peureux...) Je ne comprenais pas comme aujourd'hui la cause de mon inquiétude...*
>
> T— *La cause de votre inquiétude*[42] *?...*

---

41 Appendice 1, p. 265.
42 *Ibid.*, p. 268.

E) Le relevé d'un mot, d'un terme qui apparaît plus significatif, aide le consultant à s'expliquer de façon plus complète.

> C— C'est l'avenir qui me faisait peur... Quand j'étais jeune, je n'ai pas passé de beaux moments, ça fait que je ne voulais pas que... — pause —
>
> T— C'était pas <u>beau</u>, quand vous étiez jeune?
>
> C— Ah! c'était pas beau... on n'est pas mort, parce que, il n'y a pas eu moyen de mourir, je crois bien[43]...

F) Le reflet simple ou réitératif est la simple répétition par le thérapeute de l'énoncé de l'interlocuteur, ou d'une partie de cet énoncé, dans les mots de celui-ci, ou dans des mots nouveaux, soit dans une paraphrase.

> C— Puis après cela, chaque fois que j'allais à l'église ou ailleurs... j'avais peur du monde là... j'avais peur du monde partout...
>
> T— Vous auriez transféré cette peur partout[44]?...

Autre exemple:

> C— ... Inquiétude... Ah ben! je ne voudrais pas que ma femme manquerait de rien... qu'elle soit bien en tout... puis que mes enfants, bien j'aurais voulu avoir une sécurité devant moi...
>
> T— Je comprends, vous n'auriez pas voulu vivre au jour le jour[45]...

Le reflet simple peut être aussi une reformulation symbolique, c'est-à-dire qu'il peut prendre la forme d'une image concrète inspirée par la situation du consultant et par ce qu'il exprime. De tels reflets accentuent le sentiment de l'interlocuteur d'être compris par le thérapeute.

> C— Bien, je suppose que j'avais peur de mes responsabilités... En tout cas, ma femme est «tombée» enceinte... Ah! ben là là... j'étais à terre...

---

43 Appendice 1, p. 266.
44 *Ibid.*, p. 263.
45 *Ibid.*, p. 267.

T— *Vous étiez dans le fond de la mine*[46]...

Cette image était propre à communiquer la conviction que le thérapeute mesurait bien son sentiment d'impuissance. Elle permettait aussi au thérapeute d'apprécier la capacité d'humour et d'autocritique de l'interlocuteur, ce qui constitue un indice pronostique favorable.

Voici un autre exemple de reflet concret : le consultant raconte comment il a vécu toute son enfance et son adolescence en redoutant les chicanes et les colères de son père.

C— ... *C'est peut-être pour cela que je suis peureux.*

T— *Vous auriez vécu dans une atmosphère d'orage*[47] ?

Les cinq premières interventions mineures peuvent être employées sans risque au cours de la première entrevue, encore que leur abus puisse déranger la personne qui a de la difficulté à s'exprimer, mais qui semble toutefois capable d'y arriver seule. C'est donc avec réserve qu'on doit utiliser le reflet simple ou réitératif.

Simple calque de la pensée de l'interlocuteur et donc limité au contenu manifeste de sa communication, le reflet réitératif « sert essentiellement », comme l'explique Kinget, « à établir une atmosphère d'accueil et de détente ». Elle compare son effet à celui qu'a la ponctuation dans un texte. Cette intervention, particulièrement commode pour endiguer la prolixité verbale de certains interlocuteurs, donne à tout autre le sentiment qu'il est « accompagné mais non observé[48] ».

Le reflet simple aide encore le consultant à dédramatiser ses difficultés, de sorte qu'elles lui apparaissent par la suite dans une plus juste proportion.

---

46 Appendice 1, p. 264.
47 *Ibid.*, p. 271.
48 Carl ROGERS et G. Marian KINGET, *op. cit.*, Vol I, p. 71.

La simplicité même de cette intervention, qui n'ajoute rien à la pensée de l'interlocuteur, ses «dehors insignifiants», pour reprendre les termes de Kinget, amène certains praticiens, qui en connaissent mal l'impact, à la discréditer[49].

Il faut sans doute déjà avoir été soi-même accompagné dans de pénibles tentatives d'expression par cette intervention «sans relief et sans originalité propre», pour comprendre l'impression d'accueil chaleureux qui s'en dégage, quand elle est utilisée par un thérapeute empathique.

En raison de telles propriétés, le reflet simple devrait être, dans la majorité des cas, l'intervention principale du premier entretien. Aussi la réserve émise plus haut, quant à son emploi, ne concerne-t-elle pas le reflet réitératif lui-même, mais la difficulté de bien s'en servir. Dans la bouche d'un psychothérapeute anxieux ou dominé dans cette entrevue par des préoccupations diagnostiques, la réitération des énoncés du consultant peut produire sur ce dernier un effet «mécanique», dérisoire, comparable à des paroles répétées par un perroquet. En conséquence, un psychothérapeute mal à l'aise devant certains interlocuteurs devrait user avec prudence du reflet-réitération, sinon s'en abstenir.

5.3.3.2 Les interventions majeures

Nous considérons comme interventions majeures A) les interventions interprétatives : a) le reflet du sentiment, b) l'élucidation ou la clarification et c) la confrontation ; B) l'interprétation proprement dite ; C) la question ; et D) le silence.

Ces interventions, qui ont une influence plus considérable sur la communication de l'interlocuteur que les interventions mineures, doivent être utilisées, on le pressent, avec une extrême prudence dans la première entrevue, sinon en être résolument écartées.

---

49 Carl ROGERS et G. Marian KINGET, op. cit., pp. 74-75.

Il nous semble cependant nécessaire de discuter des unes et des autres, au moins sommairement, ne serait-ce que pour démontrer le bien-fondé de la réserve que nous préconisons quant à leur usage dans la première entrevue.

A) *Interventions interprétatives*

a) Le reflet du sentiment

Il peut paraître surprenant de considérer le reflet du sentiment comme une intervention interprétative. La description qu'en fait Kinget n'est cependant pas équivoque. Selon elle, cette intervention «vise à extraire l'intention, l'attitude ou le sentiment inhérents aux paroles du consultant et à les lui proposer sans les imposer[50].»

De son côté, Wolberg décrit le reflet du sentiment comme une lecture entre les lignes de la communication du consultant[51].

Quand le reflet du sentiment a pour objet une émotion nettement exprimée par l'interlocuteur, par exemple: «Je suis découragé» ou «Je suis irrité...» et que le thérapeute reprend: «*Vous êtes découragé*», ou «*Vous êtes irrité*», le caractère interprétatif est nul, bien sûr, et à la rigueur on peut dire qu'il s'agit de reflet simple, ce reflet ne reprenant que le contenu manifeste de l'énonciation. Mais si le sentiment ou l'émotion sous-tend la verbalisation du consultant, plutôt que d'être exprimé explicitement et n'est perceptible que dans un geste, une attitude, un comportement, alors il s'agit de reflet du sentiment proprement dit et il est forcément plus ou moins interprétatif.

Il arrive souvent que la préoccupation ou l'émotion du consultant soit très loin d'une quelconque formulation; elle peut, par exemple, se dissimuler derrière une question apparemment objective.

---

50 Carl ROGERS et G. Marian KINGET, *op. cit.*, p. 75.
51 Lewis R. WOLBERG, *op. cit.*, p. 177.

Voici un exemple emprunté à une situation familiale. Un petit garçon d'environ cinq ans, fréquentant une classe maternelle, entre chez lui le midi avec un mal de tête accompagné d'une bouffée de fièvre. La mère le câline, le couche et l'enfant finit par s'endormir. À son réveil, la fièvre semble avoir totalement disparu de même que le mal de tête. Devenu capable de s'exprimer, le garçonnet pose cette question pour le moins surprenante : *Le petit bébé de tante Claire est bien trop petit pour aller à l'école, hein maman ?* La réponse était trop facile, évidente — le bébé auquel il faisait allusion était un nouveau-né de la veille — pour que cette question soit considérée telle quelle. Aussi la mère compréhensive n'a-t-elle pas été dupe de cette tentative de communiquer autre chose et a-t-elle répondu à la détresse sous-jacente : *Tu le trouves bien chanceux ce bébé d'être si petit qu'on ne peut lui demander d'aller à l'école ? — Oui, il a pas peur, lui... — Parce que, toi, tu as peur ?...*

Cet exemple de reflet du sentiment est superposable à l'exemple clinique cité par Kinget pour illustrer ce mode d'intervention. Il s'agit d'une femme déprimée qui demande au thérapeute : *Vous êtes croyant ?* Cette question masquait l'inquiétude de ne pas être comprise par un professionnel qui manifesterait peut-être un scepticisme semblable à celui de son mari si elle tentait de s'expliquer sur ses convictions religieuses. Le thérapeute a perçu le sentiment qui dictait cette question et il l'a reflété comme suit : *Vous voulez dire que... à moins que je ne sois croyant... je ne pourrais pas comprendre ce que vous allez me dire,* plutôt que de répondre par oui ou par non à la question qui lui était posée[52].

L'exemple suivant est emprunté à Wolberg. C'est le cas d'un employé qui semble faire l'éloge de son patron. Il parle des relations importantes de ce dernier, de ses avoirs : voiture de luxe, propriétés... Le thérapeute sent toutefois du mépris et de la jalousie chez son interlocuteur et il la reflète : *Vous*

---

52 Carl ROGERS et G. Marian KINGET, *op cit.,* p. 80.

paraissez irrité par certains agissements de votre patron?...
Ce démasquage audacieux qui a dû être fait avec empathie et tolérance, a permis au consultant de s'enhardir suffisamment pour exprimer des critiques prudentes d'abord et plus virulentes par la suite[53].

Voici un autre échantillon de reflet du sentiment : Une jeune fiancée est en train de préparer son trousseau de mariage. Elle se plaint avec une agressivité contenue de l'ingérence de sa mère qui critique ses choix et veut en plus lui imposer les siens. La thérapeute reflète l'évidente agressivité et, derrière cette agressivité, la peur qui empêche cette jeune femme de s'opposer à sa mère : « Vous paraissez en vouloir beaucoup à votre mère et vous avez peur il me semble de vous affirmer devant elle et de lui demander de ne pas intervenir dans vos choix...

— C'est qu'elle ne le tolérerait pas... Elle me ferait une de ces colères...

— Vous les redoutez à ce point, ces colères?...»

Ces illustrations de reflet de sentiments qui ne proviennent pas de premières entrevues — on le devine — démontrent à l'évidence la valeur thérapeutique de cette intervention qui convainc l'interlocuteur qu'on le comprend au-delà de sa communication verbale, dans ce qu'il ne dit pas et n'ose pas encore s'avouer à lui-même.

Les sentiments du sujet — agressivité, peur... — formulés par le thérapeute, touchés du doigt en un sens, deviennent plus acceptables pour celui qui se confie. Cette acceptation l'invite à une exploration résolue de ses problèmes. Constater ces effets du reflet de sentiments, c'est montrer la prématurité de l'emploi de cette intervention, sinon sa contre-indication, dans le premier entretien.

Dans l'entrevue en appendice, on ne retrouve pas de véritables reflets du sentiment et pour cause. La principale

---

53 Lewis R. WOLBERG, *op. cit.*, p. 177.

émotion — la peur reflétée à plusieurs reprises — l'a été après que le consultant l'ait lui-même exprimée.

Il va sans dire que le reflet du sentiment doit se rapporter à une émotion authentique perçue par le thérapeute chez son interlocuteur, et à une émotion que ce dernier est prêt à accepter. Il n'y a pas d'équivoque sur l'authenticité de l'émotion du sujet et sur sa capacité de l'accepter, quand il l'a verbalement exprimée. Mais il est évidemment plus difficile de juger de l'authenticité d'une émotion quand on la perçoit uniquement dans une expression du visage, ou quand elle ne se révèle que dans l'attitude ou dans le comportement du consultant.

Il arrive que des thérapeutes inexpérimentés reflètent à leur interlocuteur des émotions qu'ils lui prêtent. Ces émotions sont conventionnelles ou projectives.

Dans ce dernier cas, le praticien reflète le sentiment qu'il aurait éprouvé lui-même ou qu'il croit qu'il aurait éprouvé, s'il s'était trouvé dans des situations analogues à celles que décrit son interlocuteur. Les comptes rendus de premières entrevues sont souvent émaillés de reflets d'émotions conventionnelles ou projectives. Ce sont de faux reflets. En voici quelques exemples :

Un consultant parle de la mort de son père survenue dix ans auparavant. Le thérapeute reflète ce qu'il croit être l'émotion sous-jacente au récit, pour se montrer sympathique, expliquera-t-il à son superviseur, croyant sans doute aider cette personne à s'exprimer plus complètement, il dit : *C'est toujours une grosse épreuve que de perdre son père...* Sur ce, le consultant réplique : *Oh ! Vous savez, après dix ans...* C'est là un exemple de reflet purement hypothétique. Comment le thérapeute peut-il savoir si la perte du père a été une grosse épreuve pour cette personne ? Elle n'en a rien dit. Personne n'ignore qu'il y a des décès qui surviennent à point. La bonne réaction du thérapeute aurait été de laisser la personne poursuivre son récit sans l'interrompre.

Une jeune femme décrit ce qu'elle appelle des «crises nerveuses»: besoin de crier, de pleurer... Apitoyé, le thérapeute reflète: *Ça doit être fatigant d'être sujette à ces crises?* La personne réplique: *Ça ne me trouble pas une miette, je m'en fous...* Bravade peut-être, mais le reflet n'a pas rejoint le véritable sentiment. Y avait-il du découragement chez cette personne? Quoi qu'il en soit, l'hostilité de la réponse dénonce la maladresse de l'intervention.

Un étudiant explique qu'il perd toutes les amies qu'il se fait... Le thérapeute intervient: *Ça vous bouleverse beaucoup?* Réponse agressive: *Non, ça m'enrage...*

Une dame raconte qu'après dix ans de vie religieuse elle a dû sortir du couvent où elle était entrée à vingt ans. Le thérapeute intervient: *Cela a dû vous donner un coup!* — *Croyez-vous,* réplique-t-elle? On imagine ici le ton sarcastique de cette personne, qui ne s'est certainement pas sentie profondément comprise.

Ces exemples montrent que décider des sentiments de quiconque est non seulement une imprudence, mais souvent une maladresse plus ou moins désastreuse de même qu'un manque de tact. C'est une présomption que tout thérapeute devrait éviter. Mieux vaut un silence respectueux qu'une intervention inadéquate.

Prévenons encore que deux risques sont attachés à l'emploi du reflet du sentiment dans la première entrevue. Cette intervention, parce qu'interprétative, peut évidemment ouvrir la voie à des prises de conscience prématurées chez un consultant inquiet, ce qui provoquerait des résistances susceptibles de ralentir, ou même de compromettre son engagement en thérapie. Par ailleurs, le reflet du sentiment peut enclencher le processus thérapeutique avec une personne moins défensive, heureuse de se sentir comprise dès ce premier contact. Si le consultant est reçu en bureau privé, il n'en résultera aucun inconvénient, au contraire! Mais si le consultant est accueilli dans une clinique, cet engagement prématuré avec un thérapeute, qui ne continuera pas nécessairement de travailler avec lui, rendra difficile son engagement ou son transfert à un autre praticien. Il pourra être déçu, et cette déception entraînerait une résistance à laquelle devra faire face le thérapeute auquel il sera confié.

b) *L'élucidation ou la clarification*

Sous le vocable élucidation, les rogériens décrivent un troisième type de reflet qui va plus loin que le reflet du sentiment. Cette intervention vise, selon Kinget, à relever des attitudes, des sentiments qui sont ni contenus, ni sous-tendus dans les paroles du consultant, « mais qui peuvent être raisonnablement déduits de la communication ou de son contexte, cela par simple voie logique et non sur la base de connaissances psychodynamiques[54] ».

Issue d'une certaine acuité intellectuelle et sortant du champ perceptuel de la communication immédiate de l'interlocuteur, l'élucidation reflète cependant une signification inhérente à cette communication. Suffisamment évidente, cette signification dégagée par le thérapeute ne peut être niée par le consultant; cependant il est toujours possible qu'il ne soit pas prêt à l'accepter.

Voici l'une des illustrations qu'en donne l'auteur de la définition :

Il s'agit d'une étudiante non américaine qui explique à son thérapeute non américain ce qu'elle pense des femmes américaines : ... *Elles n'ont aucune personnalité, aucune individualité... ce sont des têtes vides... il n'est pas possible de s'en faire des amies...* Le thérapeute intervient : — *Vous vous estimez heureuse de ne pas être américaine[55]...*

Cette réponse propre à susciter une prise de conscience — ce qui en fait est advenu — a créé sur le coup une hostilité qui aurait pu compromettre le processus thérapeutique si, comme on le soupçonne, une bonne relation n'avait pas été préalablement établie.

---

54 Carl ROGERS et G. Marian KINJET, *op cit.*, pp. 93-94.
55 Carl ROGERS et G. Marian KINJET, *op. cit.*, p. 69.

C'est en ce sens que Kinget signale que cette réponse est plus menaçante que les autres formes de reflet, car elle peut soulever des résistances sérieuses sinon désastreuses. Dès lors, on conçoit que son emploi serait prématuré dans la première entrevue.

Des théoriciens d'autres écoles ont conservé le terme de clarification introduit par Rogers, au début de sa recherche, dans le vocabulaire psychothérapique pour désigner les procédés aujourd'hui décrits sous le vocable «reflet».

L'un d'eux, Langs, théoricien d'inspiration psychanalytique, définit l'une des formes de clarification à peu près dans les termes suivants. Dans un contexte donné, cette intervention suggère à propos de l'énoncé d'un interlocuteur, une appréciation différente de celle que ce dernier semble en tirer. Cette intervention peut aussi proposer des significations latentes inhérentes à cet énoncé[56]. Comme on le constate, cette description est superposable à celle que Kinget fait de l'élucidation et peut en outre être illustrée par l'exemple qu'elle en donne et que nous avons citée précédemment.

c) La confrontation

La confrontation peut être incluse dans une autre intervention ou y être liée. Selon Langs, la clarification implique souvent une confrontation[57]. Pour Devereux, le concept de confrontation a beaucoup de similitude avec la clarification[58].

Intervention à grands risques préviennent Carkuff et Berenson, intervention pleine de pièges avertit Langs, elle doit être soumise à de strictes règles de prudence. Employée par un thérapeute à tendances dominatrices qui s'identifie à

---

56 Robert LANGS, op cit., p. 391.
57 Idem, p. 414.
58 Georges DEVEREUX, «Some Criteria for the Timing of Confrontation and Interpretations», International Journal of Psychoanalysis, 1951, Vol. 32, pp. 19-24.

des parents rigides, punitifs et condamnants, elle peut être malsaine, hostile et contrôlante[59].

L'école rogérienne ne mentionne pas cette intervention comme faisant partie de ses procédés thérapeutiques. Kinget, qui met en parallèle élucidation et clarification, ne mentionne pas que la clarification peut occasionnellement, sinon invariablement, comporter une confrontation. Pourtant ses exemples de reflets-élucidation apparaissent comme des confrontations[60]. Et encore, à y regarder de près, ne pourrait-on pas considérer la plupart des reflets comme des confrontations «douces» ou «bousculantes» selon leurs différents niveaux?

Refléter, ou en d'autres mots présenter un miroir à quelqu'un pour l'inviter à s'observer de plus près, afin que soient tirées de l'ombre et entrent en pleine lumière, une émotion enfouie sous des rationalisations, la signification éludée de telle attitude, la discordance d'un comportement avec un principe avoué, ou l'omission d'un agir qui serait la réaction logique et attendue à une provocation, n'est-ce pas le confronter avec l'un ou l'autre de ces aspects de lui-même pour l'amener peu à peu à s'objectiver?

Or, le rôle de la confrontation c'est précisément de scinder le moi en deux parties dont l'une continue de faire l'expérience du vécu, pendant que l'autre est invitée à en devenir l'observateur par identification au psycho-thérapeute[61]. Il y a plusieurs degrés de confrontation, à partir de la simple mention d'un lapsus, jusqu'à l'identification d'une contradiction entre la poursuite d'un but et la mise en œuvre de moyens inadéquats pour y parvenir. Voici quelques exemples:

Un jeune homme parlant de sa sœur dit *ma* chance au lieu de *sa* chance, le thérapeute relève le lapsus: *Vous avez*

59 Robert R. CARKUFF et Bernard G. BERENSON, *op. cit.*, p. 212.
60 Carl ROGERS et G. Marian KINGET, *op. cit.*, Vol. II, pp. 94-99.
61 Robert LANGS, M.D., *op. cit., p. 436.*

remarqué que vous avez dit *MA* chance au lieu de *SA* chance? Seriez-vous en train de parler de vous?

Le thérapeute signale à une interlocutrice qui, tout en acquiesçant verbalement, fait un signe de dénégation: *Pendant que votre bouche dit oui, votre tête dit non. Vous ne seriez pas aussi persuadée que vous semblez le dire?*

Les yeux embués de larmes, une étudiante proteste de son indifférence au fait que certaines compagnes semblent ne pas l'aimer. Le thérapeute fait doucement remarquer: *Vous voudriez pouvoir nier le chagrin que vous éprouvez à la pensée que l'on ne vous aime pas?*

La confrontation suivante est empruntée à Carkuff et Berenson. C'est une mise en contradiction entre l'idéal du moi et le moi réel d'une jeune fille qui déclare: *J'aime à me voir différente des autres, je ne veux pas être une inconnue perdue dans la foule, c'est pour cela que j'essaie de faire des choses que les autres ne font pas, mais j'en reviens toujours à faire comme tout le monde...* Le thérapeute lui fait observer: *Votre originalité n'est donc pas réelle... Vous essayez de jouer la fille originale... et vous constatez que personne ne vous remarque, alors qu'on remarque d'autres filles qui savent ce qu'elles veulent*[62].

On peut considérer les deux premiers exemples comme des reflets simples, le troisième comme un reflet du sentiment et le quatrième, comme une élucidation ou une clarification. On remarque en outre que ce dernier exemple peut être mis en parallèle avec celui que nous avons emprunté à Kinget et cité pour illustrer le reflet-élucidation, d'où la difficulté d'établir des démarcations nettes entre les deux sortes d'interventions[63].

L'extrait suivant est tiré du cas de Miss Vib, une psychothérapie centrée sur le client typique, puisque conduite par Rogers lui-même. Cet extrait montre bien la

---

62 Robert R. CARKUFF et Bernard G. BERENSON, *op. cit.*, p. 174.
63 Carl ROGERS et G. Marian KINGET, *op. cit.*, p. 69.

relation étroite qu'il peut y avoir entre reflet et confrontation. Il s'agit d'une étudiante qui, prenant conscience qu'elle a négligé de prendre ses responsabilités et qu'elle a laissé les choses s'arranger toutes seules dans son passé, s'exprime ainsi : ... *J'en suis venue à croire que quel que fût l'obstacle ou le problème, tout s'arrangerait miraculeusement...* Le thérapeute réagit : *Vous constatez que sans l'avoir voulu, vous en êtes venue petit à petit à compter sur les miracles...* (reflet simple). Et plus loin, suivant la constatation par la cliente de la stupidité de son comportement : *... de sorte que vous vous rendiez parfaitement compte que tout cela était absurde...* (autre reflet simple), *mais cela ne vous empêchait pas de continuer...* (à compter sur les miracles). *Et tout cela sans avoir la moindre idée des raisons qui vous poussaient à agir de la sorte* (confrontation[64]).

Le dernier exemple que nous citerons provient de l'ouvrage de Langs. Il s'agit d'une femme mariée souffrant de dépressions épisodiques dues, au moins en apparence, aux aventures extra-conjugales de son conjoint. À l'une des séances thérapeutiques, elle rapporte qu'elle a lu une lettre de la maîtresse de celui-ci — lettre oubliée sur son bureau — et elle exprime sa colère contre l'un et l'autre. Le thérapeute, constatant qu'elle n'a pas parlé à son mari de cette lettre, pourtant trouvée là où elle ne pouvait pas passer inaperçue, la met en face de l'inconsistance de sa conduite.

La confrontation faite par le thérapeute a permis à cette personne de prendre conscience que son silence l'avait en quelque sorte rendue complice des infidélités de son partenaire. Il lui restait à découvrir, fait observer Langs, les motifs inconscients de son omission, tout comme la Miss Vib de Rogers était invitée à s'interroger sur l'absurdité de son comportement[65].

Ces deux exemples permettent de voir que c'est dans la foulée de la confrontation que l'interprétation peut advenir.

---

64 Carl ROGERS et G. Marian KINGET, *op. cit.*, Vol. II, p. 167.
65 Robert LANGS, M.D., *op. cit.*, pp. 419-420.

Procédé privilégié par certaines écoles, la confrontation se retrouve explicitement et implicitement dans tout processus thérapeutique. C'est à dessein de le démontrer que nous avons emprunté les dernières illustrations à trois modes d'approche différents. En outre, la démarche même du consultant en psychothérapie n'est-elle pas, comme on l'a déjà suggéré, un désir de confrontation quelquefois clairement exprimé, ou au moins confusément ressenti? Conséquemment, on peut dire que toute psychothérapie admet implicitement cette intention et y fait droit. Elle est éminemment, à chacune de ses étapes et dans sa continuité, une confrontation entre le moi et l'idéal du moi, ou, dans les cas les plus régressés, une confrontation entre le moi et le moi idéal, narcissique et tout-puissant, qui réclame tapageusement ou sourdement la part gargantuesque de satisfaction qu'il prétend être son dû.

Cette demande de confrontation est en quelque sorte incluse dans la motivation du consultant, même quand elle n'est pas expressément formulée. Elle apparaît dans ses propos, quand il parle de l'écart entre celui qu'il est et celui qu'il voudrait être.

Je sens que je croupis, que je stagne, confie un professeur d'enseignement secondaire, qui désire poursuivre des études, mais n'ose pas prendre les décisions qui s'imposeraient.

Souvent je me fais dire que j'ai un complexe de supériorité, dit ce jeune professionnel, après avoir parlé de ses hauts et de ses bas. Il avoue: *C'est vrai qu'à certains jours, je me sens mieux que les autres, qu'il m'arrive même de les mépriser; mais à d'autres moments, c'est un complexe d'infériorité que je vis au fond de moi-même... Il m'arrive de me sentir une «vermine». Et... je sais que je ne m'impose pas assez, je ne dis pas ce que je pense même à ma femme, même à mes enfants.*

Il va sans dire que des confrontations, semblables à celles que nous avons rapportées, sont à déconseiller dans l'entretien initial.

En relevant le plus léger lapsus, au cours du premier contact, on ferait se rétracter un moi anxieux qui fait des efforts inouïs pour s'exprimer, et on mobiliserait l'hostilité de l'hypersensible que meurtrit l'ombre d'un reproche.

Cependant, il y a des cas d'exception pour lesquels la confrontation est indiquée. La plupart de ces cas peuvent être illustrés par deux situations typiques que nous schématiserons. La première a trait à une motivation inadéquate, et la seconde met en cause un mécanisme de défense : la fuite devant l'obstacle.

Première situation :

M. B., début de la quarantaine, marié, trois enfants, cadre d'une importante entreprise commerciale, se présente en entrevue par suite de l'insistance de sa femme à laquelle il a été forcé d'avouer une liaison ; selon lui, celle-ci dépasse en importance toutes les liaisons qu'il a eues jusqu'alors. Il reconnaît en avoir vécu plusieurs depuis le début de son mariage. Cette fois, il projette une séparation, et sa femme réagit violemment à la situation et l'enjoint de choisir sans délai entre elle et sa maîtresse.

Anxieux, tendu, fébrile, il parle beaucoup et la liste des griefs contre sa femme s'allonge ; parmi ceux-ci se retrouve le plus classique : l'indifférence sexuelle de celle-ci. Griefs objectifs, ou rationalisations, ou projections ? Il est évident que le consultant veut faire du thérapeute un témoin à charge contre sa conjointe. Cependant il l'aime encore, proteste-t-il, elle a de grandes qualités... Et puis il aime ses enfants, il ne veut pas les perdre ni leur faire de la peine.

D'une part, il est aux prises avec des besoins sexuels obsédants sinon insatiables, auxquels son épouse ne veut pas ou ne peut pas répondre, mais que comblerait sa nouvelle conquête ; par ailleurs, il est terrifié par un surmoi rigide dont il est incapable de transgresser les défenses. Le thérapeute aurait-il le pouvoir de le délivrer sur-le-champ de ce surmoi encombrant ?

Pourquoi le consultant n'assumerait-il pas la responsabilité de la décision qu'il veut prendre, si ce n'est parce qu'il en est empêché, d'une part, par un sentiment de culpabilité aigu, et d'autre part, par l'anxiété que lui cause la perspective des obligations matérielles accrues qu'entraînerait une séparation?

M. B. ose enfin poser la question qui lui brûle les lèvres depuis son entrée dans le bureau : *Est-ce que je ferais bien de me séparer? Pensez-vous que c'est ce que je devrais faire?*

Le thérapeute qui a écouté ce consultant avec intérêt et qui a reflété l'un ou l'autre aspect du torturant dilemme dans lequel il est plongé, le confronte à l'inadéquation de sa démarche avec le motif maintenant mis à jour : *Si j'entends bien votre demande, vous avez obtempéré au désir de votre femme qui exigeait cette consultation, parce que vous y avez vu l'occasion de faire approuver une décision que vous vous sentiez peut-être incapable de prendre seul.*

Devant cette hypothèse émise par le thérapeute, le consultant, désarçonné, reconnaît, en un timide acquiescement, avoir pressenti qu'on ne lui donnerait pas de conseil. Le thérapeute continue de le confronter : *Et s'il vous était donné, ce conseil, dans le sens même que vous semblez le souhaiter, seriez-vous prêt à le suivre? ... À peine passé le seuil de ce bureau, ne recommenceriez-vous pas à osciller entre un côté et l'autre de l'alternative devant laquelle vous vous trouvez? D'ailleurs, quelqu'un de votre entourage, un ami auquel vous auriez confié votre problème, ne vous l'aurait-il pas déjà donné, ce conseil, dans l'un ou l'autre sens?*

Sur l'assentiment de son interlocuteur, le thérapeute poursuit : *Me permettez-vous de préciser que le métier de psychothérapeute n'est pas de conseiller ou de faire des choix à la place de quelqu'un, mais plutôt d'aider ce quelqu'un à devenir capable de prendre lui-même ses propres décisions... Pourquoi ne pas la suspendre, cette décision, convaincre votre femme d'essayer d'être patiente, même si ce n'est pas plus facile pour elle que pour vous en ce moment? Elle serait sans doute prête à collaborer, puisqu'elle vous a proposé de vous adresser à un psychothérapeute?*

Monsieur B. ajoute que sa femme l'a aussi menacé de consulter un avocat. Le thérapeute suggère alors : — *Peut-être pour vous forcer à venir consulter...* — *Elle m'aurait fait du chantage*, murmure l'interlocuteur, en esquissant un sourire qui manifesterait un peu de soulagement. Le thérapeute élucide maintenant le sens de la motivation : — (conciliant) *Et vous, ne seriez-vous pas ici pour gagner du temps?*

Monsieur B. constate, le sourire s'accentuant, *que peut-être lui et sa femme se font du chantage réciproquement.*

Si le consultant est accueilli dans une clinique, le thérapeute qui ne le prendra pas nécessairement en charge doit veiller, à ce point de l'entretien, à ne pas s'immiscer davantage dans son problème. Néanmoins, pour mettre à l'épreuve la possibilité d'une motivation plus acceptable, il propose : — *N'aimeriez vous pas profiter du temps que vous cherchez à gagner, pour vous ménager quelques rencontres avec un psychothérapeute qui vous aiderait à voir plus clair dans votre situation, dans vos sentiments? Vous pourriez découvrir, en travaillant avec lui, la signification de vos évasions coûteuses en énergie, qui vous acculent à des problèmes difficiles à résoudre, sinon insolubles du moins en apparence. Ce n'est pas la première fois, comme vous l'avez dit que vous êtes aux prises avec de semblables difficultés...*

Cette confrontation et les explications du thérapeute, qui constituent une présentation sommaire de la psychothérapie, sont de nature à piquer la curiosité d'un consultant peu familier avec ce recours. Intelligent, mais aux prises avec une anxiété chronique, il peut décider de saisir l'occasion qui lui est offerte de s'engager avec une motivation désormais valable.

Devant l'acquiescement tacite de son interlocuteur qui ne reprend pas la parole, le thérapeute poursuit pour mettre à l'épreuve la capacité de prise de conscience: *Est-ce que vous pourriez accepter l'idée que des problèmes conjugaux peuvent être le résultat de problèmes personnels antérieurs que chacun traîne avec lui depuis longtemps et qui sont souvent cause de malentendus dans leurs relations avec leur conjoint ou conjointe?*

Cette intervention aide l'interlocuteur à admettre qu'il a ses torts lui aussi. Quoi qu'il en soit, après avoir tenu compte des réponses qui varient d'un consultant à l'autre, et noté les indications qu'elles contiennent, le praticien ne va pas plus loin et conclut en revenant à la demande initiale du consultant: *Après un certain travail sur vous-même, vous seriez davantage en mesure de décider quel choix serait le plus gratifiant pour vous, non seulement à court terme, mais aussi à long terme.*

Si le consultant accepte la proposition, un nouveau rendez-vous est fixé, et on prend les arrangements nécessaires. Mais le praticien n'insiste pas si son interlocuteur se montre réticent. Il l'invite plutôt à prendre le temps de réfléchir à son aise à la proposition qui lui est faite et d'en discuter avec sa femme. Un autre rendez-vous lui sera accordé s'il le demande.

Deuxième situation:

G.T. infirmière, trente ans, célibataire vivant chez ses parents, se présente chez le psychothérapeute. Elle a été recommandée par un conseiller d'orientation professionnelle, ami de la famille qu'elle a consulté, persuadée que ses difficultés ont comme cause un mauvais choix de carrière. Cependant, il appert que le symptôme principal pour lequel on lui a conseillé la psychothérapie, à savoir son incapacité à garder une situation et à s'engager dans sa profession, est le fait d'une instabilité qui se retrouve aussi sur d'autres plans.

Au thérapeute qui s'enquiert s'il y a eu dans sa vie des périodes où elle a été plus constante, elle avoue que non, il n'y en a pas eu : ce qu'elle confirme en parlant de ses années d'études. À cause de résultats insatisfaisants, ses parents l'ont changée deux fois d'école au niveau primaire et une fois au secondaire où elle a dû reprendre des classes. Voyant sa deuxième année de collège compromise, elle l'a interrompue avec la complicité de ses parents, qui ont accepté, sur son insistance, qu'elle les accompagne dans un voyage en Europe. L'année suivante, elle se reprend, réussit, mais la piètre qualité de ses notes antérieures ayant compromis son entrée à l'université, elle opte pour un cours d'infirmière — qu'elle a terminé Dieu sait par quel miracle !

Depuis, elle ne reste pas en place. Elle n'aime pas soigner les malades autant qu'elle le pensait. Quand elle ne quitte pas sa situation d'elle-même pour un prétexte mal déterminé, elle est priée de le faire : ses fréquentes absences deviennent inacceptables pour l'employeur.

Fille unique, elle a été «gâtée» selon son expression, par des parents à l'aise qui, à travers ses propos, apparaissent plus ou moins conséquents. Ambitieux, ils ne l'ont cependant pas aidée à acquérir une discipline personnelle; ils ont cédé et cèdent encore à ses fantaisies. Ils sont incapables de lui refuser quoi que ce soit. Par exemple, ils se privent de leur voiture pour la lui prêter chaque fois qu'elle la réclame, ne serait-ce que pour satisfaire un caprice.

Peu constante dans sa vie professionnelle, elle ne l'est pas davantage dans sa vie affective. Elle avoue qu'elle ne garde pas ses amis longtemps. «Tout feu, tout flamme» au début, elle se désintéresse rapidement et rationalise : les garçons ne sont pas sérieux et les filles sont jalouses.

C'est presque tout d'un trait qu'elle a fait état de son curriculum. Après une longue pause que le thérapeute n'a pas interrompue, elle l'interroge à brûle-pourpoint : *Croyez-vous que je ferais mieux de faire autre chose?*

Cette jeune femme se croit-elle chez un conseiller d'orientation professionnelle plus sorcier que celui qu'elle a consulté? Pourtant, il y a tout lieu de croire que ce dernier l'a dûment renseignée sur le but d'une psychothérapie. Intelligente, elle a sûrement compris qu'il ne s'agit pas d'une autre forme d'intervention relative à un choix de carrière. Sa question n'a donc pas à être prise textuellement. Il faut plutôt entendre à travers cette imploration instinctive, qui dénonce bien sûr la dépendance de cette jeune femme vis-à-vis toute personne en autorité, un appel à l'aide. La motivation à entreprendre une thérapie, qu'a pu faire sourdre en elle la recommandation du conseiller d'orientation, est encore trop floue, trop imprécise. Cette motivation, provoquée par la curiosité de connaître l'en-dessous de son problème — car on lui a révélé l'existence de cet «en-dessous» — pourrait-elle être raffermie suffisamment de façon à contrebalancer la fragilité incontestable des autres critères pronostiques?

Cette consultante ayant fait preuve d'une certaine persévérance, en réussissant à terminer, cahin-caha, des études supérieures, n'a certes pas un moi très fort, puisqu'elle semble lâcher prise au moindre obstacle. D'autre part, si les conditions matérielles dans lesquelles elle vit sont favorables, les conditions psychologiques le sont moins. Les parents permissifs dont elle dépend affectivement ont été complices jusqu'ici de son moyen de défense et ils l'ont même inconsciemment renforcé. Si elle décidait d'entreprendre une psychothérapie, ne verraient-ils pas cette décision comme un nouveau caprice? Sans entraver l'effort que leur fille devra faire, il est peu probable qu'ils sauront le soutenir quand elle menacera de lâcher inopinément; car à la moindre difficulté, elle sera tentée de le faire.

C'est précisément à cette tentation que le thérapeute devra confronter préventivement cette consultante.

Après lui avoir dit que son problème est du ressort de la psychothérapie et qu'elle peut être aidée si elle le désire, il la met en face de l'écueil qui la guetterait si elle s'y engageait.

Voici à peu près en quels termes il peut le faire : *Vous aurez envie de fuir, comme il vous est arrivé et comme il vous arrive encore de le faire en face d'une difficulté, d'une frustration. Dans votre thérapie, et cela dès le début, il y aura aussi des mécomptes... Au lieu de vous laisser aller à votre impulsion à fuir, il faudra, quand vous la sentirez surgir en vous, l'avouer, à votre thérapeute. Avec lui, car il sera un allié pour vous aider à vous défendre contre vous-même, vous rechercherez ce qui a pu mettre en branle votre réflexe de fuite. Ce réflexe, qui a jusqu'ici handicapé vos projets, pourrait être la pierre d'achoppement de cette nouvelle entreprise.*

Et s'il vous arrivait de vous échapper à vous-même en quelque sorte et que vous vous preniez en flagrant délit d'escapade passagère ou définitive — par exemple manquer une séance ou décider sans crier gare d'abandonner tout à fait parce qu'à la séance précédente les choses ne se seraient pas passées selon vos attentes — eh bien ! il faudra revenir bravement à la suivante pour faire part de votre décision. On ne rompt pas une relation thérapeutique même pour la meilleure raison du monde, sans en discuter avec son thérapeute... Vous n'avez peut-être pas osé jusqu'ici faire front de cette façon ?

Par la confrontation, cette personne est invitée à scinder son moi en deux parties l'une aux prises avec une velléité de fuite et l'autre observant l'émergence de cette velléité et prenant peu à peu conscience de l'inanité d'un agir qui ne règle rien. On ne fuit pas ses problèmes, ils nous suivent partout.

La mise en garde adressée à cette consultante, suivie de quelques mots d'explication sur la psychothérapie adaptés à sa situation, l'a ramenée à sa demande initiale.

— Entreprendre une psychothérapie c'est partir à la recherche de soi... Peu à peu vous ferez connaissance avec votre vrai moi... l'avez-vous jamais rencontré ? Vous verrez vos intérêts, vos goûts émerger du plus profond de vous-

même et vous n'aurez plus besoin de quiconque pour vous aider à prendre des décisions.

Et pour terminer, une interrogation motivante comme celle-ci peut-être :

— Et pourquoi votre psychothérapie ne serait-elle pas la première entreprise que vous aurez rondement conduite à l'aboutissement souhaité ?

Si la consultante se montre prête à donner suite à sa démarche, le thérapeute lui donne des renseignements utiles. S'il la sent hésitante, il n'insiste pas davantage... qu'elle réfléchisse à loisir... elle demandera un nouveau rendez-vous quand elle se sentira prête à le faire.

Tous les mécanismes de défense contre l'angoisse se transforment, dans la psychothérapie, en résistance au défoulement des conflits anxiogènes et ils en entravent le processus, c'est connu. La fuite devant l'obstacle est le plus pernicieux d'entre eux parce qu'il risque en outre de faire achopper l'engagement dans la thérapie. On ne peut aider quelqu'un qui n'est plus là.

Confronté préventivement, dès la première entrevue, à ce mode d'évasion, le consultant qui l'a adopté, commence à s'observer rétrospectivement, ce qui peut faire surgir chez lui une motivation plus valable que celle qui l'a amené à se présenter.

Hormis ces deux indications que nous venons d'illustrer, soit une motivation inadéquate et la présence d'un mécanisme de fuite devant l'obstacle, l'emploi de la confrontation doit être extrêmement réservé dans l'entretien initial.

B) *L'interprétation proprement dite*

L'interprétation proprement dite est considérée comme le suprême agent thérapeutique, dans la hiérarchie des principes et techniques de la psychanalyse et des psychothérapies dynamiques — Bibring le rappelle dans la communication déjà citée — toutes les autres interventions lui sont subordonnées et ne sont utilisées que dans le but de la faciliter et de la rendre efficace[66].

En tant que «principe», pour reprendre le terme de Bibring, l'interprétation est le dégagement, selon la définiton du *Vocabulaire de la psychanalyse*, «du sens latent dans le dire et les conduites d'un consultant». C'est donc une communication «ayant comme visée de faire accéder le sujet à ce sens latent[67]».

Alors que les autres interventions interprétatives que nous avons étudiées jusqu'ici ont pour objet le contenu manifeste des dires et des conduites de la personne, ou le contenu situé immédiatement sous le seuil de la conscience, autrement dit les contenus conscients et préconscients, l'objet propre de l'interprétation, c'est le contenu latent, inconscient ou ce contenu rendu préconscient par le travail thérapeutique.

Freud a élargi l'emploi de ce procédé, d'abord lié à l'étude du rêve, à ces autres productions de l'inconscient que sont les symptômes, les actes manqués et les mots d'esprit[68].

L'interprétation porte aussi sur tout geste adventice, toute parole qui émaillent le comportement et le discours conscients et qui échappent à l'attention d'un consultant. Elle a encore pour objet ce qu'on appelle les dérivés de l'inconscient, qui s'insinuent subrepticement dans le discours concient, rationnel et s'y incorporent au point que l'auditeur entend sans toujours s'en rendre compte deux discours si complètement enchevêtrés qu'ils peuvent être comparés à la chaîne et à la trame d'un même tissu.

Les théoriciens de la psychanalyse et des psychothérapies dynamiques considèrent l'interprétation, non comme une intervention absolument indispensable au bon aboutissement d'une psychothérapie, mais comme la seule

---

66 Edward BIBRING, M.D., *op. cit.*, p. 763.
67 Jean LAPLANCHE et J.B. PONTALIS, *op. cit.*, p. 207.
68 *Idem*, p. 207.

intervention propre à en accélérer le cours et, par voie de conséquence, à abréger la souffrance du consultant.

C'est ainsi que Menninger compare l'interprétation aux «tractions délicates» d'un obstétricien habile qui, toutes conditions préparatoires respectées, emploie avec dextérité un forceps pour hâter la délivrance du foetus. Et il insiste sur la délicatesse requise pour cette intervention, l'éclatement de l'armure narcissique causé par chaque interprétation risquant d'infliger une douleur particulièrement vive[69].

C'est ce risque que veulent éviter Rogers et, à sa suite les théoriciens des approches centrées sur le consultant. Ils estiment que la personne en cure psychologique peut accéder au sens latent et dernier de ses symptômes par elle-même, sans intervention révélatrice directe ou autoritaire de la part du thérapeute, si ce dernier a su créer des conditions propices par sa présence empathique, comparable au rôle chaleureux de l'accoucheur patient qui laisse la nature jouer son rôle sans la bousculer.

Cette comparaison, inspirée par celle de Menninger, évoque par contraste, les manipulations maladroites, malencontreuses et même traumatisantes de certains accoucheurs irrespectueux. Le psychothérapeute doit éviter lui aussi les interventions intempestives. En effet deux règles fondamentales régissent l'emploi de l'interprétation. Ces règles, énoncées par Freud dès la découverte de la psychanalyse, ont été reprises, reformulées et commentées par les théoriciens de toutes allégeances ; on ne les a jamais remises en question, bien au contraire.

Toutefois, après bientôt un siècle de psychothérapies issues de la psychanalyse, l'usage de l'interprétation est encore marqué au coin de l'ignorance : ignorance de la structure des désordres émotionnels, du mode opératoire de la «cure par la parole» et des ravages que peut causer

---

69 Karl MENNINGER, M.D., *op. cit.*, pp. 137-138.

l'emploi prématuré de ce mode d'intervention. Dans un premier écrit, Freud prévenait que «toute action psychanalytique présuppose un contact prolongé avec le patient et que c'est une erreur technique que de jeter brusquement à la tête de celui-ci, au cours de la première consultation, les secrets que le médecin a devinés». Puis il énonçait les conditions préalables à la révélation de ces «secrets»: «1) Grâce à un travail préparatoire, les matériaux doivent se trouver très rapprochés des pensées du patient — soit être devenus pré-conscients; 2) l'attachement du patient au médecin (le transfert doit être assez fort pour que ce lien sentimental lui interdise une nouvelle fuite, i.d. un nouveau refoulement)[70].» Les auteurs disent en d'autres mots aujourd'hui qu'il ne faut rien interpréter avant que le consultant ne soit lié au thérapeute par une bonne relation thérapeutique, autrement dit avant qu'une alliance de travail ne soit fermement établie[71].

Trois ans plus tard, Freud ayant appris que certains analystes se glorifiaient de «pareils diagnostics foudroyants» — toute interprétation est en fait un diagnostic partiel — revenait à la charge et condamnait «... le procédé qui consiste à communiquer aux patients au fur et à mesure de sa découverte l'interprétation de ses symptômes. Il faut éviter de leur jeter triomphalement à la tête, dès la première séance, ces «solutions». Et Freud s'exclamait: «... À quel degré de vanité et d'irréflexion ne faut-il pas être parvenu pour révéler à quelqu'un dont on vient de faire la connaissance et qui ignore les hypothèses analytiques qu'il éprouve pour sa mère un amour incestueux ou qu'il souhaite la mort de sa femme soi-disant chérie, ou encore qu'il désire berner son patron et ainsi de suite. Même exactes, ces

---

70 Sigmund FREUD, *op. cit.*, p. 40.
71 Freud ne distinguait pas alors — du moins dans ses écrits — relation transférentielle et relation thérapeutique que différencient aujourd'hui la plupart des théoriciens. L'une et l'autre se chevauchent et interagissent dans le cours d'une thérapie. À noter encore que: transfert rationnel de Fénichel, 1941, alliance thérapeutique, 1956, et transfert adulte de Stone sont des termes équivalents qui réfèrent au même concept. Greenson, *op. cit.*, p. 228.

interprétations provoquent les plus fortes résistances, l'effet thérapeutique est nul sur le moment et l'effroi suscité reste indéracinable[72]...

Et Freud ajoutait : «Même au cours ultérieur de l'analyse, il convient de se montrer prudent et ce n'est que lorsque le patient est sur le point de découvrir par lui-même la solution que l'on peut interpréter un symptôme ou lui expliquer un désir[73]...

Cinquante ans plus tard, Menninger reprenait cette recommandation après Fénichel et combien d'autres. «Ce n'est que lorsque le patient est presque prêt à voir lui-même de quoi il s'agit, que le thérapeute doit interpréter et il le fait de telle façon que le patient peut prendre tout le crédit de la découverte et non le praticien[74].»

Il faut toutefois préciser : pour qu'une interprétation ait un sens, elle doit rejoindre la personne dans toutes les nuances de son expérience affective.

Une peur d'être abandonné, un désir de possession totale et exclusive de la mère, un sentiment fondé ou un fantasme de rejet, une rivalité fraternelle exacerbée ou encore une dépendance revendicatrice déplacée d'un parent sur un conjoint peut être retrouvée au cœur de la détresse de beaucoup de personnes. Cependant, ce n'est pas tel fait, telle situation qui importe, ce n'est pas le traumatisme, la situation traumatisante en soi ou le malentendu fantasmatique, mais la façon dont l'un ou l'autre a été vécu. L'objet de la psychothérapie, c'est la réalité interne, psychique d'un sujet et non pas la réalité objective. Et cette réalité psychique, le consultant n'est pas prêt à la regarder en face, du seul fait de la présence d'un praticien, si compétent soit-il.

Plus ou moins conscient que sa souffrance névrotique a un sens caché, tout consultant, qui souhaite et redoute à la fois la

---

72 Sigmund FREUD, «Le début du traitement», *op. cit.*, p. 100.
73 *Idem*, p. 100.
74 Karl MENNINGER, *op. cit.*, p. 134.

révélation de ce sens, veut avant tout que le thérapeute auquel il se confie comprenne et accepte cette souffrance et qu'il la reconnaisse comme justifiée. Il y a là pour lui une question de dignité personnelle que le thérapeute doit respecter. C'est là la première étape du secours psychothérapeutique et cette étape on ne peut l'escamoter.

Quand le praticien aura réussi à communiquer au consultant qu'il comprend et accepte ses plaintes et revendications, celui-ci peu à peu s'apprivoisera à l'angoisse enkystée dans l'un ou l'autre symptôme, il réussira à la traverser et il deviendra capable de faire face à ce qui l'a provoquée.

« Ce dont le thérapeute doit s'efforcer de libérer le client ce n'est pas de ses défenses représentées par ses symptômes, c'est de son angoisse[75].» Toute personne qui se protège par des symptômes n'est pas prête à s'en voir débarrassée sur-le-champ. Vouloir à tout prix dissiper son ignorance quant à leur signification c'est s'acharner à rallumer la lanterne de quelqu'un qui l'a éteinte depuis longtemps pour éviter de voir ce qu'elle pouvait éclairer.

Cette tentative d'éclairage prématuré provoque invariablement de l'hostilité chez le consultant. Cette hostilité, il l'exprimera verbalement au thérapeute, directement ou indirectement.

Voici un exemple d'hostilité directement manifestée: Il s'agit de la personne dont la peur morbide et excessive de perdre ses cheveux constituait le motif avoué de sa demande d'aide. Le thérapeute, soit pour la soulager rapidement — en ce cas il oublie les règles freudiennes — soit pour sonder une capacité de prise de conscience douteuse — c'est là souvent la rationalisation des interprétations prématurées — tente de démontrer à cette personne que sa peur n'est pas objective en suggérant qu'elle cache une autre peur:

---

75 Carl ROGERS et G. Marian KINGET, op. cit., p. 94.

T— *Il arrive qu'on se fasse des peurs pour éviter d'avoir peur d'autres choses...*

La réplique ne se fait pas attendre:

C— *Oui, mais là me dites-vous que je me fais des peurs?*

Face à cette hostilité explosive, le thérapeute se replie:

T— *Non, je ne vous dis pas que votre peur n'est pas vraie, au contraire...*

Son interlocutrice outragée lui coupe vivement la parole.

C— *Oui, mais là vous me dites que moi je n'ai pas raison d'avoir cette peur...*

Le mal est fait. Cette personne n'a pas été accueillie avec sa peur et l'intervention du thérapeute l'infériorise, la met dans son tort.

Aussi pénibles que soient les pensées obsédantes, elles sont préférables aux conflits internes qu'elles aident à éviter.

Langs, qui déconseille toute interprétation explicite, toute interprétation des faits, dans la première entrevue, même sous le prétexte apparemment louable de vérifier un critère pronostique, cite à l'appui de son opinion l'exemple suivant:

... Une jeune femme, mariée, à qui on a conseillé une psychothérapie pour une légère paralysie faciale dont l'origine émotionnelle a été reconnue, raconte au thérapeute, entre autres faits, que ses parents n'ont jamais été heureux ensemble. Lorsqu'elle avait dix ans, sa mère a été affligée d'une affection semblable à la sienne. Elle commente que sa mère s'est servie de sa maladie pour réduire son père en esclavage. Elle fait part ensuite au thérapeute de certains malentendus entre elle et son mari.

Le thérapeute, après avoir fait remarquer à son interlocutrice que si, comme elle le laisse entendre, sa mère paraît avoir résolu ses problèmes conjugaux en se servant de sa maladie, suggère qu'elle semble en train d'utiliser le même stratagème.

Cette hypothèse, plausible à première vue, est évidemment rejetée par la consultante qui s'insurge : elle n'a aucun désir de rendre son mari esclave et de le faire souffrir comme sa mère a fait souffrir son père. Et c'est par ricochet que parvient au thérapeute la riposte qu'il s'est méritée. C'est quand il arrive à son mari de parler à travers son chapeau qu'elle le déteste le plus. À bon entendeur[76]...

C) La question

La question, nous dit le *Petit Robert,* est une demande que l'on adresse à quelqu'un en vue d'apprendre quelque chose de lui.

Pour nous, thérapeutes, la question n'est pas le seul ni même le meilleur moyen d'apprendre quelque chose de quelqu'un. L'écoute attentive ou de simples reflets sont des procédés qui se révèlent généralement plus efficaces.

La question proprement dite ne doit pas être confondue avec la tournure grammaticale que l'on conseille de donner à l'occasion aux interventions, soit au reflet simple ou au reflet du sentiment, soit à l'interprétation.

Si elle est directe, la question est souvent perçue par le consultant comme une menace à son intégrité. Touchant une réalité parfois objectivement anodine, elle risque d'avoir sur lui un impact imprévisible. Pour cette raison, la question doit être rangée selon nous parmi les interventions majeures.

Un étudiant, requérant une aide psychothérapeutique, à qui le thérapeute demandait de parler de sa famille, réplique avec hostilité : «*Est-ce que cela a quelque chose à voir avec mon problème?*»

La famille est un thème que les consultants abordent le plus souvent d'eux-mêmes, rattachant d'une manière ou d'une autre, à tort ou à raison, les difficultés pour lesquelles ils se présentent, aux relations qu'ils ont eues avec leur mère, leur père ou avec la fratrie. Ce consultant n'avait pas abordé le

---

76 Robert LANGS, *op. cit.,* pp. 83-84.

211

sujet. Serait-ce parce que le thérapeute lui avait laissé trop peu d'initiative dans l'entrevue, ou, parce qu'ayant des problèmes avec son milieu familial, il n'était pas prêt à en parler? De toute façon, on constate que la question prend pour lui une incidence interprétative. Elle lui a donné vraisemblablement à entendre que le problème d'asociabilité dont il se plaint pourrait avoir un lien avec la qualité des ses relations avec ses parents. Remarquons que le thérapeute n'avait sans doute pas voulu donner ce sens à la question posée. Elle faisait partie pour lui de la cueillette routinière de renseignements à obtenir.

Un thérapeute désirant vérifier l'aptitude à la prise de conscience d'une consultante qui se présente pour divers symptômes somatiques, des inappétences, des sentiments de dépression, lui demande à la fin de l'entrevue : «*La cause de votre problème est-elle en vous ou hors de vous?*» — «*En moi*», lui fut-il répondu.

Après plusieurs mois de travail, cette consultante ose enfin dire à son thérapeute dans quelle angoisse il l'a plongée en lui posant cette question : «*M'éveillant dans la nuit qui a suivi la première entrevue, j'ai eu l'impression de l'avoir échappé belle. C'est quasi au «pif» que j'ai répondu : «En moi». Je n'avais pas compris sur le moment le sens que vous donniez à votre question... J'étais si troublée... Ce n'est qu'après coup que je l'ai saisi. Si j'avais répondu : «Hors de moi», vous auriez peut-être sans autre examen refusé de m'accueillir et de m'aider.*

Des personnes en difficultés émotionnelles, en raison de leur fragilité et de leur vulnérabilité, réagissent comme des enfants devant une question. Elles en ont peur et elles s'en protègent. Non seulement elles interprètent la question qu'on leur pose, mais avant d'y répondre, elles se demandent quel sens le thérapeute donnera à leur réponse. De sorte qu'elles peuvent tout aussi bien répondre oui quand elles devraient répondre non, ou vice versa, si elles se sentent menacées de blâme, si elles ont des sentiments de pudeur, de honte ou de culpabilité, concernant le sujet à propos duquel elles sont interrogées, ou encore si elles redoutent les conséquences qu'entraînerait soit une réponse positive, soit une réponse négative.

Par exemple, si le thérapeute allait juger, d'après leur réponse, leurs difficultés trop légères ou trop graves pour accepter de les secourir... C'est une crainte que partagent beaucoup de consultants et qu'ils n'expriment pas toujours. Les imbroglios, les ambiguïtés causés par une question et l'anxiété qui en résulte ne sont pas toujours immédiatement repérables et donc réparables.

Les thérapeutes devraient avoir à l'esprit ce proverbe indien : «Si vous ne voulez pas que l'on vous mente, ne posez pas de questions.»

Dans la première entrevue, quand le consultant a commencé à parler de lui, des motifs de sa démarche, les seules questions acceptables sont celles qui peuvent aider un interlocuteur anxieux à s'exprimer avec moins d'embarras.

Par exemple, un consultant, après avoir expliqué qu'il vient sur le conseil d'un beau-frère ayant bénéficié lui-même d'une psychothérapie, s'interrompt, visiblement mal à l'aise... Le thérapeute intervient par un reflet du sentiment suivi d'une question : «*Ça vous a donné confiance... Vous avez cru que nous pourrions vous aider vous aussi*[77]?»

Au cours de la communication spontanée, il faut prendre garde de ne pas couper une pause pour poser une question en vue d'obtenir un renseignement qui n'a rien à voir avec le sujet dont parlait le consultant.

Les thérapeutes débutants, qui trouvent difficile de supporter quelques secondes de silence, à cause de l'insécurité due à leur inexpérience et du désir de la masquer, recourent impulsivement à la question.

Par ailleurs, on sait qu'une angoisse éveillée dans le thérapeute — un praticien même expérimenté n'échappe

---

77 Appendice 1, p. 262.

pas toujours à ce phénomène — provoque souvent de sa part une question malencontreuse qui détourne l'entretien d'un thème anxiogène vers un autre qui ne l'est pas.

C'est toujours avec une désagréable surprise qu'un supervisé repère avec son superviseur, dans le relevé de ses premières entrevues, de ces questions qu'après coup il juge lui-même inappropriées et intempestives.

Voici quelques situations excessives, mais propres par le fait même à retenir l'attention des débutants :

... Un consultant décrit le malaise pour lequel il cherche de l'aide : «*Je m'éveille tous les matins avec une boule dans la gorge... Quand je pars pour mon travail, je me sens étouffé... J'ai du mal à respirer...* Et il s'interrompt, regardant le thérapeute. Celui-ci, ne supportant pas cette pause, que son interlocuteur aurait sans doute rompue lui-même, s'informe : «*Qu'est-ce que vous faites comme travail ?*» Il est facile de concevoir la frustration du consultant devant ce thérapeute qui semble accorder si peu d'importance à son symptôme.

... Un autre consultant, expliquant le motif de sa démarche, dit : «*Je suis exaspéré d'avoir à prendre tant de pilules...*» Le praticien, sans égard pour le sentiment de son interlocuteur, interroge : «*Quelle est votre situation ?... Est-ce que vous habitez avec quelqu'un ?*» Quelle inquiétude, raisonnable en soi, a effleuré l'esprit du thérapeute ? Un risque de suicide ? Il aurait appris, probablement au cours du déroulement de l'entrevue, les conditions dans lesquelles vit ce consultant, sans avoir à s'en informer explicitement.

... Une jeune femme mariée, songeant au divorce, explique au début de l'entretien : «*Mon mari s'oppose... Il n'approuve pas la démarche que je fais... Il ne comprend pas que j'aie besoin d'être aidée... Il fait toujours tout mieux que moi...*» La thérapeute à laquelle elle s'adresse ne la laisse pas reprendre haleine : «*Vous avez des enfants ?... Vous avez des difficultés aussi de ce côté ?...*» Quelle préoccupation a fait surgir cette question qui paraît bien être une projection des propres difficultés de cette jeune praticienne?

Cet exemple offre l'occasion de mentionner qu'une question ne doit pas contenir de réponse suggérée, comme ici: «Vous avez aussi des difficultés avec vos enfants?»

Le renoncement à l'usage de la question dans cette partie de l'entrevue, que l'on a appelée la communication du consultant, est un apprentissage difficile pour les thérapeutes. La question leur évite de se confronter avec les émotions de leurs interlocuteurs et avec la situation anxiogène qui les affecte.

L'étude des relevés de leurs premiers entretiens fait prendre conscience aux débutants que la question, aussi bénigne soit-elle, insécurise indûment leurs interlocuteurs et fausse d'entrée de jeu le premier but de cette rencontre en enlevant l'initiative au consultant. Doit-on donner priorité au thérapeute, qui a surtout besoin de savoir, ou au consultant, qui a besoin de dire et le fera dans la mesure où il sera persuadé qu'il peut le faire sans peur d'être blessé?

À la fin de l'entrevue, la question est l'intervention appropriée, si le thérapeute a des doutes sur la présence de la motivation du consultant ou sur la qualité de celle-ci, ou s'il n'a pas découvert dans quelles conditions psychologiques et matérielles vit le consultant. À ce moment, elle ne comporte aucun risque.

D) Le silence du psychothérapeute

Le silence du psychothérapeute n'est pas comme on pourrait le croire, une absence d'intervention, mais une intervention dont l'impact sur la communication du consultant est supérieur à toute intervention verbale.

«Au début est le silence», c'est le titre d'un chapitre du célèbre livre de Reik: «Écouter avec la troisième oreille». L'auteur y fait remarquer «qu'en psychanalyse on a tellement parlé de la parole que bien des gens oublient presque entièrement les effets émotionnels du silence, et plus particulièrement», précise-t-il, «ceux du silence du thérapeute[78]».

Les auteurs d'ouvrages plus récents sur la technique parlent tous, à l'occasion, du silence du thérapeute, mais sans lui attribuer une place particulière. À notre connaissance, seul Langs fait exception. Il réserve au silence du thérapeute le premier des chapitres qu'il consacre aux interventions à sa disposition. Et il écrit que, dans le répertoire de celles-ci, le silence, si paradoxal que cela semble, est sans contredit l'intervention la plus fondamentale, la plus sous-évaluée et la plus mal comprise[79].

Le silence est évidemment lié à la capacité d'écoute, cet art difficile de l'échange inter-personnel. Seuls de rares individus le possèdent sans y être spécialement entraînés, observe Fromm-Reichmann, qui le considère comme l'habileté humaine et professionnelle prérequise pour tout psychothérapeute[80]. Cette habileté est le résultat d'une sécurité émotionnelle peu commune. Elle s'acquiert cependant par une psychothérapie personnelle d'ailleurs conseillée à tous ceux qui ont l'ambition d'aider les autres.

Le silence du thérapeute, à l'égal de celui du consultant qui a davantage attiré l'attention des théoriciens[81], est aussi chargé de divers sens. «Il n'est pas vide», écrit Reik, «mais il vibre de mots inarticulés[82].»

Le consultant se présente chez un psychothérapeute avec le désir de rompre le silence dans lequel il s'est enfermé parfois depuis très longtemps. L'accueil tacite et chaleureux du thérapeute fait droit à son désir et lui signifie:

---

78 Théodore REIK, _Écouter avec la troisième oreille_, Epi, S.A., Paris, 1976, «Au début est le silence», pp. 117-121.
79 Robert LANGS, _op. cit._, pp. 367-390.
80 Frieda FROMM-REICHMANN, M.D., _Principals of Intensive Psychotherapy_, University of Chicago Press, 1950, Chapitre II «Listerning is a basic Psychotherapeutic Instrumentality», p. 7.
81 Peter BLOS Jr., M.D., _Psychoanalytic Quaterly_, No 41, 1972, pp. 348-363.
82 Théodore REIK, _op. cit._, p. 120.

«*Je suis avec vous et disposé à vous écouter avec attention, respect et intérêt.*»

Beaucoup de consultants n'ont pas besoin d'autres mots que ces «mots inarticulés», de la part du thérapeute pour pouvoir s'exprimer à leur guise. Ils se prévalent avec gratitude de son silence et en retirent un premier soulagement et un espoir. Certains en rendent compte à la fin de l'entrevue :

... Je vous ai confié des choses que je n'ai jamais confiées à personne, et que je ne croyais pas avoir le courage de confier aujourd'hui...

... Je suis content d'avoir trouvé quelqu'un capable de m'écouter comme vous l'avez fait, remarque un autre consultant, *c'est un phénomène rare.*

Outre ce premier effet, le silence du thérapeute a pour deuxième conséquence la délimitation des rôles respectifs et divergents des deux interlocuteurs de cette commune entreprise qu'est une psychothérapie. Mieux que par toute explication verbale, le consultant apprend par ce silence que c'est à lui qu'incombera le rôle essentiel, qu'il aura à prendre l'initiative de la conduite des entrevues subséquentes et à parler comme il l'a fait dans cette première rencontre. Il se rend compte également que le rôle du thérapeute consistera à n'intervenir que pour faciliter la parole de plus en plus significative de son interlocuteur dans le but de l'amener aux prises de conscience libératrices.

En outre, par son silence, le thérapeute communique sa foi, et c'est là un troisième effet, dans les ressources positives du consultant, dans sa capacité de résoudre ses difficultés et de parvenir à s'auto-déterminer.

Cependant, dans la première entrevue, le thérapeute veille à ce que son silence bénéfique pour l'un, ne soit pas inquiétant pour tel ou tel autre, moins sûr de lui et plus méfiant. Car, si certains interlocuteurs l'interprètent comme une acceptation de leur personne, une approbation de ce qu'ils racontent — «qui ne dit mot consent» —, d'autres peuvent y voir la marque d'un désintérêt ou la preuve que leurs propos sont ennuyeux et inappropriés. En pareil cas, ces consultants prêtent au thérapeute des attitudes qu'ont pu avoir envers eux des parents peu attentifs, indifférents ou dont ils auraient été rejetés.

Par ailleurs, un thérapeute débutant peut garder le silence par embarras, par insécurité, ne sachant pas s'il doit intervenir et de quelle façon. Évidemment, le consultant sentira ce malaise. Mais s'il n'est pas lui-même dans une trop grande détresse, il parviendra quand même à s'exprimer et sa frustration sera moins grande que celle d'un consultant accueilli par un thérapeute mal à l'aise qui, pour s'en sortir et se donner bonne allure, assaille son interlocuteur de questions erratiques.

Un poète américain, cité par Menninger, a imaginé Moïse descendant de la montagne, non pas avec dix commandements, mais onze, ce onzième étant un mot unique: «Écoutez». C'est là le commandement primordial que tout bon thérapeute a intérêt à observer[83].

5.3.4 Opportunité et modalités des interventions

Dès que, dans cette partie de l'entrevue, le consultant a commencé de s'exprimer, le thérapeute s'abstient, comme au début et pour les mêmes raisons, de se porter inconsidérément à son secours, et ce, aussi longtemps que le consultant semble capable de poursuivre seul, malgré l'évidence de son anxiété.

Cependant, il ne faut pas confondre l'absence d'intervention, le silence, avec la passivité. Un bon thérapeute n'est jamais passif, et son silence est une activité intense et ardente. Pour plusieurs personnes, c'est la première fois de leur vie qu'on leur témoigne assez de considération pour les écouter ainsi sans interventions

---

83 Karl MENNINGER with Martin MAYMAN and Paul TRUYSER, The Vital Balance, The Viking Press, New York, 1963, Chap. XIV, «The Role of the Psysician», p. 350.

inopportunes. Jamais quelqu'un n'a attaché autant d'importance à leurs symptômes, à leurs peurs, ou à leurs idées irrationnelles.

Toutefois, d'autres consultants plus anxieux ont besoin d'être soutenus par la parole du thérapeute. Ils craignent constamment de sa part une attitude de rejet concernant leur personne ou un blâme à propos de ce qu'ils disent. Pour certains, parler d'eux-mêmes est un effort inutile, un effort qui ne vaut pas la peine d'être tenté ni d'être poursuivi. Ce sentiment se perçoit dans leur maintien qui peut paraître apathique, déprimé, détaché. Il se manifeste aussi par de l'inhibition. Il appartient alors au thérapeute de montrer non seulement par son attitude mais aussi par la parole, que ce qui est dit a de l'intérêt et de l'importance. Qu'il le fasse avec tact et mesure, car il y a plusieurs degrés de dévalorisation.

Il suffira quelquefois d'un murmure « Mm, mm », d'un ou de quelques mots, par exemple : « Oui », « Je peux comprendre », pour soutenir un récit qui chancelle et menace de s'interrompre à tout moment. Dans d'autres cas, il faudra intervenir un peu plus, par exemple, répéter le dernier mot de l'interlocuteur, formuler après lui, dans ses mots ou dans des mots nouveaux, ce qu'il vient d'énoncer, pour lui laisser entendre qu'il est écouté et compris, ou encore refléter interrogativement ce qui vient d'être exprimé, comme ceci : *Si j'ai bien compris, c'est telle chose que vous voulez dire, c'est telle impression que vous avez, telle douleur que vous ressentez?* Ces échos simples valorisent les faits ou les sentiments que le consultant tâche de décrire plus ou moins péniblement et l'aident à s'exprimer plus complètement.

Si la personne semble en détresse, on reflète le sentiment : *Je peux comprendre que ce n'est pas facile pour vous de vous exprimer.* Si la détresse vient des difficultés, des épreuves de son passé qu'il raconte : *Je crois comprendre que ça n'as pas toujours été facile pour vous.* Et s'il s'agit du présent : *... que ce n'est pas facile pour vous en ce moment,* ou *je vois que vous vivez des heures difficiles.*

C'est surtout avec ces personnes que le thérapeute pourrait avoir la tentation de manifester sa sympathie d'une façon ou d'une autre, ou de chercher à les rassurer. Il pourrait, par exemple, leur montrer que leurs difficultés sont moins grandes qu'elles ne paraissent — parce qu'objectivement, elles n'ont pas tant d'importance —, croyant ainsi les réconforter; ou bien il peut les exagérer pour témoigner son intérêt. Les difficultés du consultant sont ce qu'elles sont pour lui-même, telles qu'il les ressent actuellement, ni plus grandes, ni plus petites. Si le thérapeute les minimise pour alléger un sentiment d'impuissance, de honte ou de culpabilité, la détresse de son interlocuteur augmente, parce qu'il ne se sent pas compris, ce qui peut aussi le rendre hostile; si le thérapeute les exagère, le consultant perçoit la complaisance et le manque de rigueur professionnelle du thérapeute et ne s'y laisse pas prendre. Le consultant cherche de la compréhension et de l'aide, non de vaines consolations ni des encouragements futiles.

La bonne remarque à faire à une personne déprimée, affaissée, serait celle-ci: *Vous vous sentez abattue à ce point-là?* Cette constatation toute simple donne à l'interlocuteur le sentiment que le thérapeute est capable de mesurer son état d'abattement. La forme interrogative de ce reflet lui permet d'ajouter des précisions, des corrections, de se rendre compte, s'il y a lieu, de l'exagération de ses plaintes, et souvent d'apporter des éléments positifs*.

Certaines personnes parlent avec exagération de leurs malaises. Elles les «jouent» bruyamment, les décrivent avec tous les superlatifs qu'elles connaissent et ponctuent leurs descriptions de gestes excessifs. Elles ont l'habitude de dramatiser leur situation ou leurs difficultés pour attirer la sympathie de leur entourage, mais l'entourage ne répond généralement pas à cette façon d'attirer sur soi la sympathie. Personne ne les prend au sérieux. Elles redoutent de subir le

---

* À remarquer, la tournure du reflet: «Vous vous *sentez* abattue» et non «Vous êtes abattue». «Vous vous *sentez* seule» et non «Vous êtes seule».

même sort avec le thérapeute. Avec eux, le reflet qui utilise une image concrète agit comme un calmant, par exemple: *Cette difficulté vous paraît comme une montagne à traverser... Vous avez le sentiment d'avoir toute votre vie nagé à contre-courant...* Si elles parlent de l'incompréhension de leur entourage: *Même au milieu des vôtres, vous avez l'impression d'être seul comme dans un désert.*

Des consultants se plaignent du comportement de certaines personnes qui jouent ou ont joué un rôle dans leur vie. Le thérapeute doit s'abstenir de prendre parti pour son interlocuteur dans le but, par exemple, d'établir un rapport de compréhension par une sorte de complicité.

Les faits reprochés peuvent être de pures projections. Dans le cas où ils seraient exacts, indubitablement fondés dans le réel, il y a souvent eu une part de provocation de la part de celui ou de celle qui trouve à se plaindre des autres. Tôt ou tard, au cours de sa thérapie, le consultant prendra conscience de sa projection ou de ses attitudes provocatrices. Que pensera-t-il alors de l'intervention maladroite faite par le thérapeute à la première entrevue? Ainsi, un consultant dépendant pourrait parler avec aigreur de l'attitude dominatrice et envahissante d'une personne de son entourage, sans être conscient que son insécurité, sa passivité, son manque d'initiative appellent et intensifient le comportement dominateur dont il se plaint. Dans pareil cas, mieux vaut ne pas intervenir et accepter en silence les griefs de l'interlocuteur quand il s'exprime facilement.

Cependant, si celui-ci s'exprime avec timidité et réticence, et que le thérapeute ne peut saisir s'il s'agit de projections ou de faits objectifs, au moins en partie, il peut l'aider à poursuivre en reflétant ainsi: *Vous avez le sentiment que l'on cherche à vous dominer, à vous imposer une façon de voir...* ou encore: *Vous ne semblez pas aimer que l'on vous impose une façon d'agir, que l'on vous oblige à faire les choses autrement que vous désirez les faire?* Évidemment, la formule la plus appropriée sera indiquée par les énoncés du sujet.

5.4 Le silence du consultant

Une bonne attitude de la part du thérapeute, un silence attentif et des interventions opportunes aident la plupart des consultants à s'exprimer aussi complètement qu'ils le souhaitent. Cependant, il y aura des ruptures dans le débit et parfois le silence s'établira. Le thérapeute essaiera de distinguer entre ce qui serait une vraie ou une fausse rupture de communication, pour ne pas intervenir inutilement ou maladroitement et causer par ses interventions de vraies ruptures.

Il y a diverses sortes de silence. Ainsi, a) *le simple arrêt* pendant lequel le consultant réfléchit à ce qu'il veut dire et cherche la meilleure expression. Par exemple, voici une personne qui parle aisément d'un psoriasis, dont elle souffre depuis son enfance et qu'elle présente comme le motif principal de sa demande de secours. Soudain, elle s'arrête et le silence se prolonge. Comme elle ne semble pas embarrassée, le thérapeute se garde d'intervenir. Après un bon moment, cette personne reprend : *C'est pire, quand j'ai de la peine...* Et il a suffi au thérapeute de répéter cette remarque : *Vous vous êtes aperçue que c'est pire dans ces moments-là ?* pour que la consultante passe de son symptôme somatique à ses difficultés émotionnelles.

b) *L'hésitation devant une chose difficile à dire,* par exemple un symptôme dont on a honte, que l'on a tenu caché et que l'on n'était pas sûr d'être capable de révéler au cours de cette entrevue. Le silence ici signifie : *Voici mon secret... et c'est dur de vous le confier...* Il va sans dire que le thérapeute ne rompt pas ce silence et demeure comme en suspens avec son interlocuteur, au bord de cette confidence. Ce dernier appréciera cette discrétion qui est ce qui peut l'aider le mieux. Voici une illustration :

... Une jeune femme qui se présente soi-disant pour un problème d'orientation, raconte son histoire avec facilité. À un moment, elle s'interrompt, des larmes sourdent et elle regarde la thérapeute avec inquiétude et comme désespérée.

Celle-ci soutient ce regard, sans lui dire autrement qu'elle comprend. La consultante avoue alors qu'elle ne vient pas seulement pour se faire orienter, mais parce qu'elle est aux prises avec une habitude masturbatoire compulsive contre laquelle elle lutte en vain depuis son enfance.

c) Les *vraies ruptures* sont causées par des inhibitions, des blocages qui se produisent quand il se fait un rappel conscient ou inconscient d'émotions violentes, qui peuvent elles-mêmes être conscientes ou inconscientes.

Le thérapeute ne peut pas toujours prévenir ces blocages. Les uns se produisent soudainement, les autres sont annoncés par le ralentissement du débit, une difficulté croissante à s'exprimer, des sueurs, des soupirs, des larmes. La bouche devient sèche — ce qui peut se percevoir — les mâchoires se contractent et les mots ne sortent plus. Ces personnes sont même incapables d'avouer leur état d'impuissance, ce qui serait un soulagement pour elles. Chez d'autres, l'émotion n'est pas accompagnée de phénomènes physiologiques, mais les mots ou les formules manquent tout à coup, ou c'est le souvenir de faits qu'elles voulaient rapporter qui semble s'effacer. Dans ces cas, le thérapeute doit évidemment intervenir, mais après une pause raisonnable, pour laisser à son interlocuteur la chance de se ressaisir.

Si celui-ci n'y parvient pas, le thérapeute reflète d'abord la difficulté, révélée par les réactions physiologiques et l'inhibition: *Vous alliez me dire quelque chose que vous sentiez le besoin de dire...* Si l'interlocuteur ne réagit pas, on fait un bref résumé de ce qui a été apporté jusque-là, ce qui lui permet de reprendre le fil. Le blocage se maintient-il, la personne est-elle incapable de surmonter son émotion, le thérapeute lui dit qu'elle pourra, si elle le désire, revenir sur ce sujet à la fin de l'entretien ou le remettre à la prochaine séance.

Rappelons qu'en aucun cas le thérapeute ne doit profiter d'un silence, pendant cette partie de l'entrevue, pour obtenir du consultant un renseignement dont l'utilité peut être discutable. Des thérapeutes s'excusent d'être intervenus en disant que leur interlocuteur paraissait anxieux et qu'ils ont voulu alléger son anxiété, en changeant de thème. Le praticien ne doit pas prendre pour de l'anxiété chez son interlocuteur, celle que fait naître en lui un silence qui se prolonge. C'est souvent son propre embarras qui l'empêche de saisir la signification d'un tel silence et qui le pousse à des interventions inopportunes.

C'est un point de technique difficile à mettre en pratique que de savoir soutenir un silence. Les thérapeutes débutants oublient parfois que la plupart des consultants ne le tolèrent pas mieux qu'eux. Ces derniers le rompront presque toujours si on leur en laisse la moindre chance. On s'en convainc aisément en écoutant des enregistrements. Il y a un silence, le thérapeute le soutient et soudain on entend les voix emmêlées du consultant et du thérapeute. C'est une chance encore, si on n'entend pas la voix du thérapeute couvrir celle de son interlocuteur et continuer de dire ce qu'il avait commencé, plutôt que de céder : *Vous alliez dire...?*

5.5 Limite de la communication du consultant

Il vaut mieux ne pas prolonger indûment cette entrevue qui doit être strictement limitée à ce qui est requis pour décider si une psychothérapie est indiquée ou non.

Si le consultant est entraîné vers des confidences trop complètes ou sur des thèmes qui produiraient trop d'anxiété chez lui, le thérapeute lui dit qu'il n'est pas nécessaire de s'expliquer davantage : *Nous pourrons,* ajoute-t-il, *en reparler à notre prochaine rencontre* — cela si le consultant est accueilli en cabinet privé et doit poursuivre avec le même thérapeute. Mais si le consultant est accueilli en clinique : *Vous pourrez revenir sur ce sujet avec le psychothérapeute qui vous sera désigné.*

Le praticien devra aussi endiguer les confidences d'un interlocuteur qui menacerait de se «déverser» tout entier dans ce premier contact, soit parce qu'il est habitué à s'exhiber et qu'il le fait chaque fois que l'occasion lui en est fournie, soit parce que, portant un poids lourd sur le cœur et se sentant compris et à l'abri de toute indiscrétion, il cherche à obtenir un rapide soulagement. Dans les deux cas le thérapeute reconnaît et accepte ce besoin : *Je peux comprendre que vous sentiez le besoin de compléter ces confidences...* Autrement le consultant pourrait croire que le thérapeute n'est pas intéressé à l'écouter jusqu'au bout ou qu'il n'en a pas la patience, et il se sentirait frustré. S'il se croit très malade, il pourrait penser que le thérapeute est effrayé par la gravité de son problème et son anxiété s'accroîtrait. On lui fait comprendre qu'il est préférable de réserver la suite de ses confidences pour les entretiens ultérieurs. Plus tard, cette personne saura gré de sa discrétion au thérapeute qui l'aura reçue en première entrevue, même si elle en paraît déçue momentanément.

Dans un ouvrage précédemment cité, Fischer recommande au thérapeute de veiller avec soin à ce que le consultant mis en confiance ne se livre pas outre mesure dans le premier entretien. Si cela menace de se produire, il faut doucement mais fermement ramener la conversation sur des thèmes moins personnels ou encore mettre fin à l'entretien. Car des confidences excessives faites à un étranger, même si c'est un professionnel, produisent par la suite des réactions hostiles, soit de la résistance, du négativisme ou des doutes au sujet de la compétence du thérapeute ou de son intégrité.

L'auteur confie avoir été souvent confondu par le fait qu'une personne qui s'était exprimée d'abondance dans la première entrevue, ne se présentait pas à un second rendez-vous. Par ailleurs, n'avons-nous jamais, commente-t-il, éprouvé nous-mêmes quelque chagrin ou humiliation pour avoir impulsivement et imprudemment fait à quelqu'un des confidences trop intimes[84] ?

---

84 V.E. FISCHER, Ph.D., *op. cit.*, p. 7.

CHAPITRE 6

Le dénouement de l'entrevue

Cette troisième et dernière étape de la première entrevue a ses propres objectifs. On estime qu'elle ne devrait pas, dans la majorité des cas, occuper beaucoup plus que le quart du temps réservé pour la séance entière.

Après la libre communication du consultant, le thérapeute est souvent à même de constater que son interlocuteur est dans des conditions favorables pour profiter d'une psychothérapie.

Dans ce cas, cette dernière étape est uniquement consacrée par le thérapeute à établir un consensus avec le consultant, soit à s'entendre avec lui sur les arrangements pratiques et à répondre aux questions que ce dernier voudra éventuellement lui poser.

Mais il arrive parfois que le thérapeute ne retrouve pas dans les propos du consultant des informations explicites ou implicites, lui permettant d'évaluer l'un ou l'autre des critères relatifs au pronostic, par exemple l'aptitude à la prise de conscience, ou la force du moi.

Le thérapeute n'a pas cependant à explorer systématiquement chacun des critères, à l'exception de la motivation. Pour les autres, il peut compter que des entretiens subséquents apporteront les informations manquantes.

Mais si le thérapeute n'a pas pu, au cours de l'entrevue, s'assurer de la motivation ou juger de sa qualité, il doit le faire avant de clore l'entrevue. De même, il vérifie l'idée que son interlocuteur se fait de la psychothérapie, quand il a des raisons de croire que ce dernier nourrit des attentes illusoires.

6.1 Mise à jour de la motivation du consultant et de sa conception de la psychothérapie

Pour vérifier ces points, le thérapeute pose au consultant, dans des formulations appropriées, les questions que Gill *et al.* suggèrent au thérapeute d'avoir à l'esprit, en accueillant un consultant et tout au long de l'entrevue, à savoir: a) Pourquoi ce consultant se présente-t-il maintenant chez un psychothérapeute? b) Qu'attend-il de la psychothérapie, ou comment espère-t-il qu'elle le soulagera?

La réponse à la première question dévoile le facteur qui a déclenché la demande d'aide et, par ricochet, la présence de la motivation. La réponse à la deuxième révèle: a) la qualité ou le niveau de la motivation, b) renseigne sur l'idée que le consultant se fait de la psychothérapie et c) par le fait même, indique quelles explications le thérapeute aura à donner, s'il y a lieu, et dans quels mots.

Par exemple, à un étudiant qui se présente pour un problème d'intégration sociale: difficulté de se lier avec des personnes de son sexe et de l'autre, à communiquer avec elles et à s'affirmer devant quiconque, le thérapeute demande:

— *Ces difficultés, vous en souffrez depuis longtemps, pourquoi cette démarche aujourd'hui plutôt qu'hier?*

— *C'est la mort de l'oncle dont je vous ai parlé, sur lequel j'ai toujours compté, qui me fait prendre conscience que personne ne bougera maintenant à ma place... Il est temps que je me prenne en main... Je n'ai plus 18 ans, mais j'ai besoin d'aide pour le faire, je n'y arriverai pas seul... Je me sens trop démuni... mais je sais que je dois renoncer à dépendre des autres...*

Le praticien, maintenant assuré de la motivation, soupçonnant que cette dépendance peut être reportée sur lui ou, si le consultant est accueilli en clinique, sur le thérapeute qui éventuellement prendra la relève, poursuit ses interrogations :

— *De quelle façon vous attendez-vous qu'on vous aide ?*

— *Bien je sais que je vais avoir à parler beaucoup comme je l'ai fait aujourd'hui, pour me faire connaître et qu'en fin de compte, on me donnera des «feed-back», des opinions fondées sur ce que j'aurai dit au sujet de ma vie et qu'on me suggérera des solutions...*

Le thérapeute réplique :

— *Oui, en effet, vous aurez à parler beaucoup de vous-même... Et peu à peu, les solutions que vous attendez maintenant du thérapeute, après les avoir attendues des personnes de votre entourage, s'imposeront à vous d'elles-mêmes en quelque sorte...*

6.2 Présentation de la psychothérapie

La mise au point toute simple que nous venons de citer, si elle s'ajoute à un entretien pouvant offrir un bon échantillon de psychothérapie, constitue une présentation sommaire, mais suffisante de la psychothérapie. Remarquons que cette présentation n'est pas tellement différente de celle qu'il est parfois nécessaire de faire au début de l'entrevue.

Aucun consultant n'espère des définitions et des descriptions intellectuelles ou abstraites qui ne signifient rien pour lui. Il cherche quelqu'un qui l'accueille dans sa détresse et n'en demande pas davantage à ce moment. Voici d'autres exemples de présentation de la thérapie.

... Un thérapeute, voulant prévenir toute confusion dans l'esprit d'une consultante, lui a demandé au début de l'entrevue ce qu'elle savait de la psychothérapie. Elle a répondu :

— *Je n'en ai pas une idée très nette, mais je sais que c'est différent, très différent de la psychiatrie...*

À la fin de l'entretien, le thérapeute revient sur cette réponse :

— *Vous m'avez dit que vous n'aviez pas une idée très nette de la psychothérapie ?*

— *C'est vrai, mais je sais que c'est ma dernière planche de salut... Je ne veux plus continuer à vivre comme je vis...*

— *Vous avez raison de croire que la psychothérapie peut vous aider... Peut-être aurez-vous à faire de gros efforts, quand ce ne serait que pour venir régulièrement à vos rendez-vous ?*

— *Je suis prête à tout...*

— *Vous savez que vous aurez à venir chaque semaine ?*

— *Oui, on me l'a dit.*

Sans insister davantage, le thérapeute poursuit :

— *Il nous reste à voir ensemble à quel moment nous pourrons nous rencontrer...*

... À une consultante, affligée de divers symptômes psychosomatiques, le thérapeute fait remarquer :

— *Il y a longtemps que vous souffrez de ces migraines, de ces douleurs musculaires et que vous prenez des médicaments pour les soulager ; pourquoi avoir pensé maintenant à la psychothérapie ?*

— *J'y pense depuis longtemps, mais je ne savais pas à qui m'adresser, et je n'osais pas m'informer à mon médecin... ma fille qui étudie à l'université a entendu parler de vous...*

— *Vous savez en quoi consiste la psychothérapie ?*

— *Le peu que j'en sais, je l'ai appris par des lectures, la radio, la télévision...*

— *Et vous êtes prête à en faire l'expérience?*

— *Oui.*

— *On apprend ce qu'est une psychothérapie, en en faisant l'expérience. À mesure que vous vivrez la vôtre, vous constaterez ce qu'elle peut vous apporter... C'est pour chacun une aventure unique.*

6.3 Les questions du consultant au psychothérapeute

Les questions que le consultant pose éventuellement au psychothérapeute, généralement à la fin de l'entrevue, se rapportent le plus souvent à la durée de la psychothérapie, et au besoin d'être rassuré sur son résultat, soit au désir d'obtenir une promesse de guérison. Nous en ajouterons quelques autres qui se présentent avec une certaine fréquence.

Ces questions étant suscitées à la fois par des inquiétudes émotionnelles et par la méconnaissance de la psycho-thérapie, le praticien s'efforce d'y répondre en tenant compte de ces deux aspects.

6.3.1 Durée d'une psychothérapie

Bien des consultants s'inquiètent de la durée d'une psychothérapie et demandent au thérapeute, à la fin de l'entrevue : *Est-ce que ce sera long?* ou encore «*Croyez-vous que j'en ai pour longtemps?*»

Cette question fatidique que Freud appelait la «désa-gréable question» à laquelle le thérapeute ne peut pas répondre, ni précisément, ni approximativement, lui cause toujours quelque embarras[1].

---

1 Sigmund FREUD, «Le début du traitement», *La technique psychanalytique*, Presses universitaires de France, Paris, 1970, p. 86.

Comment y répondre honnêtement sans décourager des personnes qui, en dépit de la connaissance qu'elles ont de la psychothérapie, s'attendent néanmoins à être délivrées rapidement de souffrances qu'elles endurent depuis des années?

La durée d'une psychothérapie est toujours imprévisible, parce qu'elle dépend, on le sait bien, de plusieurs facteurs, notamment de la gravité et de la durée du problème, de la qualité de la motivation, de la rapidité avec laquelle le consultant pourra renoncer aux gratifications que lui procure son état névrotique, de la souplesse ou de la rigidité de ses défenses, de la force de son moi, de son aptitude à la prise de conscience, du soutien qu'il recevra de ses proches, enfin, du rythme avec lequel il évoluera. Comment évaluer ces facteurs dans un premier contact et même après un certain nombre de séances?

Que répondre alors à cette jeune femme tyrannisée par une sévère compulsion qui, à la fin de l'entrevue, demande au thérapeute : *Est-ce que j'aurai à venir plusieurs fois?*

— *Vous êtes inquiète du temps que cela pourrait prendre?*

— *Mon problème est si gros, que je voudrais qu'il se volatilise tout à coup.*

— *Je comprends votre hâte et je voudrais bien avoir une baguette magique pour exaucer votre vœu... malheureusement, une psychothérapeute n'est pas une fée... Je peux vous aider, si vous le voulez, à chercher ce que signifie ou à quoi sert cette compulsion qui, comme vous dites, vous tyrannise depuis plus de dix ans... c'est une recherche qui peut prendre un certain temps... Vous êtes prête à le prendre?*

— *Je veux faire ce qu'il faut, je ne peux pas rester comme ça, je veux revenir...*

Une consultante, bien renseignée sur le déroulement d'une thérapie, interroge néanmoins le thérapeute:

— *Croyez-vous que ça va être long?... Je ne veux pas m'éterniser ici...*

Bien des personnes expriment, par une question sur la durée, leur résistance à recourir à la psychothérapie. Elles ont parfois à vaincre des préjugés, les leurs et ceux des proches. Dans pareil cas, le thérapeute plutôt que de répondre à la question, les aide à exprimer leur malaise par un reflet.

— *Vous semblez mal vous résigner à la décision que vous avez prise?*

— *Je sais, c'est vrai, jamais je n'aurais cru que j'en viendrais à avoir besoin de psychothérapie. J'en suis honteuse...*

Le thérapeute peut présenter quelques illustrations concrètes pour aider le consultant à saisir comment les choses se passent. Par exemple, à un électricien souffrant de manquer de sécurité, de confiance en soi et de divers malaises psychosomatiques, qui demande au thérapeute si ce sera long, celui-ci répond: *C'est très difficile de prévoir exactement le temps qu'il faudra pour que vous arriviez à acquérir cette sécurité, cette confiance en vous-même que vous n'avez jamais eue. En psychothérapie, c'est un peu comme dans votre métier. Le courant manque tout à coup, on se demande où est le problème? Parfois, on le localise très vite de sorte qu'on peut le rétablir facilement et à peu de frais. Mais il se peut que ce soit plus long. Il arrive aussi qu'on découvre que l'ensemble du système est défectueux et qu'il serait plus sage de le reviser au complet. Il faudra alors plus de patience et de persévérance...*

Nous croyons imprudent de parler, comme le recommande Langs, de mois et même d'années, quant à la durée d'une psychothérapie. Une consultante qui a commencé une thérapie avec beaucoup de résistance, à cause des préjugés de son entourage, préjugés qu'elle partageait d'ailleurs en partie, devait dire après plusieurs mois de travail: *Si vous m'aviez dit que ce serait aussi long — j'imagine que vous deviez le prévoir —, je pense que j'aurais renoncé.*

Maintenant je peux vous dire que personne ne m'empêchera d'aller au bout du chemin qui me reste à faire.

En fait, la motivation de cette personne s'est renforcée quand elle a vu ses symptômes psychosomatiques disparaître l'un après l'autre, au fur et à mesure que devenue plus confiante en elle, elle a pu s'affirmer devant les autres.

Par ailleurs, des consultants, qui souffrent depuis aussi longtemps qu'ils peuvent se souvenir, comprendraient mal qu'on leur laisse envisager pour bientôt un soulagement pourtant ardemment désiré.

6.3.2 *Promesse de guérison*

Moins nombreux sont les consultants qui demandent si on peut leur promettre la «guérison» de leurs symptômes, à moins que ceux-ci ne soient devenus de sérieuses entraves dans leur vie.

On ne peut évidemment pas plus promettre une «guérison» qu'on ne peut prévoir la durée d'une psychothérapie. Tous les auteurs sont d'accord sur ce point.

Fischer, déjà cité, affirme pour sa part, et avec raison, qu'on ne doit faire aucune promesse de rétablissement. Il voit là un manque d'éthique et aussi de la mauvaise thérapie. Il explique que du fait de la signification compensatoire des souffrances névrotiques et psychotiques, promettre une rémission totale des symptômes, ou simplement une amélioration, amènera le consultant à se désister de toute coopération. Il ne faut pas oublier, ajoute-t-il, que personne n'est prêt à faire à courte échéance les changements qui s'imposeraient pour rectifier des modes de fonctionnement inadaptés. En conséquence, bien qu'une promesse de succès soit de nature à éveiller l'espoir et la confiance, elle soulève en même temps une résistance à tout changement chez le consultant[2].

---

2 V.E. FISCHER, Ph.D., *The Meaning and Practice of Psychotherapy*, The MacMillan Company, 1950, p. 7.

Wolberg partage la même conviction. Pour lui aussi les promesses de «guérison» se retournent contre la thérapie et servent la résistance. Le praticien ne peut jamais prévoir la tournure que prendra la psychothérapie. Il serait donc imprudent de promettre quoi que ce soit avant de savoir comment travaillera le consultant[3].

Les thérapeutes expérimentés souscrivent à cette opinion. On connaît l'ambivalence des personnes qui veulent entreprendre une psychothérapie. Elles souhaitent l'allègement de leurs souffrances, mais elles redoutent en même temps, parfois consciemment, de perdre certains privilèges — comme cette jeune femme qui disait à la thérapeute : «Quand on est malade, on a tout ce qu'on veut.» L'ambivalence tient surtout, rappelons-le, à la crainte inconsciente de se retrouver face à face avec l'anxiété dont les symptômes protègent.

Faut-il donc laisser sans espoir les consultants affligés de graves symptômes qui insistent pour savoir si la psychothérapie peut les en délivrer?

Que peut-on répondre à cette jeune consultante qui se présente pour un problème de vaginisme et qui demande si elle a des chances «que ça marche»?

Motivée par la crainte de perdre l'ami qui la fréquente, inquiète de savoir si son symptôme est héréditaire et si elle est anormale, *J'ai peur d'être la seule personne au monde prise avec ça*. Cette jeune femme, recommandée par une gynécologue, consultée à la suite d'une intervention chirurgicale inutile, se dit prête à tout. La psychothérapie est en fait son dernier recours.

Le praticien n'hésite évidemment pas à lui dire, en premier lieu, que le vaginisme n'est pas un symptôme héréditaire et qu'elle n'est pas anormale. Son médecin l'aurait d'ailleurs prévenue, s'il y avait eu quelque malformation anatomique.

---

3 Lewis R. WOLBERG, *The Technique of Psychotherapy*, Green & Stratton, New York, 1954, p. 332.

La psychothérapie peut l'aider, comme elle a aidé d'autres personnes qui étaient dans une situation semblable à la sienne. Cependant, il ne faut pas qu'elle s'attende à quelque procédé magique et miraculeux.

— *Vous m'avez dit que votre mère vous a fait remarquer que vous avez peur de beaucoup de choses.*

— *C'est vrai, réplique-t-elle, j'ai peur de ceci, j'ai peur de cela, j'ai peur de tout... de l'accouchement...*

— *Eh bien! cette peur si forte que vous avez de la pénétration est liée en vous à toutes vos autres peurs. Il faudrait donc chercher pourquoi vous avez toutes ces peurs qui nuisent à votre bien-être. Seriez-vous prête à entreprendre cette recherche?*

— *Je suis prête à tout, j'avais tellement peur que vous me disiez qu'il n'y a rien à faire.*

— *Ça peut prendre plus de temps que vous ne l'avez prévu...*

— *Ma gynécologue m'a dit que ça pourrait être long, un an peut-être...*

Remarquons que le fait d'accepter d'entreprendre une psychothérapie avec quelqu'un constitue pour lui une prédiction positive implicite.

6.3.3 Autres questions

... Est-ce que je dois préparer mes entrevues, s'enquiert un consultant? ou un autre: Est-ce que je dois apporter des notes?

On peut répondre rationnellement à ces questions en disant simplement que ce n'est pas nécessaire ni de prévoir ce que l'on dira à l'entrevue, ni de l'écrire, et qu'il suffit d'y venir sans plus de préparation... Et on précise: «Au cours de l'entretien, vous n'aurez qu'à laisser libre cours à toutes les idées qui vous viendront à l'esprit...»

Par ailleurs, il est plus thérapeutique de mettre à jour le sentiment qui sous-tend la question de ces personnes, comme ceci par exemple : — Vous seriez inquiet ou inquiète quant à la façon dont vous travaillerez ici ? — C'est que j'ai peur de n'avoir rien à dire, pourrait répondre le premier, et le second : — Il y a tant de choses que j'ai peur d'en oublier.

Dans le premier cas, le thérapeute pourrait répliquer : — Vous avez plus à dire que vous ne croyez et vous deviendrez capable de vous exprimer aussi entièrement que vous le souhaitez... Ici, il n'y a aucune urgence... Et dans le second cas : — Je comprends que vous ayez hâte de vous délivrer de tout ce qui vous angoisse... Mais vous finirez par le faire sans qu'il soit nécessaire de noter quoi que ce soit.

... *Est-ce que je suis très malade ou fou*, demande un consultant agoraphobe ?

Ici encore, une réponse rationnelle serait acceptable. Elle pourrait s'énoncer comme suit : — On peut être aux prises avec des peurs comme celle que vous m'avez confiée sans être « malade » ou « fou », dans le sens que vous donnez à ces mots...

Mais il vaut mieux susciter d'abord l'expression du sentiment qui sous-tend sa question : — Vous avez peur que je vous trouve « malade » ou « fou » ? — Je me suis fait dire si souvent, a déjà répondu un consultant : « t'es malade, fais-toi donc soigner... » J'ai toujours pris ça dans le pire sens et je me demandais en venant ici si vous ne me conseilleriez pas l'hospitalisation. Je me rends bien compte que ce n'est pas normal d'avoir cette peur. Croyez-vous que je peux m'en débarrasser ? À quoi le thérapeute peut répliquer : — Vous êtes à la bonne adresse pour vous en débarrasser comme vous dites... Nous chercherons ensemble pourquoi vous avez cette peur...

... *On dit que la thérapie rend dépendant... Je ne voudrais pas devenir trop dépendant de vous...*

Le thérapeute reflète d'abord l'appréhension :

— *C'est ce que vous redoutez plus particulièrement ?* On pourrait lui répondre : — *Oui, parce que je ne voudrais pas m'éterniser ici...* Le thérapeute peut reprendre comme ceci : — *L'un des objectifs d'une psychothérapie c'est de rendre la personne plus autonome, plus indépendante de son milieu ou de toute personne en particulier.*

... *Est-ce que je peux continuer à prendre mes médicaments,* s'informe une personne qui se présente pour des troubles psychosomatiques, particulièrement d'insomnie.

Le praticien lui signifie : — *Je comprends que vous ne vous sentiez pas capable de vous en passer maintenant...*

— *J'aurais peur de ne pas dormir et de retrouver mon angoisse...* — *Il n'y a pas d'inconvénients à continuer de les prendre au début d'une thérapie... Cependant, à mesure que vous avancerez dans le travail que nous ferons ensemble, vous en diminuerez la dose vous-même et finirez par les oublier tout à fait.*

Des consultants expriment leur ignorance quant à la façon dont s'opère une psychothérapie et sur le rôle du praticien. Celui-ci peut leur expliquer comment les choses se passeront en utilisant une comparaison semblable à celle-ci : — Commencer une thérapie, c'est mettre les pièces d'un casse-tête sur la table devant soi... Leur pêle-mêle évoque la confusion dont vous m'avez parlé par rapport à vous-même. Notre tâche consistera à identifier chacune des pièces de ce casse-tête, à trouver leur place dans l'image à reconstituer...

6.4 Arrangements pratiques

6.4.1 Fixation du jour et de l'heure de la séance régulière

Le thérapeute s'informe d'abord si le consultant est en mesure de consacrer à sa thérapie, le temps requis, soit cinquante minutes, durée habituelle d'un rendez-vous, chaque semaine, à un jour et à une heure fixes.

Si son interlocuteur acquiesce, le thérapeute s'enquiert de ses disponibilités en regard des siennes qu'il précise :

— Je pourrais vous recevoir tels jours, à telles heures...
Voyons comment vous pouvez vous en accommoder.

Si le consultant travaille tous les jours ouvrables, des ajustements peuvent se faire en début, en fin de journée, ou encore sur l'heure du midi ou en soirée, si le thérapeute fait du bureau certains soirs.

Rappelons au thérapeute débutant que cet accord ne doit pas imposer trop de contraintes de part et d'autre. Les désagréments qui en résulteraient seraient préjudiciables à la psychothérapie, au point de la faire achopper dès le début.

Ainsi, un consultant timide, inhibé, pourrait abandonner une thérapie à peine commencée, parce qu'il n'oserait pas remettre en question avec le thérapeute, une entente à laquelle il a consenti trop hâtivement, sans avoir bien examiné si elle lui convenait.

On ne saurait recommander trop d'attention sur ce point. Les consultants sont la plupart du temps mal à l'aise pour discuter de leurs disponibilités. De son côté, un thérapeute débutant qui aurait imprudemment consenti, par obligeance ou dans le but d'augmenter une clientèle naissante, ou peut-être encore pour quelque autre motif, à fixer les rendez-vous d'un consultant à un moment inopportun pour lui-même, en éprouverait à la longue une irritation qui altérerait la qualité de la relation avec ce consultant. Le travail thérapeutique en serait infailliblement entravé.

6.4.2 Détermination des honoraires

A) En pratique privée

La plupart des consultants se sont renseignés sur le coût approximatif des honoraires du psychothérapeute chez lequel ils se présentent. Ils abordent souvent la question les premiers. Sinon, le thérapeute le fait à peu près comme ceci: *Vous êtes au courant des honoraires que vous aurez à payer?* Et il précise, s'il y a lieu: *Je demande X dollars par séance.*

Les personnes déjà au courant, ou acquiescent et s'informent du mode de paiement, ou expriment le désir de négocier.

Mais des personnes non averties réagissent de différentes manières et commentent. Voici quelques exemples :

... *Ça coûte si cher que ça?* interroge une jeune femme célibataire, professionnelle, ayant un emploi bien rémunéré, ce qu'elle a appris au thérapeute au cours de l'entrevue.

... *Mon père ne consentira jamais à payer... Il trouve déjà que je lui coûte cher... Mes études, ma pension...* signifie un étudiant.

... *Je n'oserais pas demander cette somme à mon mari,* explique une consultante mère de trois jeunes enfants.

... *Je n'avais pas imaginé ce montant... Je ne sais comment je pourrais y faire face,* déclare un père de famille... *Est-ce que c'est négociable?*

Ces remarques, sauf la dernière peut-être, trahissent, on s'en rend bien compte, des problèmes émotionnels entremêlés aux problèmes pécuniaires.

Le thérapeute aide d'abord les consultants à faire le départage :

... *Mes honoraires vous paraissent excessifs?... Vous ne seriez pas prête à faire une dépense comme celle-ci pour vous débarrasser de vos difficultés?*

... *Vous avez des raisons de croire que votre père ne consentirait pas à payer pour la psychothérapie dont vous avez besoin?*

... *Vous appréhendez à ce point la réaction de votre mari?*

On peut imaginer la diversité des sentiments qui peuvent être mis à jour par cette façon d'intervenir. Quand leurs sentiments sont clarifiés, les consultants sont souvent en mesure de considérer plus objectivement le problème de rémunération. Ils peuvent entrevoir comment ils pourront y faire face eux-mêmes ou ils se sentent mieux disposés pour l'aborder avec les personnes dont ils dépendent matériellement. Cette façon d'intervenir fait prendre conscience aux consultants que c'est à eux qu'incombe la responsabilité du problème financier que certains, en raison de leur dépendance affective, préféreraient déposer sur les épaules du thérapeute.

Face à d'évidentes difficultés financières, le thérapeute explore avec son interlocuteur les ressources auxquelles il pourrait avoir accès.

Des personnes bénéficiaires d'une assurance ignorent parfois que celle-ci rembourse une partie plus ou moins importante du coût d'une psychothérapie.

En dernier ressort, le thérapeute demande d'abord au consultant s'il a pensé à ce qu'il pouvait offrir. Enfin, s'il y a lieu d'abaisser le coût de ses honoraires, le praticien le fait s'il le peut. Et il prévient son interlocuteur que la question reste ouverte — la condition financière de ce dernier pouvant changer au cours de la thérapie.

Mais c'est avec beaucoup de prudence que le praticien conclura tout accord. Des personnes hésitantes à payer pour leur thérapie ne sont pas prêtes à se priver de gratifications non essentielles, pour lui donner une priorité dans leur budget, ce qui est le signe d'une motivation douteuse. D'autres, en raison de problèmes émotionnels, peuvent abuser de la bonne foi du thérapeute. Habitués peut-être à un statut et à des traitements privilégiés, ils peuvent solliciter indûment un rabais sur les honoraires que leur situation financière leur permettrait de payer. Si le praticien fait aveuglément droit à cette sollicitation parce qu'il ne s'est pas départi d'un penchant à jouer le rôle de bonne mère généreuse, on voit mal comment la thérapie pourrait s'engager d'un bon pied. Ces personnes pourront se féliciter d'avoir manipulé le thérapeute, mais en même temps elles éprouveront le sentiment de se retrouver devant un parent, père ou mère, faible, méprisable pour son impuissance à freiner leur besoin excessif de gratification.

En outre, avant de consentir à quelque ajustement, le thérapeute doit s'assurer de pouvoir le maintenir à longue échéance. Autrement, la dépendance matérielle de la personne, objet d'une certaine générosité de sa part, pourrait finir par lui peser et engendrer chez lui une agressivité nuisible au travail thérapeutique, particulièrement quand il s'agira des problèmes de dépendance.

Mieux vaut recommander à un consultant de s'adresser à des cliniques qui ont des échelles d'honoraires adaptables aux ressources financières des personnes qui recourent à leurs services, plutôt que de s'exposer à des réactions négatives pour les deux protagonistes.

Quant au mode de paiement, des psychothérapeutes trouvent plus commode de demander au consultant d'acquitter les honoraires à chaque séance. Ceux-ci acceptent généralement cette façon de faire qui leur évite les dettes. D'autres praticiens préfèrent présenter une facture mensuelle. En ce cas, le thérapeute veille à ce qu'elle soit ponctuellement acquittée. La thérapie est compromise quand on laisse le consultant s'endetter envers son thérapeute.

Le thérapeute avise le consultant qu'un reçu lui sera remis à chaque paiement, s'il le désire, ou encore et préférablement, à la fin de l'année fiscale pour fins d'impôt, ce qui simplifie la comptabilité.

B) En clinique

Dans une clinique, l'administration se charge de la question des honoraires. Cependant, le thérapeute accueille les remarques du consultant de la même façon qu'en pratique privée. Il l'aide donc, s'il y a lieu, à exprimer et à clarifier les problèmes qui peuvent être reliés aux problèmes financiers. S'il découvre que son interlocuteur est dans la gêne sur ce point, il l'engage à parler librement de sa situation avec la personne préposée à cette fin.

6.5 Comment inviter le consultant à prendre congé

Le thérapeute, après avoir inscrit le nom, l'adresse et le ou les numéros de téléphone du consultant, se lève pour marquer la fin de l'entrevue.

À ce moment, un sujet anxieux ou compulsif pourrait chercher à prolonger l'entretien en donnant des détails supplémentaires sur les faits qu'il a rapportés et même en introduisant un thème nouveau. Le thérapeute note cette attitude et n'interrompt pas son interlocuteur abruptement, mais à la première pause, il lui dit qu'il comprend son besoin de s'exprimer et qu'il pourra se reprendre à la prochaine séance. Si le consultant est reçu en clinique, il l'assure qu'il pourra s'expliquer à son aise avec le thérapeute qui travaillera avec lui.

Le thérapeute tend la main au consultant et le salue en le nommant : *Au revoir, madame X, ou monsieur Y, je vous attends donc la semaine prochaine, tel jour, à telle heure.*

Si le consultant est accueilli dans une clinique, il est averti qu'une personne de l'administration ou le thérapeute qui lui sera désigné lui téléphonera pour s'entendre avec lui sur le jour et l'heure de son prochain rendez-vous. On lui signale aussi la longueur approximative du temps qui pourra s'écouler avant qu'il ne soit convoqué pour lui éviter le sentiment d'avoir été oublié, s'il devait y avoir quelque retard. Puis le praticien conclut en disant : *Comptez sur moi, monsieur X, ou madame Y, je m'occupe de vous et je verrai à ce que l'on vous rappelle le plus tôt possible.*

Le fait de nommer le consultant en le saluant lui signifie qu'il est désormais connu et qu'il peut, à partir de ce moment, compter sur un appui.

Le thérapeute évite toute formule de politesse purement conventionnelle telle que: «Ça m'a fait plaisir de vous rencontrer...» ou «Vous n'êtes pas trop fatigué? »

Il faut éviter aussi tout cliché familier ou emprunté à d'autres modes d'approches comme : «Bon courage ! » ou «Ne vous en faites pas, ça va bien aller...» Et encore: «Je vous souhaite bonne chance.»

Aucune formule maladroite ne devrait gâcher le sentiment du consultant d'avoir été réellement accueilli de façon personnelle et professionnelle par le thérapeute.

TROISIÈME PARTIE

LE COMPTE RENDU

CHAPITRE 7

Le compte rendu

7.1 Aspects généraux

L'entrevue terminée, il reste au psychothérapeute à rédiger le compte rendu qui sera versé au dossier que tout praticien oeuvrant en pratique privée et toute administration de clinique ou autre institution sont tenus par l'éthique professionnelle d'ouvrir pour chaque consultant.

Ce compte rendu peut évidemment se limiter aux notes du psychothérapeute, s'il pratique individuellement. Mais dans une clinique, le compte rendu, généralement destiné à être présenté à la conférence du personnel, est rédigé dans la forme adoptée par cette clinique. On s'attend à ce que ce compte rendu soit un reflet aussi fidèle que possible de l'entrevue.

Le psychothérapeute a accueilli un consultant auquel il a offert une alliance de travail. Ce consultant a-t-il accepté cette offre, ou l'a-t-il refusée par crainte ou par défiance?

Un compte rendu qui ne contiendrait qu'une brève description de la personne du consultant, de son attitude, de son comportement, la liste des symptômes, la présentation d'un problème qui a pu être délimité, ou l'énumération de faits de sa vie actuelle ou passée ne répondrait pas à ces questions.

Une entrevue entre un consultant et un psychothérapeute n'est pas un monologue, mais un dialogue, dans lequel le consultant a, il est vrai, la plus parge part. Le compte rendu ne devrait donc pas être un récit plus ou moins long d'un monologue, mais celui d'un dialogue à travers lequel on pourra saisir la qualité de la relation qui s'est établie entre les deux protagonistes.

La présence du thérapeute est trop souvent occultée dans les comptes rendus. Comment a-t-il obtenu les informations qu'il rapporte? N'a-t-il eu qu'à les recueillir, n'en facilitant l'expression que par des interventions mineures? Est-il venu à la rescousse de façon plus importante, soit au début de l'entrevue, pour réduire une résistance, soit au cours de la communication spontanée, à un moment plus difficile, soit à la fin pour s'assurer de la présence ou de la qualité de la motivation? Au contraire, s'est-il abstenu d'intervenir, quand il aurait fallu le faire? A-t-il fourni des explications sur la psychothérapie? À quel moment de l'entrevue et dans quels mots? A-t-il pris soigneusement les dispositions pour la continuation de la psychothérapie, si celle-ci est à recommander?

On peut présumer que tout cela a été fait, mais on doit voir de quelle façon.

Braatøy, déjà cité, déplorait que la première entrevue soit confiée à une personne autre qu'à celle qui assumera la thérapie par la suite. Dans ce cas, constate-t-il, celle-ci commence dans un air raréfié, «in thin air[1]». Quand les membres d'une équipe professionnelle ont à se prononcer sur l'indication d'une psychothérapie, ou quand un praticien doit prendre en charge un consultant, il leur faut un compte

---

1   Trygve BRAATØY, M.D., Fundamentals of Psychoanalytic Technique, John Wiley & Sons Inc., N.Y., 1954, p. 75.

rendu assez complet donnant un aperçu suffisamment clair de l'interaction des deux interlocuteurs du premier entretien.

7.1.1 Obstacles à la rédaction du compte rendu

Les obstacles nombreux et complexes qui rendent difficile la rédaction d'un compte rendu viennent de deux sources : d'abord du psychothérapeute lui-même, et en second lieu des conditions matérielles dans lesquelles le compte rendu est rédigé. Ces obstacles ont plus d'impact quand, dans une clinique où il se fait de la formation, la conférence du personnel se double d'une supervision pour les stagiaires.

7.1.1.1 Obstacles provenant du psychothérapeute

Ces obstacles sont attribuables à l'anxiété du thérapeute, celle-ci étant due, pour une part, à la situation anxiogène que constitue un premier entretien avec un inconnu et, d'autre part, à ses problèmes émotifs personnels non résolus. Cette anxiété qui cause, comme on l'a appris, des brouillages dans la première entrevue, perturbe aussi la rédaction du compte rendu, quelle que soit la méthode employée.

Ainsi, des traits névrotiques : dépendance, besoin de plaire, de faire montre de ses aptitudes, esprit de compétition, sensibilité excessive aux remarques ou aux critiques qui peuvent être faites, peuvent entraîner le thérapeute à déformer, souvent à son insu, le rôle qu'il a joué pendant l'entrevue. Dans son compte rendu, il pourrait insister sur les interventions réussies, omettre celles dont il n'est pas satisfait et qui ont pu déranger le cours de la communication du consultant, ce dont il se rend compte après coup.

Par ailleurs, l'attitude professionnelle du thérapeute nuance aussi son compte rendu. Ainsi, le zèle qui porte un néophyte à secourir quelqu'un en dépit de minces chances d'amélioration lui fera passer parfois sous silence des éléments qui sont des contre-indications quant à une psychothérapie ; alors que l'insécurité d'un autre l'incitera à insister sur ces mêmes éléments.

7.1.1.2 Obstacles imputables aux conditions matérielles

Le compte rendu est rédigé d'après : a) les notes prises par le thérapeute pendant l'entrevue ou b) celles qu'il prend après l'entrevue, ou encore c) le relevé d'un enregistrement sur cassette sonore ou magnétoscopique.

Les trois procédés comportent des inconvénients qu'il importe de mentionner.

a) Les notes prises pendant l'entrevue

Les auteurs qui, à notre connaissance, se sont prononcés sur cette question déconseillent la prise de notes pendant l'entrevue et ils en donnent les raisons.

Fischer trouve inadmissible d'écrire quoi que ce soit pendant cette entrevue, à l'exception du nom du consultant, son âge, son sexe, son statut social. Beaucoup de patients sont perturbés, remarque-t-il à ce propos, quand ils s'aperçoivent que tout ce qu'ils disent est consigné sur-le champ. Plus encore, pareil procédé les détourne de ce qu'ils tentent de dire, en même temps qu'il empêche le thérapeute d'y être attentif. Toutes les notes jugées nécessaires peuvent être, précise-t-il, reportées à la fin de l'entrevue, après le départ du patient[2].

Gill *et al.* pour leur part, s'y opposent carrément. Ils se disent incapables de comprendre comment un psycho-thérapeute peut être attentif à ce qu'il doit observer et entendre dans cet entretien, pendant qu'il s'affaire, tête baissée, à gratter son papier[3].

---

2 V.E. FISCHER, *The Meaning and Practice of Psychotherapy*, The MacMillan Company, 1950, p. 109.
3 Merton GILL *et al.*, *The Initial Interview in Psychiatric Practice*, N.Y. International Universities Press, Inc., 1954, p. 109.

Selon Wolberg, les notes prises pendant l'entrevue distraient le psychothérapeute et dérangent le consultant[4].

Langs recommande au thérapeute de se limiter à écrire le nom du consultant, son adresse, et de ne prendre pendant l'entrevue que peu de notes, de préférence aucune. Mieux vaut le faire après la séance. Le thérapeute devant se concentrer pleinement sur les propos du consultant plutôt que d'attirer son attention sur ce qu'il écrit ou n'écrit pas[5].

Ajoutons que le papier et le crayon entre les deux interlocuteurs peuvent être pour certains thérapeutes un écran derrière lequel ils se réfugient pour échapper à l'anxiété qu'éveille en eux, le contact intime avec un inconnu.

b) Les notes écrites après l'entrevue

La rédaction des notes après l'entrevue est la façon de faire à laquelle se rallient forcément les théoriciens que nous venons de citer. C'est celle que nous préconisons. Elle est cependant loin d'être un procédé de tout repos, à cause des défaillances inévitables de la mémoire, les unes dues à la surcharge d'informations, les autres, à des réactions émotionnelles inconscientes du thérapeute. Pour parer au moins aux premières, dans la mesure du possible, il faut prendre les notes immédiatement après l'entrevue.

Les thérapeutes débutants ont intérêt à toujours ménager tout de suite après l'entretien initial un temps suffisant pour rédiger non seulement leurs notes, mais le compte rendu qu'ils devront présenter à leur superviseur et à la conférence du personnel, s'il y a lieu.

c) Le relevé d'une cassette sonore ou magnétoscopique

L'enregistrement sur cassette offre au psychothérapeute la solution qui lui permet d'être présent à son interlocuteur

---

4   Lewis R. WOLBERG, *The Technique of Psychotherapy*, 1re éd., Grune & Stratton, New York, 1954.
5   Robert LANGS, M.D., *The Technique of Psychoanalytic Psychotherapy, Vol. I*, Jason Aronson Inc., N.Y. 1981, pp. 65-66.

tout au long de l'entrevue, sans aucune préoccupation quant à ce qu'il devrait s'efforcer de retenir en vue de la rédaction de ses notes ou de son compte rendu.

Cependant, la transcription intégrale d'un enregistrement sonore ne peut pas être considérée comme un rapport complet, à moins qu'on y retrouve en notations les indices acoustiques que sont le rythme du débit, la tonalité de la voix, ses modulations et tous autres éléments sonores qui seuls révèlent les émotions d'une personne, le degré de son anxiété ou la profondeur de son désarroi.

La même observation s'applique évidemment à l'enregistrement magnétoscopique. En outre, la transcription du contenu verbal de celui-ci ne rend pas compte de cette autre et inappréciable dimension, soit celle de la gestuelle et des expressions faciales accompagnant les échanges verbaux des deux interlocuteurs, à moins qu'on ne s'impose de les décrire.

Ces observations nous amènent à conclure que le visionnement d'une cassette magnétoscopique est le compte rendu le plus complet, la restitution la plus authentique de l'interaction consultant-thérapeute au cours de la première entrevue. Il reste que ni l'audition d'une cassette sonore, ni le visionnement de la cassette audio-visuelle ne laissent transparaître ces données cruciales que sont les sentiments et les réactions éprouvées par le thérapeute à l'endroit du consultant qu'il a accueilli.

Mais l'audition d'une cassette sonore ou le visionnement d'une cassette magnétoscopique de même que la lecture de la transcription intégrale de l'une ou de l'autre ne sont pas toujours compatibles, à cause du temps que cela demande, avec les exigences pratiques d'une conférence clinique, d'une supervision individuelle ou de groupe.

Le rédacteur d'un rapport d'après un enregistrement est en possession, il est vrai, d'informations complètes et exactes, mais il doit pallier les manques évoqués ci-dessus. Les choix qu'il doit faire dans le matériel recueilli sont difficilement exempts de toute subjectivité consciente ou inconsciente.

Quand le microphone et le miroir unidirectionnel ont fait leur apparition sur la scène en psychothérapie, dans les années 40, des psychothérapeutes théoriciens et chercheurs l'ont accueilli avec enthousiasme. Mais beaucoup de praticiens les boudèrent, prétendant que leurs consultants n'accepteraient jamais de se plier à cet usage.

Puis ils furent forcés d'admettre qu'il s'agissait d'une pure projection sur leurs consultants de leurs propres résistances à mettre à l'épreuve leur savoir-faire.

Ils sont devenus conscients que cette troisième et implacable oreille, à la mémoire incorruptible qu'est le micro, et ce faisceau de regards d'un auditoire invisible filtrant à travers l'indiscrète fenêtre qu'est le miroir étaient pour eux une rude mise en question de leur image narcissique.

Des professionnels sont encore aujourd'hui réticents devant ces techniques, alors que rares sont les consultants qui s'opposent à ce que leur entretien avec un psychothérapeute soit enregistré.

Les enregistrements sonores et magnétoscopiques sont devenus des instruments indispensables pour la recherche et l'enseignement. Ils sont de plus en plus utilisés dans les cliniques d'entraînement pour la supervision des stagiaires.

En dépit de l'effet inhibant que micros et miroirs ont sur les thérapeutes, il reste qu'ils sont des outils de perfectionnement dont, non seulement les débutants mais aussi les praticiens d'expérience, devraient se servir de temps à autre pour affiner leur technique. La qualité de base d'un thérapeute étant sa capacité d'écoute, quelle meilleure façon d'en faire l'apprentissage que de s'écouter et de s'observer écoutant.

En dépit de la facilité avec laquelle les consultants acceptent ces techniques d'enregistrement, il ne faut pas les utiliser à leur insu. Le respect et les droits de la personne à la confidentialité exigent qu'on lui demande une autorisation écrite avant d'en faire usage. On prévient en outre le consultant que si cet enregistrement devait être utilisé pour des publications, toutes précautions seraient prises pour en préserver l'anonymat. Dans une clinique de recherches et d'entraînement, la personne qui sollicite un rendez-vous par téléphone est prévenue qu'elle aura à accepter ce procédé. C'est généralement la secrétaire-réceptionniste qui lui fait signer la formule d'autorisation. Cependant, le thérapeute verra à revenir sur ce sujet et à aider le consultant à verbaliser ses réactions, sans y mettre une insistance qui serait le fait de ses propres réticences.*

En pratique privée, le psychothérapeute qui enregistre des entrevues pour son seul usage ne demande à son interlocuteur qu'une autorisation verbale. Il peut par exemple lui dire : *J'ai l'habitude d'enregistrer ma première entrevue, est-ce que ça vous dérangerait que j'enregistre notre entretien ? Ça me permet une plus grande disponibilité.*

Rares sont les consultants qui s'objectent, mais si cela se présente, le thérapeute respecte sans discussion l'hésitation ou le refus de son interlocuteur. Les consultants sont plus sensibles au respect que le thérapeute manifeste dans la manière de lui présenter le procédé qu'à son utilisation même.

7.2 Rédaction du compte rendu

7.2.1 Organisation du contenu

Les informations recueillies par le thérapeute dans la première entrevue peuvent être organisées dans un ordre

---

* Après utilisation pour la supervision de thérapeutes en formation, les enregistrements sont systématiquement effacés. Cependant, si on veut les conserver pour des fins d'enseignement ou de recherche, le visage de la personne concernée est brouillé, sa voix est déformée et des bruits couvrent les renseignements susceptibles de l'identifier. L'éthique professionnelle exige ces précautions. On en informe les consultants, inquiets à bon droit du sort réservé à leurs confidences.

logique, en suivant une formule déterminée. Elles peuvent aussi être inscrites dans un formulaire imprimé. C'est le compte rendu conventionnel. Il n'est pas adapté à tel cas particulier ; mais au contraire, c'est le cas particulier qui entre bon gré mal gré dans un cadre prédéterminé. Le compte rendu conventionnel renseigne sur les malaises de la personne, sur ses difficultés, sur son histoire, mais on n'y reconnaît pas la personne elle-même, on n'y saisit pas son mode de fonctionnement ni la qualité de la relation qui a pu s'établir entre elle et le thérapeute.

On peut aussi rapporter l'entrevue dans l'ordre de son déroulement, intégralement ou en résumé, suivant ce que la mémoire en a retenu ou d'après le relevé d'un enregistrement magnétoscopique. Conforme à la logique émotionnelle du consultant, un tel compte rendu donne évidemment une image plus nette de la personne et de l'interaction consultant-thérapeute. Cependant, si l'interlocuteur est confus, s'il se répète, s'il apporte une abondance de détails inutiles, ce compte rendu manquerait de clarté, et sa lecture en serait fastidieuse.

Gill *et al.* proposent de grouper les informations en utilisant comme sous-titre les critères d'indication d'une psychothérapie : Nature du problème, motivation, capacité à la prise de conscience, etc.

Cette formule, mieux adaptée à leur conception de la première entrevue conserve cependant un caractère conventionnel.

Nous proposons une formule qui tente de concilier à la fois les exigences thérapeutiques, didactiques et scientifiques.

La première page de notre compte rendu contient au haut, du côté gauche :

a) *Les renseignements administratifs :* Le numéro du dossier correspondant au nom de la personne — celui-ci étant consigné sur une fiche séparée, ce qui assure une plus grande discrétion —, le nom du thérapeute qui a fait l'entrevue et la date.

b) *Les informations suivantes* : Le sexe, l'âge, le statut civil
— célibataire, marié, divorcé —, s'il y a lieu, le nombre des
années de mariage, l'âge du conjoint, le nombre des enfants,
leur sexe et leur âge ; si le consultant est un religieux, on
indique le nombre d'années de vie religieuse. Ensuite vient le
dernier degré de scolarité, la profession, le métier et
l'occupation actuelle ; enfin, le nom de la personne qui a
recommandé la consultation*.

c) *Les éléments non verbaux* : la description de la personne,
comprenant son aspect physique, la façon dont elle est vêtue
et son comportement.

d) *Les symptômes tels que décrits par la personne
consultante.*

e) *Le problème principal,* s'il a pu être identifié. Si c'est un
problème-prétexte qui est d'abord présenté, on le signale et
on indique en regard le problème objet véritable de la
démarche du consultant et autant que possible, dans les mots
employés par l'interlocuteur pour formuler l'un et l'autre.

Le reste du compte rendu est divisé d'après les phases de
l'entrevue, mais les informations sont inscrites dans l'ordre
où elles ont été présentées.

7.2.2 Contenu de chacune des parties

A) Le début de l'entrevue

Le compte rendu du début peut être limité à quelques
remarques du consultant ou à la formule d'introduction du
thérapeute. Quand la personne consultante prend l'initiative
de l'entrevue et commence d'expliquer le but de sa visite, sur
l'invitation tacite ou verbale du praticien, il n'y a évidemment
que ce fait à mentionner.

---

* Tous ces renseignements ne sont pas nécessairement recueillis au cours de la
  première entrevue. Ils seront consignés quand les entrevues subséquentes y
  pourvoieront.

Le compte rendu signale aussi les réactions positives ou négatives du consultant à l'égard de la recommandation qui lui a été faite de recourir à la psychothérapie. Et il mentionne toutes autres réactions du consultant à cette démarche qu'il fait volontairement, ou sous quelque contrainte, et la façon dont elles auront été traitées.

Pour cette partie de l'entrevue, les paroles du consultant et celles du thérapeute doivent être rapportées intégralement autant que possible.

B) *La communication du consultant*

Le thérapeute rapporte d'abord textuellement — il devrait avoir pris soin de les retenir — les premiers mots du consultant ou les premières expressions qu'il emploie pour décrire ses symptômes, son problème ou se décrire lui-même. Il pourra relater plus librement et en le résumant ce qui est exprimé par la suite et en notant les sentiments qui sous-tendent les propos exposés. Il indique s'il a reflété ou non ces sentiments.

Quand l'interlocuteur change de thème, un sous-titre l'indique. Par exemple : facteur précipitant le recours à la psychothérapie, la mère de la personne, les fréquentations, la vie scolaire, traumatisme sexuel, etc.

À l'intérieur de chacun de ces paragraphes, le rédacteur signale :

a) *Les manifestations émotionnelles* qui accompagnent les paroles du consultant : Difficulté dans l'expression, ralentissement du débit, inhibition, pleurs.

b) *Les interventions majeures du thérapeute :* reflets du sentiment, confrontation, questions et réponses de l'interlocuteur à l'une ou l'autre intervention.

c) *Les silences prolongés.* On indique à propos de quel thème ils sont survenus, la dernière phrase prononcée par le consultant, phrase complète ou inachevée, si elle a été retenue. Et on mentionne qui de l'interlocuteur ou du thérapeute a rompu le silence et ce qui a été dit pour le faire d'une part ou de l'autre.

d) *Critères relatifs au pronostic.* Ils peuvent être indiqués dans les marges du compte rendu, vis-à-vis la remarque qui en signale la présence au cours de l'exposé du consultant. Ainsi : Motivation, aptitude à la prise de conscience, force du moi, etc.

C) *La fin de l'entrevue*

Le compte rendu de la fin de l'entrevue peut être organisé selon les rubriques suivantes :

a) *Critères du pronostic :* On indique si l'un ou l'autre critère a fait l'objet d'une intervention de la part du thérapeute et le résultat de cette intervention.

b) *Présentation de la psychothérapie :* Le rédacteur écrit les termes dans lesquels elle a été faite.

c) *Questions du consultant au thérapeute :* On les inscrit avec les réponses qui ont été données.

d) *Arrangements pratiques :* On mentionne le jour et l'heure qui ont été retenus pour les séances régulières de thérapie et quelles ententes ont été conclues quant aux honoraires.

e) *Prise de congé :* On rapporte dans quels sentiments elle s'est vraisemblablement faite chez le consultant et s'il les a verbalisés, les termes qu'il a employés. Le thérapeute indique aussi ses propres sentiments quant à la conduite de l'entrevue — satisfaction ou insatisfaction — et ceux qu'il ressent par rapport à la personne consultante.

Après la conférence du personnel, si une telle conférence se tient dans l'institution où travaille le psychothérapeute, celui-ci terminera son compte rendu en consignant les remarques qui auront été faites sur les critères relatifs au pronostic, le nom du thérapeute auquel la personne consultante a été confiée et la date de cette conférence.

La lecture du compte rendu à ces conférences se fait avec le plus de discrétion possible. On ne mentionne aucune indication permettant d'identifier le consultant, ni son nom, ni le lieu où il habite, ni son emploi, ni l'endroit où il travaille, ni le nom de la personne qui lui a recommandé sa démarche.

D'ailleurs, le nom du consultant ou de la consultante n'apparaît pas sur le compte rendu même. Il est inscrit avec ses coordonnées, comme nous l'avons indiqué précédemment, sur une fiche classée à part, cette précaution assurant une plus grande confidentialité.

Relevé textuel
d'une première entrevue

C— Bonjour!

T— (tendant la main) Bonjour monsieur P., je suis madame B., voulez-vous vous asseoir, ici?

Silence...

T— Eh bien! qu'est-ce qui vous amène à nous consulter, monsieur P.?

C— Je suis bien nerveux...

T— Oui?

C— Je suis venu en ville pour passer des examens médicaux...

T— Oui?

C— Puis j'ai vu un psychiatre,... puis on m'a dit que j'avais rien... que ça se passerait en travaillant...

T— Mm Mm.

C— Mais ça ne s'est pas passé...

T— Mm Mm.

Silence...

T— Alors, on a semblé vous dire que c'était «nerveux»?

C— Je ne le savais pas avant... que j'avais peur... (pause)

T— On a semblé vous dire que vos malaises ne seraient pas causés par une maladie «réelle»... mais vous auriez peur quand même?

C— Ah! j'ai peur, oui peur... je ne suis pas capable d'aller dans des endroits où il y a du monde, il faut que je sois près d'une porte.

T— Alors, vous êtes plus à l'aise?

C— J'ai essayé de prendre sur moi, mais je ne suis pas capable...

T— Ce n'est pas une chose qui se contrôle aisément...

C— Ça ne se contrôle pas comme on veut... c'est ça.

Silence

T— Et alors, vous avez décidé de venir nous voir?

C— C'est un beau-frère qui s'est fait traiter ici par un monsieur M. (ce consultant se présente dans une clinique) et qui m'a conseillé de venir...

T— Oui?

C— Puis, il disait que ça lui avait fait beaucoup de bien... il disait qu'il souffrait d'un complexe (rire)... ça fait que... (léger embarras)

T— Ça vous a donné confiance? Et vous avez cru que nous pourrions vous aider aussi?

C— Oui, je me suis dit: Je vais y aller, parce que je ne veux pas rester de même.

Silence

T— Il y a longtemps que c'est comme ça?

C— Ça fait trois ans que ça m'a pris, puis que ça ne me lâche pas... (pause)

262

T— Quelque chose de particulier se serait passé, il y a trois ans ?

C— Bien, je travaillais dans la mine... sous terre, vous savez... Puis je ne sais pas si c'est un accès de fatigue, je ne sais pas trop... je travaillais sous terre, puis quand je descendais dans la «cage» — l'ascenseur, on appelle ça la «cage» — jamais que je ne sentais rien... Une bonne journée, je me suis senti comme étouffer... Le courant avait manqué. Quand le courant manque, ça arrête... Je me suis senti étouffer... Ensuite, j'ai jamais été capable de redescendre, puis de me sentir bien... comme avant. Mais cette fois-là, ça a été comme si j'avais manqué d'air. J'étais peut-être nerveux, ça fait que j'ai ouvert la porte... Mais, vous savez, quand on ouvre la porte, c'est face au mur encore ; mais il montait un petit courant d'air. Ça, c'est arrivé un vendredi... puis le lundi, quand je suis venu pour redescendre, j'y ai repensé... là ça me coûtait...

T— Était-ce la première fois que le courant manquait, alors que vous étiez dans la «cage»?

C— Non, ça manque souvent, mais ça ne me dérangeait pas avant ça... Ensuite, le lundi, ça c'est arrivé un vendredi, le lundi, quand je suis venu pour redescendre, ça me coûtait. Ça fait que j'ai retardé, puis j'ai retardé... J'ai continué à travailler six mois après cela (sous terre) puis, chaque fois que je redescendais, ça me coûtait, puis je descendais à tous les jours quand même.

T— Mm.

Silence

— Puis après cela, chaque fois que j'allais à l'église, ou ailleurs, j'avais peur du monde là... j'avais peur du monde partout.

T— Vous auriez comme transféré cette peur partout...

C— Oui, partout... surtout... vous savez...

T— Avant, vous n'aviez aucune peur d'aller dans les endroits où il y a du monde ?

C— Ah! non... puis là le cœur me bat... (pause) Puis j'ai mal à l'estomac... Je fais des indigestions...

T— Ces malaises d'estomac auraient commencé dans le même temps?

C— Ah, à peu près dans le même temps... Pas dans le même temps, mais un peu après... avant ça, j'avais mal une journée de temps en temps... Vous savez... (pause) Dans de temps-là, je venais de me marier...

T— Ça coïncidait avec l'époque de votre mariage?

C— Bien, je suppose que j'avais peur de mes responsabilités... En tout cas, ma femme est «tombée» enceinte... Ah bien là là... j'étais à terre...

T— Vous étiez dans le fond de la mine?

C— (Rire) Ah! oui, dans le fond, dans le fond de la mine, c'est certain... Puis je me disais : S'il faut que je tombe malade (pause)... puis, s'il faut que je tombe malade... (pause)

T— Vous auriez réalisé tout à coup...

C— (coupant la parole) J'ai réalisé tout à coup... Bien j'ai trop réalisé... parce que j'aurais dû... j'ai trop réalisé mes responsabilités... (pause) Puis après cela... bien on passe à la Clinique (La Clinique médicale de la compagnie) tous les ans... j'étais nerveux... Puis je ne le savais pas... Et le docteur a semblé me dire que j'avais une maladie de cœur... Ah! ben là... Écoutez un peu...

T— Là vous avez eu peur...

C— Oui, après cela ça a été fini... Mais il m'a pas dit carrément que j'avais une maladie de cœur... Mais il m'a dit 90% t'en a pas, mais 10% t'en as... Ben le 10%, moi... Il aurait fallu qu'il me dise que j'avais rien... Puis après cela, j'ai consulté un autre médecin, la même année, puis il m'a donné des pilules pour les spasmes... ça a rien donné...

T— Mm Mm.

C— Après cela, j'ai subi des examens à l'hôpital X...

T— Là, vous auriez été complètement examiné?

C— Oui, là j'ai passé des examens complets... Puis en dernier, ils m'ont fait rencontrer un psychiatre. À la fin du compte, on m'a dit que j'avais rien... que ça se passerait en travaillant...

T— Mm Mm.

Silence

C— Et ça s'est pas passé... Il y a des journées, vous savez, je suis bien... je ne suis pas trop nerveux... puis, il y a d'autres journées, bien là...

T— Mm Mm

C— Quand je me couche, il me semble que je suis très calme... Puis, quand je me relève, il me semble que je tremble.

T— Ça tremble en dedans?

C— Oui... ah oui!...

Silence

T— Oui... Et tous ces malaises ont commencé l'année de votre mariage, m'avez-vous dit?

C— Ben, je me suis marié à l'été, puis dans le temps des Fêtes, bien j'ai commencé à avoir mal à l'estomac... Là ma femme est «tombée» enceinte... C'est une affaire que j'avais pas pensé... j'avais peur des responsabilités, je trouvais ça énorme avoir un enfant.

T— Vous avez trouvé ça énorme, la pensée d'avoir un enfant?

C— Ah oui! Il me semble que c'était une affaire qui m'écrasait... vous savez... il me semble... que j'avais pas la force de... (pause)

T— Vous ne vous sentiez pas le courage de devenir père?

265

C— Ah, c'est pas l'idée de ça... Il me semble que je voulais qu'elle (sa femme) soit bien... puis j'aurais voulu que...

T— Elle était pas bien votre femme alors?

C— Elle était bien, mais je pensais trop à l'avenir...

T— C'est l'avenir qui vous faisait peur?

C— C'est l'avenir qui me faisait peur... Quand j'étais jeune, je n'ai pas passé de beaux moments, ça fait que je ne voulais pas que...

T— C'était pas beau, quand vous étiez jeune?

C— Ah! c'était pas beau... on n'est pas mort, parce que... il n'y a pas eu moyen de mourir, je crois bien... (pause)

T— Voulez-vous que nous en parlions un peu, de ces mauvais moments?

C— Bon, je vais vous dire, mon père, c'est un homme qui prend de la boisson...

T— Oui?

C— Il boit... Puis quand il a trop bu, il est fou... vous savez, il est fou, il tourne tout à l'envers... puis, il est toujours prêt à... Ça, jusqu'à l'âge... Quand j'étais jeune, jusqu'à l'âge où on le batte... car, il a fallu qu'on le batte... mon frère et moi. On s'est dit : On ne se cachera plus... puis il ne nous battra plus, il ne nous jettera plus dehors... Ça fait qu'après ça, chaque fois qu'il voulait nous jeter dehors, on le battait. Ça fait que, c'est vrai que c'était pas beau, mais il y a des cas où on est obligé de faire ça.

T— Vous vous sentiez à votre corps défendant...

C— Ah! oui, s'il nous battait pas, il voulait frapper maman... ça fait que, il fallait en passer par là... Après cela, ben, on s'est mis à travailler jeunes... ça fait que maman nous a toujours dit... vous savez, elle n'a pas passé une belle vie... et on a pas passé une belle vie avec elle, à ce moment-là. Elle a essayé de nous élever du mieux qu'elle a pu... Ça fait que penser toujours à l'avenir, je crois bien... on pensait trop à l'avenir...

266

T— Vous auriez été habitué à redouter l'avenir, avec ce que vous avez vécu...

C— Avec ce que l'on passé. Ça fait que quand je me suis marié, bien je ne voulais pas que ma femme fasse la même vie que la mère chez nous... puis que mes enfants fassent la même vie qu'on a faite.

T— Mm... (pause) Mais vous, vous n'êtes pas comme votre père, pour que votre famille refasse la même vie...

C— Ah non! (rire)

Silence

T— D'où viendrait donc cette inquitétude?

C— Inquiétude... Ah! bien, je ne voudrais pas que ma femme manquerait de rien... comprenez-vous, qu'elle soit bien en tout et que mes enfants, bien j'aurais voulu avoir une sécurité devant moi...

T— Je comprends, vous n'auriez pas voulu vivre au jour le jour...

C— Exactement... ça, vivre au jour le jour, ça je ne voulais pas ça... Quand je me suis marié, j'avais de l'argent pour me marier. Une fois que j'ai eu tout acheté mon ménage, bien là, je n'avais plus d'argent... Ah bien là — là, j'ai commencé à...

T— Ce serait là que l'inquiétude a commencé?

C— Ce serait là, que l'inquiétude a commencé...

T— Vous auriez voulu avoir un peu d'argent de côté pour les mauvais jours...

C— Oui, oui, j'aurais voulu, je suis encore de même, il faudrait que j'aurais toujour une sécurité devant moi...

T— Mm Mm.

C— Ni plus ni moins, je suis peureux...

Silence

T— Vous avez peur de l'inconnu, du lendemain...

C— Oui, oui, c'est ça... j'ai peur du lendemain... Et puis c'est sur tout... Puis là j'ai mal à l'estomac... Le docteur qui m'a passé à la Clinique... ben... Avant ça j'étais peureux mais je ne le savais pas, puis quand on passait à la Clinique, ben c'était normal (avant son mariage)... Mais quand le médecin installait l'instrument pour mes poumons, je surveillais ça... S'il avait fallu que... je ne le savais pas (que j'étais peureux), je ne comprenais pas comme aujourd'hui la cause de mon inquiétude...

T— La cause de l'inquiétude?

C— L'inquiétude par rapport à ma santé... C'est plutôt la base de ça... J'avais peur d'être malade puis...

T— Puis d'arrêter de travailler... puis...

C— Ah! je n'ai pas arrêté... J'ai arrêté quelques jours quand je suis allé passer des examens à l'hôpital... après, j'ai recommencé, mais là, c'est moins pire un peu... Avant ça, j'étais pas capable de partir en vacances, d'aller nulle part, il aurait fallu que je reste à la maison.

T— C'est la seule place où vous étiez relativement bien?

C— Ben j'étais bien, puis j'étais pas bien... j'avais mal à l'estomac, mais c'était pire, il y a deux ou trois ans... là, c'est moins pire un peu...

T— Mais il y a encore quelque chose qui inquiète...

C— Bien mon petit gars, il se trouve à avoir trois ans, puis je ne suis pas capable de penser d'avoir un autre enfant. Écoutez un peu là... parce que je suis pas encore...

T— Vous ne vous sentez pas encore assez solide?

C— Non, je ne me trouve pas assez solide...

T— C'est votre femme qui le souhaiterait?

C— Ah bien, elle dit tant que tu ne seras pas mieux, tant que tu seras de même...

Silence

T— Chez vous, chez vos parents, l'atmosphère aurait été toujours telle que vous me l'avez décrite... vous ne vous rappelez d'aucun bon moment...

C— Ah ben, pendant quelques années, ça été moins pire, on avait mon grand-père, le père de mon père... lui, il le surveillait, vous savez... mon père en avait peur...

T— Il vivait avec vous le grand-père?

C— Non, il avait sa maison. Puis on avait un logement dans sa maison, ça fait qu'il le surveillait... mais après la mort de mon grand-père, il a fallu qu'on commence à travailler... mon père était pourri de dettes... J'avais 15 ans... J'ai commencé à travailler dans une épicerie, puis après cela, je suis rentré aux Mines... Mon frère lui, avait commencé tout de suite aux Mines.

T— Alors quand le grand-père est mort, la vie serait devenue plus difficile?

C— Ben non, on ne peut pas dire cela, là ma mère était plus encouragée, on gagnait mon frère et moi, puis ça a été plus facile... Ah! je ne sais pas si ça dépend de ça, mais quand je me suis marié, là ça a commencé... là ma vie... là ça a été pareil comme si je m'embarquais pour une affaire énorme... parce qu'avant ça, je sortais, puis j'avais de l'argent... on était bien... maman n'était pas exigeante...

T— Votre mère n'était pas exigeante?

C— Ça allait de première classe avec elle... Ben avec mon père... quand il ne buvait pas, il était correct. C'était un homme de cœur. À table, si on avait de la viande puis qu'il voyait qu'on avait faim encore il coupait son assiette en deux et nous la donnait. Pour le dessert aussi, n'importe quoi. Vous savez, il nous donnait tout. Mais quand il était en boisson, là là...

T— Il devenait mauvais et vous en aviez peur?

C— Là on en avait peur, ça fait que ben, on a été élevés dans la peur. Quand je me suis marié, j'étais peureux, puis je ne le savais pas...

T— Et c'est là que la peur se serait manifestée?

C— Oui... oui... C'est ça... ça doit être ça... parce que je ne vois pas... ça faisait trois ans que je travaillais sous terre, ça fait que ça aurait pu arriver bien avant (la peur d'étouffer).

T— Oui, en effet, ça aurait pu arriver avant...

C— Ça aurait pu arriver la première fois que je suis descendu...

Silence

C— Si mon père n'avait pas pris un coup, ça aurait été bien.. Ma mère est nerveuse, elle est peureuse, mais je crois qu'elle a un grand grand courage.

T— Elle est peureuse...

C— Ah oui! oui, même à l'heure actuelle, mon père prend encore un coup... puis elle s'en vient chez nous...

T— Elle a peur de votre père encore?

C— Garanti qu'elle en a peur... ça fait que... je ne sais pas si tous les enfants chez nous sont comme cela, on était quatre, deux gars, deux filles, mais je sais bien que moi, je ne sais pas si c'est parce que je me couchais tard... je ne dormais pas assez... puis qu'il y avait un excès de fatigue?...

T— Les autres ne seraient pas comme vous?

C— Je ne sais pas... Les derniers eux autres, ils n'ont pas eu connaissance de ça... On a dû abandonner nos études, mon frère et moi...

T— Vous avez regretté d'avoir laissé vos études?

C— Ah oui! j'étais en dixième année, j'étais ambitionné, je n'ai jamais doublé, jamais... À quinze ans, j'étais en dixième... Ça faisait un an que j'avais arrêté, j'aurais été prêt à recommencer...

T— Vous auriez eu le goût de faire de longues études?

C— Je ne sais pas si c'était un goût de grandeur, ou bien... mais j'aurais aimé ça, il me semble faire quelque chose dans la vie...

T— Vous aviez quelque chose en vue particulièrement?

C— Ah bien, n'importe quoi, d'autre chose que d'être journalier...

T— Mm Mm.

Silence

T— Vous n'acceptez pas facilement votre métier?

C— Non, franchement non, mais on n'a pas eu le choix, il fallait débarrasser le père de ses dettes, même si lui il travaille toujours,... Mais c'est l'idée qu'il menait le diable. C'est pas parce que c'était un homme mauvais... Il donnait sa paye à ma mère, du temps qu'il travaillait pour la Ville, il buvait beaucoup. Ce bout-là, je m'en souviens, même si j'étais jeune. J'avais 11-12 ans... Ah, il nous en a fait des peurs...

T— Oui?

C— Ah oui, il chicanait puis il voulait battre maman... mais il ne l'a jamais battue...

T— C'était des menaces?

C— Des menaces, mais vous savez, quand on est jeune... On pleurait, on couchait trois ou quatre dans la même chambre avec maman... C'est peut-être pour ça que je suis peureux...

T— Vous auriez vécu dans une atmosphère d'orage...

C— Oui, puis c'est encore pareil... Une fois qu'il a voulu battre ma mère, mon frère lui en a donné une... Après cela, quand mon frère était à la maison, il était calme. Mais quand il n'était pas là, ben là, mon père recommençait. Après ça, ça a été moi qui gardais la paix...

271

Silence

T— Et ces scènes étaient fréquentes?

C— Deux, trois fois par semaine, quand il travaillait... mais quand il ne travaillait pas, bien ça lui arrivait moins souvent... Il n'avait pas d'argent pour boire... ça fait que... Je ne sais pas si ça dépend de ça, mais quand j'avais 18 à 23 ans, j'étais bien... Je crois que j'étais nerveux un peu, parce que le moindre petit symptôme me faisait peur... J'avais peur, mais pas autant... Après le mariage, ça a été pire, je ne me contrôlais plus...

Silence

C— Puis, chaque fois qu'il m'arrive un petit quelque chose, ça me «poigne»... dans l'estomac... vous savez... je ne peux pas dire exactement comment c'est... (pause)

Les médecins m'ont donné des pilules... j'ai arrêté ça, ça me fait absolument rien. Ils m'ont aussi donné un autre petit remède noir, je ne sais pas comment appeler ça...

T— Ça n'aurait pas agi non plus?

C— Non, ça n'a pas touché mon mal... Il est resté là... (pause)

Vous savez, il y a des fois quand je travaille, il me prend des coups dans le milieu de l'estomac... Vous savez, je suis obligé de prendre mon souffle... ça n'arrive pas à passer et puis je viens mal avec ça. C'est comme si le coeur arrêtait. Mais quand même, je suis pas mal mieux que j'étais. Avant, je n'étais pas capable d'aller en vacances... Cette année, j'ai pris des vacances, mais je suis toujours sur une tension pour n'importe quoi...

Quand je vais me baigner (rire), je n'ai pas peur de l'eau... quand je me baignais, puis que je sortais de l'eau, ah bien là j'étais correct, ça me changeait les idées. Je ne sais pas ce que ça me faisait...

T— Ça faisait une détente?

C— Oui, ça faisait une détente, puis j'étais bien... Mais si j'avais le malheur de manger un peu... ça n'allait plus...

T— Mm Mm.

C— Puis je pensais... Ils (les docteurs) m'avaient dit : «Va n'importe où, ça va se passer.] Mais je suis mal pris, comme quelqu'un qui a peur de l'eau... Quand vous le lâchez de force, il va avoir peur...

T— Oui.

C— C'est à peu près la même affaire... comme quelqu'un qui a peur de l'eau, quand on le prend de force, c'est terrible, la réaction qu'il va avoir...

T— Oui, comme vous dites, c'est à peu près la même réaction que vous avez quand vous vous forcez à faire quelque chose que vous avez peur de faire...

C— C'est à peu près la même réaction... Comme quelqu'un qu'on prendrait de force... (pause) Ou bien attendre... Vous savez, je suis anxieux... Je ne suis pas capable d'attendre nulle part...

T— Mm Mm.

C— J'étais assis dans la salle d'attente, on m'avait dit de venir pour une heure et demie... puis je suis arrivé avant, j'attendais... puis je fatiguais...

T— Mm.

C— Il faut que j'arrive là, puis que ça marche...

T— Que ça marche tout de suite...

C— Oui, je ne suis pas capable d'attendre...

T— Mm Mm.

C— Puis ça c'est partout, pour n'importe quoi... Dans les

restaurants par exemple, c'est fatigant, je ne voudrais pas que cela paraisse.

T— Vous ne voudriez pas que les autres s'aperçoivent de votre malaise?

Long silence

C— À la fin du compte, je suis peureux puis...

T— Mm Mm.

C— J'aurais voulu, quand j'allais passer un examen à la Clinique (de la Mine) qu'il (le médecin) me dise: «Mon gars t'es bien.»

T— Vous auriez voulu vous faire rassurer à chaque fois?

Silence

C— Mais à chaque fois que je vais là... (rire)

T— On vous fait des peurs à chaque fois...

C— (rire)... oui... ça fait que chaque fois que je vais là, ça me coûte de rentrer...

T— Vous avez peur qu'il vous trouve quelque maladie...

C— J'ai peur qu'il m'en trouve... puis, quand je vais voir un autre médecin, c'est moins pire... Il me semble que... d'abord, ils (les autres médecins) parlent moins... Et je suis certain que s'ils me trouvaient quelque chose de grave, ils ne me le diraient pas... J'aime autant pas le savoir...

T— Mm Mm.

C— Tout ce qu'ils m'ont dit... Ils me disaient de m'en retourner chez nous... Ça fait que je m'en revenais avec mon mal... Il faudrait que je passe des examens tous les mois il me semble...

T— Pour être rassuré...

C— Pour être rassuré... Il me semble qu'au bout d'un certain temps... Il me semble, je me dis... Je dois m'être malmené à

274

quelque part, ça fait qu'il faudrait que j'aille passer un autre examen...

T— Mm Mm.

C— Ça fait que c'est le médecin de la Clinique (de la mine) qui se trouve à avoir commencé ma peur... bien... commencer ma peur? Non, parce que j'ai commencé dans la cage... Mais, j'ai demandé pour passer à la Clinique... J'avais pas peur d'y passer avant... Mais j'ai dit: «Je me sens mal... je vais demander pour y aller»... C'est là que... le médecin m'avait dit avant de ne pas aller où ça m'énervait...

T— Mm Mm.

C— Toutes les affaires qui m'énervaient, il avait dit: «N'y va pas»... Je constate que quand il y avait quelque chose qui me faisait rire ou que j'avais du plaisir, il me semble que là j'étais bien... Comme aller à la boxe, au baseball, pour moi, ce n'est pas ça qui m'énervait, c'était plutôt une détente...

T— Oui?

C— Puis lui (le médecin), il me disait de ne pas y aller, mais je ne pouvais pas voir en quoi ça pouvait m'énerver...

T— Vous n'aviez pas le sentiment que ça pouvait vous énerver...

C— Si ça m'énervait, je ne m'en rendais pas compte... c'est cette fois-là que le médecin m'a dit que j'avais une maladie de coeur...

Puis dans ce temps-là, j'étais pas capable de voyager seul, je voyage toujours avec mon frère...

T— Dormez-vous bien?

C— Maintenant c'est moins pire, mais avant j'avais des cauchemars... De temps en temps, ça m'arrive encore... Je rêve à des affaires, je suis toujours pris «à serre»...

T— Oui?

C— Je suis toujours pris... Ça fait que je vous dis, quand je me réveille que... (fait le geste de trembler)

T— Vous tremblez...

C— Puis il y a eu un temps que... Ah là j'avais peur... J'avais peur le soir, j'avais peur de la nuit...

T— De voir venir la noirceur...

C— De la noirceur... S'il s'en venait une tempête, là vous savez quand le temps était noir, je devenais mal...

T— Mm Mm.

C— Il aurait fallu que ça aurait toujours été clair, puis beau...

T— Grand soleil...

C— Oui... beau, mais là encore... la noirceur, la tempête, c'est moins pire... Ah! pratiquement plus... Mais je vous dis quand on a peur de la nuit, ça c'est fatigant...

T— En somme, si je comprends bien, le temps où ça aurait été le pire, c'était celui où votre femme était enceinte, durant les premières années de votre mariage?

C— Quand ma femme était enceinte... oui. Puis à l'hôpital, quand elle a eu... quand j'ai eu mon petit garçon, j'étais allé à l'hôpital, j'y suis resté de minuit à cinq heures... Alors, j'étais plus capable de tenir...

T— Mm Mm.

C— À cinq heures, j'étais pire qu'elle... (rire)... j'ai été obligé de m'en aller, ça fait que j'ai dit : «Je m'en vais!» Le lendemain quand j'ai su que ça avait passé à sept heures, j'y suis retourné. Le docteur était fâché parce que j'avais pas tenu le coup...

T— Vous n'aviez pas été capable...

C— J'étais pas capable... Il (le docteur) riait de moi. D'ailleurs, il disait à ma femme, chaque fois qu'elle allait le voir quand elle était enceinte, que j'avais absolument rien, que c'était du courage qu'il me fallait... puis du courage... j'en ai pas... c'est clair... j'en ai pas. Si c'est ce qu'il me faut, j'en ai pas...

T— Quelquefois, ce courage il est enfoui au plus profond de soi par la peur; il s'agit de le retrouver. Vous pourriez y être aidé par la psychothérapie. Avez-vous l'intention d'utiliser ce moyen pour retrouver votre courage?

C— Si vous pensez, d'après ce que je vous ai dit que vous pouvez faire quelque chose?

T— D'après ce que vous m'avez dit, vous pourriez profiter d'une psychothérapie...

C— Je voudrais bien que ça me profite autant qu'à mon beau-frère...

T— Pourquoi pas, si vous êtes prêt à faire l'effort que lui a fait... Est-ce que votre beau-frère vous a dit que vous aurez à venir toutes les semaines?

C— Oui, il m'a dit cela.

T— Il vous a dit aussi que cela prendrait un certain temps... que vos peurs ne disparaîtraient pas en quelques semaines?

C— Ah! ça, il n'y a pas de doute... il est venu assez longtemps...

T— Alors ce serait possible pour vous de venir régulièrement?

C— Oui, si c'était le samedi. Le samedi, mon frère ne travaille pas et je pourrais venir avec lui...

T— Dans l'avant-midi, ou l'après-midi?

C— Oui dans l'avant-midi, mais pas trop de bonne heure, parce que ça prend deux heures pour venir...

T— Il n'y aurait aucune autre possibilité?

C— Ah oui... Des fois, dans la semaine, je pourrais venir aussi, mais pas souvent, avec le frère de ma femme, quand nos congés tomberaient le même jour... là, je pourrais le dire une semaine d'avance...

T— De toute façon, nous pourrons vous fixer votre premier rendez-vous un samedi, à partir de 10h30, ensuite, vous pourrez faire vos arrangements avec le thérapeute qui travaillera avec vous...

Silence

C— Puis, pensez-vous qu'ils vont pouvoir me «calmer»?

T— D'autres personnes qui, comme vous, n'étaient pas capables d'aller dans des endroits où il y a du monde, sont devenues capables d'y aller sans malaise, et d'autres qui étaient ébranlées par le moindre événement arrivent à être plus courageuses.

C— C'est mon cas, si c'est ça, c'est mon cas...

T— Nous vous écrirons pour vous fixer la date de votre prochain rendez-vous. Ça peut prendre quelques semaines...

C— (en tendant la main au thérapeute, lui dit:) «Bonjour!» (Puis il s'informe:) Combien est-ce que je vous dois?

T— La personne qui vous a accueilli à l'administration s'occupe de cette question. C'est avec elle que vous aurez à en parler...

C— Ah bon, c'est bien, bonjour et merci beaucoup...

T— Je m'occupe de vous, monsieur P. Nous vous écrirons le plus tôt possible.

Compte rendu

DOSSIER NO:

ENTREVUE FAITE PAR:

DATE:

Sexe: M.

Âge: 26 ans

État civil: marié (père d'un garçon de trois ans)

Scolarité: 10e année

Occupation: mineur

Recommandation: Un beau-frère du consultant

Description de la personne:

Aspect physique:
Le consultant n'est pas très grand, il est mince, châtain, les yeux bleus.

Vêtements:
Il porte un jeans, et un blouson de cuir noir. La mise est propre.

Comportement :
Ce consultant est timide, visiblement anxieux, mais s'exprimera tout au long de l'entrevue avec sincérité, simplicité, confiance, en donnant beaucoup de détails sur ses symptômes.

Symptômes :
Phobies, (claustrophobie et agoraphobie), malaises somatiques (stomacaux).

Le problème principal :
Peur des responsabilités. Crainte que sa mauvaise santé entraîne le manque à gagner et la pauvreté qu'il a connus dans son enfance.

Le début de l'entrevue :
Il a été limité à la formule d'introduction du thérapeute soit : *Qu'est-ce qui vous amène à consulter, monsieur P.»*

La communication spontanée :
Le consultant parle d'abord des symptômes qui l'incitent à chercher de l'aide et des efforts qu'il a faits pour s'en délivrer.

Recommandation :
Il rapporte ensuite que c'est à l'instigation d'un beau-frère qui avait des difficultés semblables aux siennes qu'il a pris la décision de consulter : *J'ai dit je vais y aller, parce que je ne veux pas rester de même.*

Je suis bien nerveux, explique-t-il au thérapeute. *Je suis venu en ville pour passer des examens. Puis, j'ai vu un psychiatre qui m'a dit que j'avais rien, que ça se passerait en travaillant, mais ça ne s'est pas passé.*

Origine de ses symptômes :
Il fait remonter l'origine de ses symptômes à un jour, où descendant sous terre comme d'habitude, l'ascenseur dans lequel il se trouvait s'est immobilisé par manque de courant. *Je me suis senti étouffer...* Auparavant, ça ne lui était jamais arrivé lors de pannes de courant assez fréquentes. Ensuite la

peur d'«étouffer» s'est généralisée... Il l'éprouvait dans tous les endroits où il y avait beaucoup de monde.

Aptitude à la prise de conscience

Il constate la coïncidence de ses malaises avec le début de la grossesse de sa femme. *J'ai réalisé, trop réalisé ma responsabilité. Ah bien là, j'étais à terre, c'était une affaire qui m'écrasait. — Alors là, vous étiez dans le fond de la mine,* réplique la thérapeute — (rire) *Dans le fond de la mine, c'est certain,* approuve-t-il. (pause) *Puis je me disais, s'il faut que je tombe malade!... Je pensais trop à l'avenir.*

Puis il raconte que peu après sa visite annuelle à la Clinique de la mine, le médecin a semblé lui dire qu'il avait une maladie de cœur, ce qui l'a précipité dans la peur. Le médecin lui aurait dit «90% t'en a pas, (de maladie de cœur) 10% t'en as». — *Il aurait fallu qu'il me dise que j'en avais pas.* C'est après cela qu'il a consulté dans un hôpital et a subi des examens médicaux.

La thérapeute le ramène à la grossesse de sa femme; — *Vous ne vous sentiez pas le courage de la paternité?* À quoi il réplique, que sa peur, c'est que sa femme manque de quelque chose. — *J'aurais voulu avoir une sécurité devant moi.* — *C'est l'avenir qui fait peur,* lui dit la thérapeute. — *Oui, c'est l'avenir, parce que quand j'étais jeune, j'ai pas passé de beaux moments.* — *C'était pas beau, quand vous étiez jeune?*

Le père du consultant
Ce reflet du thérapeute a provoqué la description d'une enfance et d'une adolescence malheureuses et même tumultueuses à cause des scènes de son père (ce qui arrivait deux ou trois fois par semaine) qui, sous l'effet de l'alcool saccageait tout dans la maison, terrorisait sa femme et ses enfants, battait ceux-ci et menaçait de battre leur mère, menaces qu'il n'a jamais mises à exécution, jusqu'au jour où lui et son frère aîné ont décidé de battre leur père à leur tour, s'excusant : — *il y a des cas où on est obligé de faire ça.*

Revenant au fait qu'ayant vécu dans l'insécurité, il ne veut pas se retrouver en pareille situation, sa maladie pouvant le

281

conduire à une incapacité de travailler et à la misère. C'est pour cela qu'il ne veut pas d'autre enfant. — *Mon petit garçon a trois ans, je ne suis pas capable d'en avoir d'autre.* Sa femme est d'accord avec lui : «Tant que tu seras comme ça...»

Le grand-père

Sur une intervention de la thérapeute : — *Vous ne vous rappelez d'aucun bon moment dans votre vie ?* — il évoque le souvenir du grand-père vivant dans un appartement contigu au leur, dans la même maison et qui protégeait la famille contre les excès de son fils. Par ailleurs, dit le consultant, quand son père était sobre, il était généreux. Par exemple, à table il cédait à ses enfants sa part de nourriture quand il sentait qu'ils n'étaient pas rassasiés. *Il nous donnait tout... mais quand il avait bu, ah bien là, là! On a été élevés dans la peur.*

À la mort du grand-père, lui et son frère aîné ont dû interrompre leurs études — il était alors en 10e année — et chercher du travail pour payer les dettes de leur père qui en était «pourri». À la thérapeute qui lui demande s'il a regretté d'avoir laissé ses études, il réplique : — *Ah oui! j'étais en dixième année, j'étais ambitionné, je n'ai jamais doublé, jamais... À quinze ans, j'étais en dixième... Ça faisait un an que j'avais arrêté, j'aurais été prêt à recommencer... — Vous auriez eu le goût de faire de longues études? — Je ne sais pas,* a-t-il commenté, *si c'était un goût de grandeur, ou bien... mais j'aurais aimé ça, il me semble faire quelque chose dans la vie...*

La famille a connu un peu de bon temps avec les deux salaires. — *Puis,* continue le consultant, *à mon mariage, ça a été comme si je m'embarquais pour une affaire «énorme».*

La mère du consultant

Plus tard, dans l'entretien il dira : — *Ma mère est nerveuse, elle est peureuse, mais je crois qu'elle a un grand courage. Quand mon père prend un coup,* dit-il, — *il boit encore* — *ma mère se réfugie chez moi.* Et il explique sa peur à lui par

Aptitude à la prise de conscience

celle de sa mère.— *Je ne sais pas si les autres — son frère et ses sœurs, on est quatre, deux garçons, deux filles — sont comme moi... Plus jeune, je dormais toujours mal, et faisais des cauchemars,* précisant que ça lui arrive encore. Il revient sur ses peurs, peur d'être malade, peur de la noirceur, de la tempête.

Il raconte à la thérapeute qu'il n'a pas pu tenir le coup lors de l'accouchement de sa femme. — *J'étais pire qu'elle, j'ai dû quitter avant la fin...* Il raconte que le médecin de sa femme a dit à celle-ci qu'il n'avait absolument rien, «aucune maladie», que c'était du courage qu'il lui fallait. *Du courage,* commente-t-il, *j'en ai pas, c'est clair, si c'est ce qu'il me faut, j'en ai pas.*

Le dénouement de l'entrevue
La thérapeute lui dit: — *Quelquefois, ce courage est enfoui au plus profond de soi... Il s'agit de le retrouver. Vous pourriez y être aidé par la psychothérapie. Vous avez l'intention d'utiliser ce moyen pour le retrouver? — Si vous pensez, d'après ce que je vous ai dit, que vous pouvez faire quelque chose... — D'après ce que vous m'avez dit, vous pourriez profiter d'une psychothérapie — Je voudrais bien que ça me profite autant qu'à mon beau-frère. — Pourquoi pas? Si vous êtes prêt à faire l'effort que lui a fait. Est-ce qu'il vous a dit que vous auriez à venir toutes les semaines? — Oui, il m'a dit cela... — Vous a-t-il dit aussi que cela prendrait un certain temps, que vos peurs ne disparaîtraient pas en quelques semaines? — Ah ça, il n'y a pas de doute, il est venu assez longtemps.*

Arrangements pratiques
La thérapeute lui demande alors si cela lui serait possible de venir régulièrement. À quoi il répond: — *Oui, si c'était le samedi, le samedi mon frère ne travaille pas et il m'a dit qu'il pourrait me conduire. — Dans l'avant-midi ou dans l'après-midi? Oui, dans l'avant-midi, mais pas trop de bonne heure parce que ça prend deux heures pour venir.* À la thérapeute qui s'informe s'il n'y aurait pas d'autres

possibilités, il lui dit qu'il pourrait venir parfois la semaine, avec le frère de sa femme quand leurs congés coïncideraient.

Choix du thérapeute

A la thérapeute qui lui demande s'il est prêt à accepter n'importe quel thérapeute, il s'informe s'il ne pourrait pas avoir le même que son beau-frère. Le thérapeute reflète:
— *Vous vous sentiriez plus en confiance avec monsieur M.?*
— *Vu que ça a bien tourné (rire)* — *Je peux comprendre...* *Je transmettrai votre désir, mais si monsieur M. n'était pas disponible?* Le consultant accepterait, dit-il de travailler avec quelqu'un d'autre, homme ou femme, — *S'il n'y a pas moyen...*

Promesse de guérison

— *Pensez-vous qu'ils vont pouvoir me «calmer»?* s'informe le consultant. La thérapeute explique que des personnes qui comme lui ne pouvaient pas se trouver dans des endroits où il y avait beaucoup de monde sont devenues capables, après une psychothérapie, de s'y retrouver sans malaise... et d'autres personnes qui étaient ébranlées par le moindre événement sont arrivées à être plus courageuses. — *C'est mon cas*, réplique le consultant, *c'est mon cas.*

Prise de congé

Le consultant tend la main au thérapeute: — *Bonjour!* lui dit-il en s'informant: «*Qu'est-ce que je vous dois?*» La thérapeute lui a répondu que la personne qui l'a accueilli à l'administration s'occupe de cette question et que c'est avec elle qu'il aura à en parler.. Sur ce, la thérapeute lui dit: — *Bonjour M. P., je m'occupe de vous, et nous vous convoquerons le plus vite possible par écrit pour fixer votre prochain rendez-vous.*

Impression du consultant

Le consultant n'a pas fait de commentaires explicites sur l'entrevue, cependant, il a paru satisfait. La thérapeute l'est de son côté, elle n'a eu d'ailleurs que peu d'efforts à faire, le consultant s'étant exprimé sans réticence.

Pronostic:

Conférence du personnel (jour, mois, année)

Thérapeute:

Liste des auteurs cités

BARTEMEIER, Léo H., M.D., *Introduction to Psychotherapy*, The Psychoanalytic Review, Vol. 30, n° 4, oct. 1943.

BIBRING, Edward, M.D., *Psychoanalysis and the Dynamic Psychotherapies*, Journal of the American Psychoanalytic Association, Vol. 2, 1954.

BLOS, Peter Jr., M.D., *Psychoanalytic Quarterly*, n₀ 41, 1972.

BRAATØY, Trygve, M.D., *Fundamentals of Psychoanalytic Technique*, N.Y., John Wiley & Sons Inc., 1954.

CANTOR, Morton B., *The Initial Interview*, The American Journal of Psychoanalysis, Vol. XVII, n₀ 1, n₀ 2, 1957.

CARKUFF, Robert R., et BERENSON, Bernard G., *Beyond Counseling and Therapy*, second edition, N.Y., Holt, Rinehart Winston, 1977.

DEVEREUX, Georges, *Essais d'ethnopsychiatrie générale*, Paris, Gallimard, 3e éd., 1977.

FENICHEL, Otto, *Problème de technique psychanalytique*, Paris, Presses universitaires de France, 1953.

FERGUSON, Marilyn, *Les enfants du Verseau*, Paris, Calman-Lévy, 1981.

FISCHER, V.E., Ph.D., *The Meaning and Practice of Psychotherapy*, N.Y., The MacMillan Company, 1950.

FLÜGEL, J.C., *Le Rêveur nu*, Traduction de Jean-Michel Denis, *The Psychology of Clothes*, Paris, Aubier-Montaigne, 1982.

FREUD, Sigmund, *Cinq psychanalyses*, traduction Marie Bonaparte et R. Lowenstein, Paris, Presse universitaire de France, 1954.
La Technique psychanalytique, traduction Anne Berman, Paris, Presses universitaires de France, 1970.
Introduction à la psychanalyse, Paris, Petite Bibliothèque Payot, n° 6, 1969.
Essais de psychanalyse appliquée, Paris, collection Idées, Gallimard, 1933.

FROMM-REICHMANN, Frieda, M.D., *Principles of Psychotherapy*, Chicago, The University of Chicago Press, 1950.

GILL, Merton, M.D., NEWMAN, Richard, M.D., REDLICH, Fredrick, M.D., *The Initial Interview in Psychiatric Practice*, N.Y., International Universities Press, 1954.

GREENSON, Ralph R., *Technique et pratique de la psychanalyse*, traduction François Robert, Paris, Presses universitaires de France, 1967.

HÉTU, Jean-Luc, *La Relation d'aide*, Montréal, Qué., Éditions du Méridien, 1982.

JUNG, C.G., *L'Âme et la Vie*, Paris, Buchet-Chastel, 1963.

KESTEMBERG, E., *Psychiatrie-Psychanalyse*, Chicoutimi, Qué., Gaétan Morin, 1985.

KOHUT, Heinz, *How Does Analysis Cure?*, London, The University of Chicago Press Ltd., 1984.

LAFORGUE, René, M.D., *Clinique psychanalytique*, Paris, Denoël et Steele, 1936.

LANGS, Robert, M.D., *The Technique of Psychoanalytic Psychotherapy*, Vol. I, N.Y., Jason Aronson Inc., 1976.

LAPLANCHE, Jean, et PONTALIS, J.B., *Vocabulaire de la psychanalyse*, Paris, Presses universitaires de France, 1968.

LECLERC, Gérard, et COHEN, Philippe, «L'argent sans honte», Psychologies, décembre 1983.

MANNONI, Maud, *Le premier rendez-vous avec le psychanalyste*, Denoël/Gonthier, 1965.

MARTIN, Dominique, «Le vêtement pour cacher et/ou pour séduire?», Psychologie, novembre 1982, n o 152.

MENNINGER, Karl, M.D., *Theory of Psychoanalytic Technique*, N.Y., Basic Books Inc., 1958.

MENNINGER, Karl, whith MAYMAN, Martin, and TRUYSER, Paul, *The Vital Balance*, N.Y., The Viking Press, 1963.

RADO, Sandor, *Short-Term Psychotherapy*, N.Y., Grune & Stratton, 1965.

REIK, Théodore, *Écouter avec la troisième oreille*, Paris, Epi, S.A., 1976.

ROGERS, Carl R. et Kinget, G. Marian, *La relation d'aide et la psychothérapie*, Vol. I et II, Paris, les Éditions sociales françaises, 1970 (c. 1942).
Couseling and Psychotherapy, N.Y., Houghton Mifflin Company, 1942.
Client-Centered Therapy, N.Y., Houghton Mifflin Company, 1951.
Le Développement de la personne, Paris, Éditions Dunod, 1967.

SAINT-PAUL, *Épître aux Romains*, Narmurci, Éditions de Maredsous, 1956.

SHARP, Ella Freeman, *Collected Papers on Psychoanalysis*, London, The Hogarth Press and The Institute of Psychoanalysis, 1950.

SULLIVAN, Harry Stack, M.D., *The Psychiatric Interview*, N.Y., W.W. Norton & Company Inc., 1954.

WOLBERG, Lewis R., M.D., *The Technique of Psychotherapy*, N.Y., Grune & Stratton, 1954.
Short-term Psychotherapy, N.Y., Grune & Stratton, 1965.

INDEX

289

Table des matières

295

296

Achevé d'imprimer
en décembre 1988 sur les presses
des Ateliers Graphiques Marc Veilleux Inc.
Cap-Saint-Ignace, Qué.